领导力实战智慧

——领导力实用技巧与提升训练

赵铭磊◎著

中国财富出版社

图书在版编目（CIP）数据

领导力实战智慧：领导力实用技巧与提升训练/赵铭磊著. —北京：中国财富出版社，2015.10

ISBN 978-7-5047-5740-1

Ⅰ. ①领… Ⅱ. ①赵… Ⅲ. ①企业领导学 Ⅳ. ①F272.91

中国版本图书馆 CIP 数据核字(2015)第 126274 号

策划编辑 单元花　　责任编辑 邢有涛 单元花

责任印制 方鹏远　　责任校对 梁 凡　　责任发行 邢有涛

出版发行 中国财富出版社

社　　址 北京市丰台区南四环西路 188 号 5 区 20 楼　　邮政编码 100070

电　　话 010-52227568（发行部）　010-52227588 转 307（总编室）

010-68589540（读者服务部）　010-52227588 转 305（质检部）

网　　址 http://www.cfpress.com.cn

经　　销 新华书店

印　　刷 北京画中画印刷有限公司

书　　号 ISBN 978-7-5047-5740-1/F·2406

开　　本 710mm×1000mm　1/16　　版　　次 2015 年 10 月第 1 版

印　　张 16.5　　印　　次 2015 年 10 月第 1 次印刷

字　　数 237 千　　定　　价 35.80 元

前言 Preface

“你最想培养自己哪方面的能力？”当被问及这个问题时，很多人可能会异口同声地说：“我最想培养自己的领导力！”可见，做一名风光无限的领导者的渴望在人们心中是多么强烈！

而当我们向一些管理者提出这个问题时，他们都给出了这样的答复：“我最想提升自己的领导力！”羡慕或仰望着伟大领导者的丰功伟绩，他们不禁提出了这样的问题：为什么艾柯卡在福特公司受排斥，而在克莱斯勒汽车公司却能做出奇迹般的业绩？为什么杰克·韦尔奇能赢得如此巨大的成功，成为电气行业的第一？

我的回答是：因为有了领导力。

大量事实已证明，在相同的条件下，不同的领导者可以给团队带来完全不同的结果。其中的关键就在于领导力的不同。领导力，是一种感染力和带动力；是激发下属工作热情的能力；是建立企业愿景目标的能力；是确保企业战略实施的能力。领导力，就是一种能将个体力量转变为集体力量，从而化危解难、改变局面的能力。拥有卓越领导力的领导具有非凡的人格魅力，他们知道如何凭借自身的威望和才智赢得他人的信任；他们具有出色的沟通能力，能够有效地化解各种人际矛盾和冲突；他们知道如何激发下属的工作热情，让下属自愿为实现企业目标努力……领导力是企业的核心竞争力。领导力能决定企业的大小、强弱，甚至它能决定企业的成败。

如果说管理制度、规则等都是硬工具，那么领导力就是解决企业问题的软方法。可以说，管理能够从表面上改善企业，但要想真正改变企业，应该靠领导力。对此郭士纳（IBM 公司总裁）一针见血地指出："伟大的组织机构不是管理出来的，而是领导出来的。"企业领导者的行为，尤其是关键时刻的力量，是对企业成败影响最大的因素。

拿破仑曾说："一头狮子带领的一群羊，可以打败一只羊带领的一群狮子。"这就表明，在一个团队中领导者的能力是最关键的。一个没有能力的领导者，即使追随者再优秀，他也难以带出强大的团队；相反，一个有能力的领导者，即使团队中的人都是平庸者，只要经过他的有力领导，也有可能变成一个无坚不摧的团队。

领导力所起的作用是巨大的。领导力能引导他人起而奋斗，把理念转化为行动，把障碍转化为革新，把分裂转化为团结，把愿景转化为现实，把能力转化为业绩……可以说，领导力直接决定了一个企业未来发展的结果，也是个人发展的关键。

无论你现在处于怎样的位置，你都需要拥有及提升领导力。其实，领导能力不是天生就有的，而是后天造就的。管理学大师杜拉克曾对此解释说："世上的确有些天生就具备高强领导素质的人，但这毕竟只是少数，而且这些人也无法直接成为领导者，因为每个人都是在经历了一些事情、从中学习了一些技能后才获得领导力的。"即使先天条件很好，但没有经过后天的培育，也不可能使领导力得到发展。而后天的锻炼及培育既可以弥补先天的不足，又可以增强后天的优势。

其实你也可以成为领导者，甚至是非常成功的领导者，只要你是个心智健全的人，那么你就可以亲自实践，并从中领悟、学习领导技能。

技能本身就是一种可以学习的东西。领导学家沃伦·本尼斯说:“一个人开发与提升技巧的能力，决定他是否能成为领袖。”领导技能的学习、领导力的提升，必然要经过自身的学习和锻炼，甚至要经受无数的磨炼。要想成为一名优秀的领导者，就应该在素质、威信、用人等方面持续修炼，全面提升领导力。本书从提高领导力入手，紧紧围绕提高素养、树立威信、知人善任、加强沟通、持续创新等方面的问题，采用精练、经典的案例对领导力做全面而透彻的剖析，清晰而准确地阐释了领导力的真正含义，告诉读者怎样提升领导力！

如果你希望自己具有出色的领导力，书中讲到的关键是你必须掌握并实施的，无论你的影响范围在哪里：公司、单位还是社会。不论你是希望成为领导者，还是已经成为领导者，你都可以从本书中汲取智慧，本书会给你提供切实可行的有益指导，能帮助你从形象、行为、观念和技法上全面提升领导力。书中的每一细节都是众多领导者实践经验的总结，经过加工提炼后，呈现给读者，为各级领导者在实际工作中经常遇到的各种问题和困扰提供了具体、可操作的解决方案与指南。精读本书，会让你具有非凡的领导力和所向披靡的实战能力，从而实现自身、下属、组织的多赢。领导者的领导力提升了，就能真正管理好团队，实现团队目标，提升企业效益，也能让自己从中受益，促进职业生涯的发展。掌握其中的要义，就能培养或增强领导力，从而使自己从优秀到卓越，带领团队唱出一首强劲的奋进歌！

赵铭磊
2015 年 4 月

目录
Contents

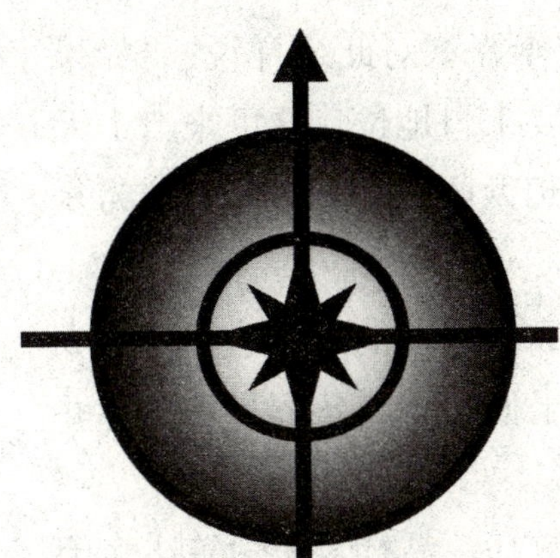

第一章

人格魅力像磁石，磁性越大领导力越强

要想成为领导者，首先要学会吸引追随者，这需要依靠自身的人格魅力。领导者的人格魅力能够给追随者以信心、勇气和力量，促使他们勇往直前。领导力，其实就是人格魅力的极致发挥。领导魅力不是与生俱来的，而是后天得到的。主动完善自我，从风格、品格、责任感、才识等方面进行修炼，才能拥有独特的领导魅力，吸引他人心甘情愿地追随。

修炼个人魅力，增强号召力

你想做领导者还是管理者？著名企业家李嘉诚对此这样说：“如果你想做团队的老板，简单得多，你的权力主要来自地位，这可来自上天的恩赐或凭仗你的努力和专业知识；如果你想做团队的领袖，则较为复杂，你的力量源自你的人格魅力。”

管理者主要依靠权力，领导者则更多是靠其内在的影响力。一个成功的领导者，不在于其职位和权势，而取决于他是否具备迥异于人，并足以吸引追随者的魅力。

人格魅力是指由一个人的性格、相貌、气质、品行、才学等诸多因素综合体现出来的一种凝聚力和感召力。它会体现在人的一切思想和行动中，并从最深层次上对他人产生积极的影响。领导者只有把自身的个性化特征，如品格、素质、作风、工作方式等，与领导活动有机地结合起来，才能较好地体现个人魅力。当人们认为领导者很有魅力时，他们更有可能采取领导者所建议的行动步骤。没有人格魅力，领导者的能力难以得到施展，其权力再大，工作也只能是被动的。缺乏优秀的个性魅力，个人能力即便再出色，留给他人的印象也会大打折扣，威信和影响力也会受到负面影响。

一个领导者能受到众人的欢迎、容纳，那么他实际上就具备了一定的人格魅力。领导力，其实就是个人魅力的极致发挥，是通过个人魅力影响他人合作和达成目标的一种历程。一个人之所以心悦诚服地为组织卖力工作、奋斗，很可能的原因，是他们拥有一位“魅力”逼人的领导，就像磁铁般掠获了众人的心，促使大家勇往直前。

许多人面对一位富有个人魅力的领导，都会决心一心一意地跟着领导干工作，因为这类领导者能给他们力量并激发他们的积极性和工作潜能。曾有一位员工这样推崇他的领导：“和他在一起待上一分钟，就能感受到他浑身散发出来的光和热，我之所以卖力工作，是因为他的魅力深深吸引着我。”

我们不得不承认，魅力远远胜过权力。做一位以权压人的管理者，不如做一位魅力服人的领导者。

一般来说，职位越高，职权越大，影响的范围就越广泛。权力性影响力是绝大多数管理者行使管理职能最重要的依据。但正因为权力性影响力具有强制性和不可抗拒性，因此下属们对这种影响的心理与行为反应主要表现为被动地服从。在许多时候，权力性影响力的作用是十分有限的，有时甚至是无效的。

《三国演义》中的张飞生性脾气暴烈，动不动喝醉酒后就打骂士兵，士兵们强忍着，敢怒而不敢言。

关羽败走麦城之后，被东吴所杀。张飞为替兄长报仇，强令军中必须在三天之内置办白旗白甲，挂孝讨伐东吴。负责制造盔甲的两名下属范疆、张达因为期限太急，就向张飞乞求宽限几天，张飞不但不听，竟然把二人打得满口出血，并命令道：“一定要按期完成，若超过期限，就杀了你们示众。”

二人知道根本不可能按期完成，便商议：“与其由他杀我们，不如我们杀了他。”于是他俩便趁张飞酒醉卧于帐中之际，持短刀将其刺死，并割了首级投奔东吴去了。

张飞之所以被下属杀死，与他平时的强权管理是分不开的。可见，如果总用一种以上压下的态度对待下属，容易导致下属“以暴制暴”的反抗。所以领导不能借助权力压人，靠人格魅力使人信服才是明智之举。

领导者就是有能力影响他人，带领他人完成并达到预期目标的人。因此，领导并不是一种权力或地位；而是通过态度、行为和言语，及其背后的信念，来影响他人，最终达成目标。

有一位颇有见地的企业培训师，曾一针见血地告诉培训者："杰出领导者们都具有一种罕见的人格魅力，他们处处展现出领袖的风范。他们能激发下属的工作意愿，带领团队屡创佳绩。运用强制力来管理，也许有效，但是如果你想要提高自己的领导力，赢得众人的尊敬和支持，我建议你们要尽最大的努力以影响和争取下属的心。谁能这样做，谁就能成为成功的领导。"

可以说，谁是最有魅力的领导者，谁就是下属最喜欢的人，就是下属最心甘情愿追随的人。

领导魅力不是与生俱来的。要想领导好手下的人，就必须主动完善、修炼个人魅力，使自己获得令下属为之慑服的吸引力。

人格魅力首先表现为良好的性格。领导者要有良好的性格，如外向、可靠、随和、情绪稳定、自信等。性格是一种无形的力量，能让下属心甘情愿地追随。

人格魅力就是丰富的内涵品质。一个领导者要想赢得他人的依赖与敬重，归根结底离不开优秀的品质，如宽容、仁爱、正直、诚信等。领导者的魅力不取决于他的身高，而取决于他的胸怀是否宽广。如果一个领导者不具备宽广的胸怀，小肚鸡肠、斤斤计较，就很难有什么领导魅力，就很难在其身边聚集一批优秀的人才。

最具备宽容精神的当属美国第 16 任总统林肯。正是林肯的宽容吸引了无数支持者，成就了他伟大的事业。

对任何人不怀恶意，对一切人抱宽容态度，这是林肯的做人原则，对待政敌也不例外。一次，一位议员不满地对林肯说："你为什么试图和他们变成朋友呢？你应该想办法打击他们，消灭他们才对。"林肯微笑着回答："当我们成为朋友时，政敌就不存在了，难道不是吗？"

将敌人变成朋友，显示出一种非凡的胸怀和气度。

聪明才智，须配上优秀的品格，才具备非凡的人格魅力，吸引追随者，成就理想的事业。

当领导者已经拥有个人魅力时，还要学会适时自我展示，要有感染他人的意识和能力。纵观历史及现实，那些有魅力的领导者大都善于演讲，善于鼓励，以此赢得他人的赞赏及支持。这就是懂得展示领导魅力的结果。

打造自身形象，展示领袖风采

同样职位的领导，站在公众中间，对人们的影响是不同的，形象好的领导可以对人产生强烈的吸引力。他们在出入各种场合，与下属、顾客等打交道时，似乎总能吸引过去无数目光。

领导者的影响力更多的是通过自己的形象传达给追随者的。要提高自己的领导力，就应注意塑造完美的自我形象，通过服饰、言谈、举止等方面恰到好处地展现自己的风采。

1960 年，在尼克松与肯尼迪之间进行的总统竞选中，尼克松似乎在资历上占有绝对的优势，但他不注重外表包装，形象不如对方。以至于风度翩翩的肯尼迪评价他："这家伙真没有品位！"肯尼迪懂得如何利用自己的外在优势获取选民的信任。频频出现在电视辩论会上的他，年轻、英俊、潇洒，浑身散发着领袖的魅力，看起来坚定、自信、沉着，似乎能够主宰美国的政坛，而且能平衡世界的局面。当他提出"不要问国家能为你做什么，问一问你能为国家做什么"的口号时，好评声不断，他已成为美国人心中理想的领袖形象。一个简单的握手动作，就使得一位政治评论家宣称"肯尼迪已经获胜"。以至于几十年过去后，他的形象还令人难以忘怀。

作为一名领导，必须注重修饰仪容仪表，使之适合职业身份，通过外表形象向人们展示自己独特的人格魅力、非凡的领导能力。得体的装束、仪表能呈现良好的第一印象，绝对有助于你人际关系上的和谐，接

下来开展工作定然也会取得事半功倍的效果。

领导者更要注意将外在形象与内在之美相结合。一个人必须不断提高自身的内在素质，才能使自己由内而外散发出魅力，去吸引他人，赢得支持。优秀的领导者是懂得内外兼顾、发展个人领导风格的。

某公司的一位老总，早在上大学时，就有着强烈的“领袖意识”。当他发觉自己景仰的领袖具有魅力非凡的外形和举止时，他就开始用心地模仿。他原本音质脆弱，没有威严感，通过苦练腹腔发声，他拥有了具有磁性魅力的浑厚的男低音。

参加工作后，他真的成为了一位领导，之后他便有了当国际商业领袖的意识。为此他请了形象设计师，为自己设计新形象。他完全按国际化商业形象标准打造自己，无论是西装还是休闲服，都要高质量、有品位，与领导形象相符。他仔细琢磨，不放过其中的任何一个细节。其结果是，无论从外形、思想、谈吐上，他都俨然一位国际企业家。

形象不仅指外貌出众，还包括优雅的风度，得体的谈吐，高贵的气质，深厚的底蕴与学识等。领导必须注重自身形象的塑造，把握好外表形象装饰，更重要的是提高自身的内涵，让自己侃侃而谈，举止优雅，落落大方，定会给人留下难以忘怀的印象。

领导者的魅力来源于独特的个人风格。这种独特的风格，不是标榜另类，而是一种符合自身特点、日益成熟的行为方式。一个没有个性和特点的人容易被人看轻，一个没有自己风格的领导则很难引人注目。领导者应有属于自己的风格特点，这样才能吸引人，获得追随者。比尔·盖茨在公众场合总是穿着牛仔裤和T恤衫，AVON（雅芳）创始人钟彬娴则在任何场合都保持着耀眼的妆容，这些都是一种个人风格。

形象上要找到做到并保持个人风格。为此在平时要勤于观察自己，找到适合自己的装扮风格，适时展现自己的气质和风貌。这样你就会令人难忘，具有个人品牌形象。

一个人的魅力可以从其眼神、笑容、举止等方面展现出来。可以说，姿态是无声的语言，它在你开口说话之前就传递出了信息，使人对你产生印象。姿态是指人的表情和举止，包括面部表情、走姿、站姿等。良好的姿态能够展示自信和实力，作为一名领导，姿态上应大方、自然、得体。

领导要懂得充分用好自己的面部表情。比如一般来说，头部要常保持平直，这样看起来才更有信心、更有尊严。见人多带微笑，微笑可以传递愉悦，让周围的人对你感到舒服和满意。在与人交往时假如能保持良好的眼神交流，恰当的时候，展现一个微笑，可以让人觉得你是个自信且信得过的人。

我们应意识到走姿对塑造自身形象的重要作用。比如，一位政界候选人迈着稳健有力的步伐，以昂扬的姿态走向讲台时，人们会认为他自信又放松，会下意识地受他的影响。

总之，要想拥有独特的领导魅力，除了发挥自己的智慧本事外，还必须通过某些特定的方法塑造好的自我形象，从而升华自己在团队中的影响力，为自己的人生和事业增光添彩。

影响力源于品质，而非职权

你凭什么领导别人？你具有的职位权力并不是你能领导别人的原因，无论是哪个层级的领导，如果你希望团队成员能够较长时间凝聚在你的周围，能够遵从你的指令去工作、行动，动力不是来自你的位高权重，而是德高望重。

其实优秀领导人不是靠职务压人，而是靠自己的人格魅力来带动整个团队前进、带动企业发展的。单纯靠严格的制度约束和凭借自己的职权、地位来以势压人，必然会导致压而不服甚至出现优秀人才流失的状况。领导者要强调以德服人。正直、善良、诚实等优秀的人格品质，无疑会提升领导者的个人魅力，从而潜移默化地影响组织中的其他成员，使其甘心为组织奉献，自动提高业绩。

日本著名企业家稻盛和夫，曾创造出了两个世界五百强企业。稻盛和夫总结出了“人生的结果”公式：人生的结果=思维方式×热情×能力。稻盛和夫所谓的思维方式，简单地说，就是拥有积极向上的态度、懂得感恩、善于合作、乐观、善良、有理想等。从中我们可以看出，决定人的命运的根本是他的品性。在领导过程中，只有一样东西能够赋予一个人真正而持久的力量，那就是品格。品格使一个人的魄力得以展现，使一个人的影响力得以产生；是一个人征服他人的武器，是一个人领导地位的基础。

领导力的关键并不在于方法及技巧，而是在于这个人的品格。没有任何人可以在缺少它的情况下获得并保持住领导力。甚至可以这么说，无论一个人有多么过人的才华，如果他不懂得做人，就绝不可能把自己的潜能发挥到极致。如果你的人品不行，那么你的能力越大，所带来的危害也就越大。人们都喜欢德才兼备的领导，不过能力有所欠缺也没关系，能力是可以锻炼的，但缺少品德是绝对不可以的。人品是最关键的。

稻盛和夫曾花费心血，总结出自己的成功经验，他认为自己成功的根本原因不在于他的能力，而在于他具备了强有力的品质，那就是：不撒谎、不自私、不贪婪、正直等，这些最基本的做人品质。

稻盛和夫在刚经营手机产品时，曾和竞争对手就营业地区的分配问题起过纠纷，当时他就想，怎样做才能不损人也利己呢？如果只考虑自己的公司，不考虑其他，那么出发点就太狭隘了。经过一番思想斗争，他主动做出让步，将人口密集的好地段让给了对方，自己公司做边缘的不发达地区的业务。当时公司内的许多人都对此持反对态度，认为他太怯懦了。可出人意料的是，他们公司的业务蒸蒸日上，远远超过了对手。稻盛和夫的电讯公司后来日益发展强大，竟成为世界五百强企业之一。

做人的品格，比金钱、权势更有力量和价值，也是一个人成功最可靠的资本。今天各界成功的领导者，同时也以品格闻名，这其中的奥妙是不言自明的。品格让更多的人放心与你合作，也带来了更多的机会。李嘉诚曾戏言自己不是“做生意的料”，因为他觉得自己不会骗人，不会耍滑，令人感叹的是，他偏偏做成了一份大事业。

林肯的事业为什么能那么辉煌呢？因为他一生都保持着正直的品格。林肯做律师时，曾有人找他为明显理亏的一方做辩护，林肯回答说：“我绝对不会接受。否则，我的良心一辈子都不得安宁，它会谴责我：‘林肯，你是个说谎者，你是个说谎者。’”

无论我们从事何种职业，在做事的过程中都要培养自己忠诚的品格。这样，自己的职业生涯才更有意义。格力集团的当家人董明珠，在做中层管理者时，由于能力突出，被另一家竞争对手看上，想出高薪把她挖走。在巨大的诱惑和对公司的忠诚两者之间，董明珠毅然选择了后者。在她身上所体现出来的是忠诚的品格。董明珠后来能成为格力集团的总经理，能力固然很重要，更源于她忠诚的品质。

领导者的个人品质具有非常大的影响力，优秀的品质能使员工产生由衷的尊敬，并潜移默化地改变他们的思想和行为。

领导者需要有做人的优秀品质。优秀的品质，如宽容、仁爱、诚信、正直、谦虚等，能带给人事业的发展及内心的安宁。而不良品质，如自私、狡诈、任性等，都必生出罪恶，产生坏结果。无论你身居何位，无论你有多么强的能力，如果不具备优秀的品质，那么就发挥不出个人影响力。你也许可以利用职权对员工发号施令，但换来的只能是员工的表面服从和内心的反感，长此以往甚至还会对权力性影响力的发挥构成威胁。

对于领导者来说，不仅自己要有品质，还要能够引导、帮助团队成员培养做人品质，以提升团队的形象和凝聚力。

品格是一个人真正的立身之本。如果你想成为一个具有影响力的人，那就先做一个有品格的人吧。

具有责任感，是赢得拥护的支点

具有强烈的责任心，是做好工作、赢得拥护的基础。对于领导者来说，拥有相应的权力，也要承担相应的责任。

纽约前市长鲁道夫·朱利安尼认为：“所谓的领导，就是在享受特权的同时，承担起更大的责任，在风险或危机来临时，有勇气站出来，单独扛起压力。”

在“9·11”事件中，纽约的世贸中心与华盛顿的五角大楼遭到恐怖袭击，导致数千人伤亡。在此危难境况下，朱利安尼敏感地意识到，“我必须露面，我是纽约市市长，我应对危机的方法就是亲临现场并掌控局面。如果我没在电视上出现，对这个城市将更加不利。”

在危机来临时，朱利安尼勇敢地站了出来，独自扛起了压力，最终坚强理智地带领着纽约市民走过了这场前所未有的变局。

在危急时刻，领导者勇于负责的表现，能产生强大的号召力和凝聚力。这种作用在生死攸关的时刻，在激烈的市场竞争中，在条件恶劣的环境里，显得尤其必要。

著名的国际企业日本八佰伴集团总裁、商界“不死鸟”和田一夫曾这样坦陈失败感悟：“当年我引咎辞职，是为了更好地东山再起，也是为了弥补自己的过失。作为领导者，我应该负起责任，让别人知道我是什么样的人。

八佰伴破产后，我如从众多资产中隐瞒一些的话，就不至于变成穷光蛋。但我不想那么做，我要为自己的过错负责。我把自己所有的财产拿了出来，补偿遭受损失和面临失业的人，尽到一位领导者的责任，这也是日后从头再来的另一种资本。

正是因为在物质上一无所有，我才拥有了东山再起的巨大动力。但如果我失去了基本的责任感，那我就只能陷于失败的深渊，生命也早就结束了。”和田一夫由衷地说。

可见，失败并不可怕，可怕的是失去一个领导者应有的责任感，那就真的成为一个“穷光蛋”了。

这就是担当，担当是责任，责任是动力，只有一个具有强烈责任感，对工作高度负责的人，才可能有强烈的使命感，才能做好本职工作，才能勇于担当；有担当的领导才有一种引领人的力量，有担当的企业才会有更多的盈利机会。

在很多时候，领导能力是和责任感联系在一起的。敢于负责任是一个优秀的领导者应具备的基本素质。作为一名领导者，遇到任何突发情况时，首先应保持冷静，不要轻易推卸责任。

如果你的员工因某个疏忽导致了顾客的不满，顾客突然上门兴师问罪来了。此时，你应怎么办？

不要逼员工道歉并让他自己处理“烂摊子”。不论你以什么样的借口把麻烦事情推给犯错的员工，都会给人不负责任的印象，或者让人以为你没有能力把它处理好。很显然，这样的管理者是不会受到员工拥戴的，更谈不上对员工进行有效管理了。

虽说是员工惹的祸，但如果你与当事的员工共同去面对来兴师问罪的顾客，则会把事情处理得更好、更圆满。

对于顾客来说，你的出现能够表现出公司对此事的重视和诚意。当你向顾客表示诚恳的歉意后，在弄清事情的经过的基础上，对顾客提出的合理要求，应尽力予以满足，并求得对方的理解；对顾客提出的不合理要求或无理取闹，应做耐心细致的解释、说服工作，以更好地维护公司利益。

勇敢地为下属承担责任，不把一切责任推给下属，这会让下属的心理负担大大减轻，并且对你心存感激。与此同时，也会赢得其他员工的心，让人们看到你是个敢于承担责任的人。

虽然是由于员工个人疏忽导致了错误，但工作中出现失误是在所难免的，既然身为领导，你就有责任亲自出马为员工“挡一箭”，这绝对是你在员工中树立威信的好时机。

事后，要查找问题的症结。确系员工的一时疏忽，要进行耐心地说服和教育。处理此事，对你而言最能受益之处在于，通过此事你能掌握发生失误的具体原因，并联想公司其他业务也可能出现的差错，增强全局防微杜渐的意识。

从某种意义上说，在员工遇到难事时亲自出面处理，这应该成为领导者的第一准则。因为不这样做就不能体现你的诚意，不能维系你与员工的信赖关系。麻烦的事，要担风险的事，你要自己承担，并大声地说：“你们干不了的，让我来！”那种气魄，定会让员工刮目相看。另外，这种影响也是潜移默化的，在无形之中使员工受到教育。它可以有助于你在你所管理的团队中建立起一种相互照应、遇事互不推诿的良好工作氛围。

当事情没有按你设想的那样发展时，不管是不是你的错，你都要为此负起责任。与急于将错误归咎于他人相比，勇于负责将使你获得更大的影响力。

在日常工作中，每一位领导者都应学会将责任感根植于内心，让它成为一种深刻的意识，深入到点滴工作中。注意工作中的细节有助于责任感的养成。一些问题看起来是微不足道的小事，但恰恰反映了人的责任心。而正是这种体现个人责任心的细小之事，关系着企业的信誉、效益、发展，甚至生存。所以我们要认真对待小节、细处。

当工作中出现问题或面对各种困境时，要勇于承担责任，领导只有具备了高度的责任感，才能塑造出强大的人格魅力，下属才能发自内心地拥护你。

拥有激情，比塑造外形更重要

在我们的传统印象中，领导者应是一个举止端庄，穿着讲究的人。如今，形形色色的领导者比比皆是，其中不乏穿着随意者，行为有时也不拘小节。

现在有种说法，领导者的形象并不重要，真正重要的是领导者能够以足够的激情去工作，并且能够鼓舞和带动周围所有的人。

激情是领导力的重要基石，是杰出领导力的组成部分。日本著名企业家稻盛和夫认为：人生的结果=思维方式×热情×能力，其中热情重于能力。一个能力不足的人如果能以燃烧的激情去对待工作，最后的结果会远远好过能力强却缺乏热情的人。

一个拥有激情的领导者，无论是在从事什么工作，无论是处于顺境或是逆境，他都会热爱自己的工作，并怀着浓厚的兴趣去做。一个领导者如若没有激情，他将一事无成，而当他有无限激情时，任何困难都会被溶化，他就可以成就所有事情。或许你确实有才华，但才华也必须借助激情的力量，才能发挥尽至。激情是一种无穷的动力，是优秀的领导力。

是什么激发一个人为了完成任务几天几夜不眠不休？是什么鼓舞一个人可以夜以继日地去做琐碎细致的工作而一直追求卓越？是什么促使一个人可以面对任何困难毫不退缩，可以面对无数次拒绝不达目的绝不罢休？进取的激情可以让我们做到这一切。

优秀的领导者都有一个共同的特点，那就是：对工作充满激情。比尔·盖茨曾说："我们公司的核心文化就是激情文化，每个人都必须有激情，才能全身心地投入到工作中……"微软公司的创办及发展正是源自于比尔·盖茨的激情，他工作异常热情，每周经常工作 90 小时。与比尔·盖茨一起工作的人都说他是世界上最激情的企业领导者之一。因此最终成就了世界著名的微软公司。

盖茨的搭档鲍尔默身体壮、嗓门亮，是天生的激情派。他的管理秘诀就是激情管理。无论是在公共场合发言，还是平时给员工讲话，他总要时不时把一只攥紧的拳头在另一只手上不停地击打，并总以一种高昂的语调爆发式地讲话，非常具有感染力。

鲍尔默无疑为微软增添了更多的活力与激情。他用激情主义在下属、客户和业界同人中塑造起微软的商业新形象。

有激情才有干劲。想成为优秀的领导，就必须对自己的工作充满激情，没有激情是不可能的。激情是缘于人们对事物的强烈兴趣与热衷的表现。领导者的激情包括对工作的激情、对人的激情和对组织目标的激情。

领导者的情绪、心态会影响到员工，可以辐射至整个组织。面临挑战，激情主义者不会因为惧怕而踌躇不前。他们的热忱和乐观上进的情绪，能够深深感染着周围的每一个人。只有领导者对工作任务充满激情，才能深刻感染员工，员工才能跟着你一起把工作做好。试想，如果一个领导者整日无精打采，提不起干劲，那他又能做出什么工作成就呢？他的下属又怎么能够充满热情和干劲呢？

阿里巴巴这家创造神话的公司最鲜明的特色之一，就是充满激情。阿里巴巴的激情来自马云的激情感染，马云亲自教化：“12 岁时，我对学习英语产生了兴趣。每天早上，不管刮风下雨，我都要骑车 40 分钟，到杭州西湖旁的一个小旅馆去学英语，这一学就是 8 年。”马云用活生生的事实证明了一个道理：只要我们拥有激情，并且不断努力，就可以到达成功的彼岸。

领导者的激情一般都是来自热爱及挑战，优秀的领导者总是乐于寻求富有意义的挑战，不断调整自己的目标，让所做的事情能够挑战自己的能力极限，从而充满了激情。

成立了 30 年的软银，投资过约 800 家互联网中小企业，是网络业界中全球投资回报率最高的企业。总裁孙正义在回答一位中小企业代表提问时说："我投资的互联网企业中有 100 家破产了，但绝大多数势头良好，如阿里巴巴、雅虎等更取得了超级成功。在我看来，企业成败的关键，在于管理层是否有创业激情。那些成功的领导者凭借创业激情，总是能够吸引人才，找到解决困难的方案，渡过难关。"

孙正义的这一看法，正是他切身实践的经验。他在创业过程中，就是先有激情，然后设立愿景。他的目标之一是成为亚洲第一互联网企业。尽管这个行业的技术进展非常迅速，但是他用激情不断挑战自己，终于收获了累累硕果。

富有激情是成为一个真正的领导者的先决条件。它为领导者提供了坚持目标的动力，点燃了领导者为更伟大的目标而努力的热情。

成功不仅需要产生激情，而且更需要将这种激情长期保持下来。马云曾说过这样一句话："短暂的激情不值钱，只有持久的激情才可赚大钱。"激情如果不能持久，那企业就会像昙花一现，虽绚烂却短暂。对于领导者来说，最大的挑战就是保持对工作的激情，坚定明确的奋斗目标，永远保持这种高昂的斗志，做到这一切，就赢得了自己的世界！

那么，怎样做才能让自己每天都激情四射地对待工作、他人呢？要想保持激情的习惯，你可以用表情、讲话等来达到这样的效果。只要你坚持说一些增强潜意识的话（如下），每天抽出专门的时间大声练习，相信你会逐渐成为非常具有感染力的领导者！

· 我对自己的工作无比热爱，我愿意全力以赴地投入。

· 我每天要大量地吸引成功和财富。

· 我可以赢得人世间美好的一切。

· 我是一个非常成功的人。

· 我相信，凭自己的力量可以改变世界。

· 我很乐意接受更多的财富和更大的成就。

· 成功一定是属于我的。

· 我是有独特价值的人。

· 我的生命充满了快乐和希望。

· 我拥有无与伦比的自信和魅力。

· 我拥有伟大的思想。

· 我拥有超强的行动力。

· 我每天都能从工作中获得乐趣。

· 我好像磁铁一样大量地吸引着追随者。

· 我可以实现任何目标和理想。

智者“向内求”，正己就是影响力

领导者要实施领导，就必须拥有相应的影响力，也就是对其他人所能够产生的感染力和带动力。领导者是企业的灵魂和支柱，不仅需要有超强的影响力，更要注重反观检点自己，不断突破自我弱点的束缚，发展完善自己。

每个人都有自己的优点与优势，也都有自己的缺点与不足。面对缺失要懂得反省。所谓反省就是反过来审查自己，检讨自己的言行，看有没有粗浅浮躁的地方，看有没有需要改进的地方。这样时时检点自己、反省自己才能使自己不断进步。

台塑集团董事长、人称“塑胶大王”的王永庆在台塑陷入绝境之时，不是草率退出，而是全面检讨经营的每个环节。他认为：“检讨才是成功之母。”世上失败的人很多，但不一定都爬得起来。只有检讨反省，找出失败的根源，总结经验教训，全力作出纠正，并努力寻求解决问题的方法，这样才能在反省中清醒，在反省中变得睿智，从而起死回生。

著名职场专家李开复认为：“理智比激情更重要。管理者应善于在工作中自觉地、理智地进行自省、自控和自律。”学会反省自己，能避免再犯同类的错误；学会反省自己，能认清自身的不足，从中提升能力。反省自己，其实是一种自励，人能在反省中不断进步，使得自己一天比一天更出色。

自省的过程，就是不断克服错误、更新和提高自我的过程。领导者要把反省作为每日的必修课。

田耀进入某公司后，由于工作出色，很受上级领导的赏识。面对工作上的成就和领导的夸赞，李耀难免有些自以为是，当自己的看法和别人不一致时，不太懂得让步，所以免不了经常和他人发生争吵。渐渐地，这些事传到了领导的耳朵里。

有一天，田耀正在会议室里开会时，领导走了进来。他直接坐到了田耀的对面，劈头盖脸地训斥了田耀：“不要以为你得到的一切都是理所应当的，你今天的成绩是离不开众人的关心及帮助的……你不能太自以为是……”田耀被当场一顿痛批，他觉得特别委屈。他刚想申辩，但一句话没说完，就忍不住当着众人的面失声痛哭起来。晚上回家后，他准备写辞职信。

那一晚，田耀彻夜未眠。但最初的冲动过后，他冷静下来，认真反思了自己。究竟是不是自己做错了？经过了彻夜不眠的思考，他终于想通了，是自己太爱冲动；是自己的工作方式太过激进；是自己的傲气和刚硬，使人际关系太过僵硬……经过思考和反思，他突然明白了自我性格的缺陷。这一次教训，他不但彻底反省了自己的缺点，更让他学会了如何做事，如何与人沟通。

最后他终于想通了，觉得领导对自己的批评是对的，这不仅是对单位负责，也是对自己负责。于是，他撕掉了辞职信，而是改为写了一封检讨书。

之后，田耀开始从各方面严格地要求自己。在之后的两年内，他凭着自己的努力，逐渐建立起了良好的口碑。有一阵子，公司的经济状况很不好，很多员工情绪都很不稳定。而这时，他沉着冷静，力挽狂澜，协助公司渡过了难关。从此，他不断地得到了提升。

能够抛开曾经的优秀，勇于反省自己、改正缺点，这就是田耀的明智做法。也正因为能这样做，他才能够吸收更多的东西，不断提高自己的能力，不断超越自己，从而逐渐实现自己的职业理想。

自省是一个持续不间断的过程，领导者要“一日三省吾身”。养成反思自省的习惯，你才可以总结出更多的经验和教训，同时在自省中才能不断地修正自己，才能更好地把握住自己要做的每件事情，走稳走好每一步。

作为领导者，员工之所以服从于你的指导，原因之一在于：你对事情的想法、看法、知识、经验较他们更胜一筹。为了保持此领导优势，领导者需要不断提升自己，为此就应时刻不忘反省自己：我的各方面能力是不是比员工强？我的想法、做法是否比他优秀？我应当怎样做才能更出色？在要求员工做一些事情之前，我是否能负起责任，做好自己的工作呢？我是否太放纵自己了？要求别人做到的，我自己有没有做到？

1997 年，美特斯·邦威集团大力开发外部市场，而内部人事问题却日益严重，最后中层管理者几乎全部叛离，只剩下周成建一个“光杆司令”。

在经过此次差点令美特斯·邦威崩溃的人事动荡后，周成建开始痛定思痛，冷静思考问题。他由当初“中层管理者不符合我的要求”的认识，逐渐转变为“我没有做好决策者，没有与他们创造默契的合作方式”的认识之后，针对自己的问题，他进行了一系列改进工作。

想成为优秀的领导者，就要突破心理瓶颈，要主动、客观地反省自我。每个领导者都应当经常结合自己的思想、工作和实际情形，经常反省自己的言行是否符合组织整体利益和广大员工的要求，勇于自我解剖，就能更好地纠正、改正自己，锤炼完美的人格。

“智者事事反求诸己，愚者处处外求于人。”只有不断地反省自我，高标准地自我要求，才能够树立起良好的领导形象，并用以征服员工，使他们产生尊敬、服从感，进而推动各项工作的顺利进展。

第二章

领导者以自律律人，胜过以权力蛮压

领导者的行为影响力，远远胜过权力影响力。作为领导者，应严格要求自己，时时处处为下属做榜样。要求下属做到的，自己首先要做到。领导者以身作则，能培养出个人的威信，会让下属觉得你值得信任，从而愿意跟从你；领导者以身作则，就能带动、影响组织成员改进工作，为实现组织目标而贡献出自己的心力。

领导力就是充分发挥榜样的力量

“你倒是试试看!”这句话在绝大多数情况下，表达的都是下属对上级只会说不会做的失望。

有些员工的行为总是下意识地跟随着领导者，并把领导者的行为作为规范来要求自己，所以只有领导者自身做得较好的情况下跟随者的行为才会不断地向前发展。

公元前 49 年，内战困扰着罗马。在形势最紧急的时刻，恺撒来到驻扎在鲁比孔河岸的军营。在战争中，恺撒总是意气风发，身先士卒，他常常以最勇猛的姿态冲向战场，将士们目睹着他在战火纷飞的战场上英勇战斗，这对他们来说是一种很好的激励，众人都以他为榜样，奋勇杀敌，一往无前。恺撒挥军渡过鲁比孔河。粉碎了敌人的势力，成为罗马独裁者。

个人感召力的发挥需要通过以身作则的方式进行。榜样的力量是无穷的，尤其当这个榜样就是领导人时。领导者凡要求下属做到的，自己必须首先做到；要求下属不做的，自己首先不要做。这样下属才会与你同心同德，心往一处想，劲往一处使，形成上下同心协力的工作局面。

身教重于言教。印度圣雄甘地支持这种说法，他说：“领导就是以身作则，来影响他人。”领导者的行为本身就是一把矫正下属行为的尺子。比如说要求公司的职员遵守时间，经理首先要做出榜样；要求下属对自己的行为负责，老板也必须明确自己的职责，并对自己的行为负责。只有以身作则的领导，才能调动其下属的自觉性，并影响他们朝着良性的方向发展。

大卫·尼莱曼是捷蓝航空的 CEO（首席执行官）。他在日常工作中以独特的方式实践着榜样领导。他每周至少飞一次捷蓝航空的航班，干些分发登机证、装运行李、打扫卫生、收拾垃圾的活儿，还借机倾听顾客和乘务员的建议和抱怨。

当领导就在自己身边干杂活时，乘务员怎么能对自己的工作有所怨言呢？在大卫·尼莱曼的榜样作用下，捷蓝航空很快就成长为全美国最具赢利能力的航空公司之一。

尼莱曼认为，“无论你的公司有多少人，为其作出精神指南的都是领导人。”缺乏精神引领，也就是榜样的作用，组织就犹如在暗夜里航行，不可能不迷失方向，哪怕领导者才智过人。

榜样的力量是无穷的，领导者要处处为下属树立高标准的学习榜样。如果你总是能身先士卒，实实在在地说到做到，下属们就会热切而认真地学习你的良好表现，为此你也赢得了他们的大力支持。

作为领导者，你必须时刻注意自己的态度和行为，为下属和员工做出好的表率。领导者如果能够起到积极的带头作用，用实际行动感召和带动员工，这本身就是一股强大的力量，能够改变下属的内心和行为。

由于领导的特殊身份地位，领导者尤其要加强自我约束和自我监督，在任何时候，都要自觉地自警、自省、自励，在各方面以身作则，树立良好的榜样。现在很多领导者，总是一味地去要求员工，却放纵自己。事实上，一个没有能力管好自己的人，是绝对没有能力管好他人的。如果管理者能够自律，就会造成正面的影响，员工会对领导充满信心，企业也会因此而向前发展。

领导者先要自律，才能律人。每个组织都有规章制度，组织中的任何人触犯规章制度都要受到惩处。规章制度面前人人平等。作为领导者，要做到公正，就必须做到根据规章制度而不是根据个人意识和人情关系来行使手中的奖罚大权。

联想集团由一个小企业发展为今天规模巨大的企业，与总裁柳传志的严格执法密不可分。在联想集团，曾有这样一条规则：开会时如若迟到，罚站一分钟。没想到第一个被罚的人竟是柳传志的老领导。柳传志对他的老领导说："您先在这儿站一分钟，今天晚上我到您家里给您站一分钟。"老领导挨罚，柳传志比他还紧张，一身是汗。其实柳传志本人也曾被罚过三次，其中有一次他被困在电梯里，电梯突然坏了，他咚咚敲门想叫人去给他请假，结果没有叫到人，他最后被罚了站。

正是柳传志的以身作则，影响了联想的其他领导人，他们都以他为榜样，自觉地遵守着公司的各项规章制度，使得联想集团顺利发展，成为了中国电子工业的引领者。

凡是能够带领团队取得成功的领导者，必定能够以身作则。只有自己愿意去做的事，你才能要求别人也去做，只有自己能够做到的事，才能要求别人也去做到。有时，领导者为了突击完成艰巨任务，可以亲临现场，做一些力所能及的事情，有意识地通过自己的行动给员工以激励和鼓舞，其效果是十分明显的。

领导者最重要的任务就是树立榜样。为此需要不断地加强自身的修养，以自己的个体素质和人格力量为下级树立良好的榜样。榜样树立了，下属的行动才有方向，才会把工作做得更对更好。正如德力西集团董事局主席胡成中所强调：领导者真正起到了榜样作用，那么，领导的目标也就容易实现了。

有作为的领导者不空谈，而是实干

每个领导者都有自己的职业梦想，梦想就是让自己不断高飞的翅膀。那么实现梦想靠什么？靠的是实干！

实干，作为工作态度，是指要实事求是，说实话、办实事，踏踏实实地干，不脱离实际，不懒惰懈怠，不投机取巧，不半途而废，要干就干到最后、干到最好。实干精神古已有之，流传已久的愚公移山精神、焦裕禄精神、红旗渠精神等，都是实干精神。对于现在的我们来说，实干显得尤为重要。

埋头苦干、脚踏实地，既是一种工作态度，也是一种管理思想。一个人如果没有实干精神，做任何工作都将一事无成；一个管理者如果缺乏脚踏实地的实干精神，工作浮在面上，成绩挂在嘴上，凡事浅尝辄止、蜻蜓点水，遇到矛盾绕着走，遇到困难就低头，是不可能把工作做好的。

工作是干出来的，不是说出来的。一切难题，只有在实干中才能解决；一切机遇，只有在实干中才能抓住。因此，我们应少说多做，把主要精力放在“干”上。所谓：“干一寸，胜过说一尺。”要想克服工作中出现的困难和问题，仅仅空口说话是不行的，“说”了恐怕是白说，“讲”了恐怕也是白讲，纵使“谈”得再好，说的次数再多，也不会产生好的效果。唯有说了就抓，讲了就做，以言行一致、真抓实干的作风，才能取得扎扎实实的成效。

史蒂·鲍尔默是微软公司的首席执行官，他的执行力是无与伦比的。而这非凡的执行力，正是来源于他的以身作则。鲍尔默在工作上异常严厉，但他并不是那种只会严格要求别人的领导者，他深谙律人必先律己的道理。他要求别人努力工作，也是先从自身做起，他本人就是个典型的工作狂。

鲍尔默认为：“如果一个经理人经常说空话，每次说出来的都只是一些理论，就不可能真正影响员工。”要员工做到的，自己就必须先做到。所以，在微软没有高高在上的管理层，也没有不做具体事，一味分派任务的纯管理者。

实干的领导者不流于空谈，一旦确定好目标，就会果断行动，专心追求，不受外界任何人或事的干扰。下属通常不是听领导者说什么，而是看领导者做什么。如果他们看到领导者在全力以赴地工作，他们自然也会努力干活。空谈创造不了任何价值，仅仅怀揣着梦想也永远无法开花结果。如果只是坐着空谈、抱怨哀叹，却不实践，不积累，不发展自己，那么只能是眼睁睁地看着机会白白地溜走。空谈只能耽误时间，实干才能实现梦想！要想推动事业发展，开创工作新局面，绝对离不开实干。

工作贵在行动，说得天花乱坠不如甩开膀子干。干事业，坐而论道不行，行动迟缓更不行。只空谈而不行动的人，只能距离目标越来越远；不空谈而实干的人，必然争分夺秒创造业绩。因此，要坚持实干，做到立说立行，今天的事情今天处理，坚持雷厉风行抓落实，确保工作取得实效。

在平时的工作当中，当我们明确了一定的目标，或者接受了一定的任务之后，就要立刻行动起来，不要拖沓，要养成注重效能的好习惯。在工作中必须多“做”，而不是多“说”！行胜于言，眼高手低，贻害无穷。空谈不能解决任何问题，一切结果靠行动。

工作中，许多人总是等到自己有了一种积极的感受再去付诸行动，这些人其实是本末倒置，积极行动会导致积极思维，而积极思维会导致积极的心态，行动是紧跟心态的，你的内心怎样想，你就会采取怎样的行动，也就会产生怎样的结果。要想成功就要把计划放在今天，把行动放在现在，克服畏难情绪，毫不犹豫，起而行动，扎扎实实地做好每一件事。

无论在哪个领域，如果不努力去行动，要想捕捉到任何成果都是不可能的事情。在不少单位里，我们看到的是这样一种情况：明明今天能解决的问题，偏偏要拖到明天；明明本星期可以解决的问题，偏偏要拖到下星期。这样造成的恶果，不仅会导致工作效率的低下，而且会造成重要机会的丢失，或者让小问题酿成大祸。

一旦产生了强烈的愿望，就要积极地将之实现，千万不要等待或拖延，也不必等待具备所有的条件。其实，你完全可以自己创造出条件！

实干本质上就是一种脚踏实地的工作作风，它摒弃迟疑拖延的心态。能力需要实干来体现；理想需要实干来实现，我们需要做到的就是脚踏实地地工作。不论你身处什么岗位，从事什么职业，只要你树立切实可行的目标，努力地提升业务能力，从大处着眼，小处着手，认真踏实地去做，就能每天有收获，你自然能完成从平凡到非凡的飞跃。

在人生发展的道路上，如果能时时处处坚持实干，做到不实现目标绝不罢休、不获得胜利绝不住手，你就可能一步一个脚印地攀上成功的峰顶。

以“绩”树威，能令下属信服

领导者必须充分认识威信的重要性，树立“威信第一”的理念。领导者的威信不同于职权，职权是以规章、奖惩等手段来维护的，而威信主要是靠领导者的品德和能力等来确立的。领导者必须充分发挥主客观条件，努力建树，做出实绩，切实提高自己的威信。培养出个人的威信，会让下属觉得你值得信任，从而愿意向你学习，愿意跟着你干。

在平时，领导者要求员工做到的，自己首先要做到，哪怕是一个不大的动作，一个细微的表现，都可能产生意想不到的效果，而且职务越高，其影响力就越强。这些极平常的细微的动作，员工看了会产生亲切感，进而产生信任感。

赵越是位新领导，他认为领导者应该严格要求自己，努力多做一些工作，做出一些举措来给大家看。俗话说：“群众的眼睛是雪亮的。”下属最讨厌的就是光说不练。只要领导者能注意从实际业绩方面多做一些，给下属做个榜样，不但能增加自身威信，对迅速打开工作局面，更是大有好处。

赵越是这样说也是这样做的，他上任伊始，一改前任领导做事拖泥带水的风格，决心整顿单位内部的陈旧事务，并且制定出相应的对策。首先，他自己带头遵守单位的新规章，但效果并不理想，经过了解，才知道下属对自己持一种观望态度，不太信任他的能力和专业水平。

在此种情境下，赵越决定亲临基层，真抓实干，与销售人员一起奋战。三个月后，单位业务量大增，效益也大为改观，组织内部赞叹声一片。从此，大家都以赵越为榜样，勇于承担责任，积极主动地干活，使单位发展前景一片光明。

在领导一个部门时，可以先制定一个总体规则，然后明确工作任务，自己带头执行，并在一些具体实际的工作中做出榜样，以自己做出的业绩讲话，同时也让下属明白，在单位里，领导能力并不是完全靠职务或权力，更要靠自己的努力，靠自己为单位所做的贡献大小来评价。

真抓实干才有政绩，才出实绩，一个领导者固然不必事事躬亲，越俎代庖，但以身作则，身体力行，乐意吃苦，勤于务实，是必须具备的工作作风。你脚踏实地地办成了几件好事、实事，下属就信服你，你就会有威望，有威信。如果你对下属的难处不闻不问，解决问题不痛不痒，甚至置之不理，那么下属就会对你嗤之以鼻，你就不会有什么威信。

现在有些管理者只愿坐在办公室里发号施令，不愿到下属员工中去调查研究，掌握第一手资料，因而所发的指令，往往脱离实际，行不通，甚至还会产生新矛盾，起副作用。有的管理者虽然也下了基层，但在下属中也只是造成了“坐着车子转，隔着玻璃看”的不良印象。

自古以来，勤奋是成功之本，勤奋精神是对一个管理者的基本要求之一。勤于行则事成，勤于思则理得，这是古人的经验总结，也是当今领导者树立威信的有效途径。领导者要真正做到尊重员工、信任和关心员工，首先就要了解实情，体察民情。要真正做到这些，最关键的是实行“走动式”管理，因为这样最容易发现和解决问题。

美国麦当劳快餐店创始人雷·克罗克，是美国最有影响的大企业家之一，他不喜欢整天坐在办公室里指挥，而将大部分时间都用在“走动式”管理上，即到所属的各公司、各部门走走、看看、听听、问问。

麦当劳公司曾有一段时间面临严重亏损的危机。克罗克用他的“走动管理”发现了一个重要原因，就是公司一些职能部门的经理过于懒惰，习惯躺在舒适的椅背上指手画脚，把许多宝贵的时间耗费在抽烟和闲聊上。

于是克罗克想出了一个“奇招”，下令将所有经理的椅子靠背都锯掉。开始时很多人都不理解克罗克的发疯举止，纷纷咒骂他，后来他们理解了他的良苦用心，纷纷走出办公室，开展“走动式”管理，及时了解情况，现场解决问题，终于使公司扭亏为盈，稳健发展。

领导者只有从办公室中走出来，经常深入基层，深入一线，才能真正了解员工的真实情况，对之进行指引和纠正，从而激发员工的工作积极性，提高企业的业绩。

总之，以实树威是树威的根本。领导者即使能力强、口才好，但最终没做出实绩，就不能令下属信服。只有办实事，求实效，做出切实的成绩来，才具有极强的说服力，领导者的威信才能真正树立起来。

主动认错，把污点变为亮色

领导者也是凡人，不可能不犯错。一时做错了一件事，最好的办法就是老老实实认错，而不是去为自己辩解和开脱。只有缺乏智慧的人才会为自己的错误寻找借口，强词夺理。这样做，只能使自己处于更加不利的地位。而一个明智的、勇敢的、能承认错误的人，往往能赢得他人的谅解和敬重。

我们要明白：在任何情况下，坦然承认错误都比为自己争辩有用得多。

著名的戴尔公司创始人迈克尔·戴尔，曾在2001年当着手下20名经理的面儿认错：承认自己过于内向，有时显得冷漠、难于接近，承诺将和他们建立更亲密的联系。下属对“极度内向”的戴尔公开反省感到震惊！如果戴尔都可以这样，其他人有什么理由不效仿呢？腼腆是错误吗？戴尔的回答是："如果下属说是，那就是。认错要认下属眼中的错，不是认自己脑中的错。"

作为领导者应明白：在任何情况下，坦然承认错误都比为自己争辩有用得多。主动承认错误，本身就表现了你的勇气与责任感。对于自己的缺陷或者不足之处，自己毫不隐瞒，更会赢得对方的好感。

领导者要学会说"我错了"。简单的"我错了"，是领导者最难以启齿的，也是最有必要学会的。领导者勇于承认错误并及时改正错误，才会取得个人及组织的双赢。

美国以亲和客户闻名的捷蓝航空公司，于 2007 年 2 月 14 日遭受了一场暴风雪洗礼。这导致捷蓝航空的 250 架国内外航班被迫取消，旅客被延误在纽约肯尼迪机场长达 11 个小时。之后，捷蓝航空公司的股价一度急跌。

此时，无疑是对企业领导者最具挑战的时刻。捷蓝航空的首席执行官大卫·尼尔曼没多做犹豫，他在最短的时间内做出了决定：在最有影响力的视频网站上发布道歉视频，向客户致歉。他的道歉词很简短："我们为耽误你们的行程感到羞愧。你们本应享受更好的服务。可上星期，我们让你们失望了。"

这几句话非常巧妙，尼尔曼没有过多强调客观原因，也没有为自己开脱，在诚恳道歉的同时，他再一次强调了捷蓝航空服务至上的宗旨。同时他还宣布：将向所有被取消航班的乘客退还机票款，同时支付免费机票和顾客当日因延误时机而造成的所有损失。

尼尔曼之所以能如此言简意赅地表达歉意，是因为他在道歉之前和消费者进行了充分的沟通，已经初步取得了他们的谅解。

几个月之后，美国一家最著名的市场调查公司有数据显示：捷蓝航空重新赢得了客户支持，其股价一路回升。

尼尔曼坦然承认错误的经验值得我们借鉴。不小心犯了错误，最好的办法就是坦率地承认和检讨，并尽可能快地对事情进行补救。当领导者发生工作失误或者做错了某件事的时候，要迅速而诚恳地承认。其实如果能坦诚面对自己的弱点或失误，再拿出足够的勇气去面对它，改正它，不仅能弥补错误所带来的不良后果，而且能加深外界对你及你的组织的良好印象。用认错的方法，会给人以谦恭有礼、勇于负责任的好印象，收获也会比预期的高出许多。

在错误面前，越缩脖子越挨刀。我们或许经常听到“这不是我的错”“这事儿与我无关”之类的话，这是想以抵赖、狡辩等方式推卸责任。或许有时找些借口能推卸掉本应由自己承担的责任，暂时获得心理上的平衡。但更多的时候却于事无补，且害处很多。工作无小事，更无小错，逃避1%的错误往往就会带来100%的失败。

无论你犯的是什么错，你的逃避与狡辩只会让人觉得“敢做不敢当”，因此让人瞧不起，让人不敢信任你。而最重要的是，如果养成了寻找借口的习惯，会使自己丧失面对错误、培养解决问题能力的机会。许多人明知有错而不愿承认，因为这的确让人觉得没面子。面对指责，他们在竭力地辩解，而这些辩解反过来又加深了自以为是，最终让人一事无成。所以，不认错的弊大于利。

发现错误的时候，不要消极地逃避。而应勇敢地面对失误和积极寻求解决方法，让失误带来的不良影响降到最低。如果你总是觉得自己的错误是一种耻辱，令你抬不起头，开不了口；如果你虽然认识到了自己的错误，但没有勇气承认，你害怕受到责罚。以下这个例子或许能帮你克服这种心理障碍。

美国总统肯尼迪在竞选美国参议员的时候，曾被竞选对手抓住了一个把柄：肯尼迪曾因欺骗而被哈佛大学清退。这类事件对他的竞选非常不利，竞选对手只要充分利用这个证据，就可以打倒肯尼迪诚实、正直的形象，毁灭他的政治前途。一般人面对这类事情，大都会极力否认，疯狂还击，但肯尼迪却很爽快地承认：“我当年的确曾犯了一项很严重的错误，我对此感到很抱歉。我做错了，没有什么可以辩驳的。”肯尼迪的坦诚认错，显得豁达大度，反而让人觉得对手没有风度，肯尼迪挽回了败局。

在很多时候，勇于认错，似乎会让更多的人知道你的过失，但这并不会把你的污点扩大，降低你的威信，相反，适当地认错，恰恰可以把污点变作亮点，提高你的威信。

犯下错误后，千万别去刻意隐瞒问题，试图消灭错误的"云层"。而正确的做法是，找到使你上升到云层之上的途径，那里的天空永远是蔚蓝的。只有勇敢地扛起责任，我们才能获得他人的信任，树立自己的威信。但需要记住的是：同样的错误绝不要犯第二次。

处事公正，赢得左膀右臂的拥护

确立令人敬畏的形象，对于确立领导威信、强化管理都是非常必要的。比如，戏剧中的包公一出场，全场肃然起敬；法庭上，法官一讲话，喧哗的人很少，因为他们都是令人敬畏的形象。

领导者建立良好的形象，可以增强下属对自己的敬畏感。孔子说："其身正，不令而行；其身不正，虽令不从。"领导者行为正直，就会拥有威信，令人敬畏。无论在调查问卷或座谈会上，大家一致反映"希望上级能够公平待人"。作为一个领导者，要为人正直，处事公正，不听信谗言，不虚荣伪善，不瞒上欺下，不媚上压下。只有这样，才能赢得下属的衷心信赖和拥护。

著名管理学家约翰·科特说："一个领袖人物必须正直，不把个人或小团体的利益和需要摆在一切衡量标准的首位。否则，人们就不会跟随他。"一个人如果要想担当起领导的重任，就必须具备公正的品格。从根本上说，正直有着无与伦比的价值，有了它，一个人的能量可以发挥出双倍、三倍的效力。是值得领导者为此而努力的。

唐代的大理寺少卿戴胄，为人非常正直。一次，唐太宗李世民的大舅子（长孙皇后之兄长孙无忌）带刀进入皇宫，在宫门口站岗的监门校尉竟然没有发现，按照唐律，长孙无忌和监门校尉都违犯了法律。可是，当朝宰相封德却说："校尉麻痹大意，应该杀头；无忌是一时疏忽，不能算犯法。"唐太宗居然点头同意这么办。这时，戴胄挺身而出，有理有据地说："这样量刑不公平。无忌带刀入宫，校尉没有发现，他二人都是由于一时疏忽，如果量刑，应一视同仁，怎么能重此轻彼呢？"听了戴胄这番理直气壮的话，唐太宗只好答应重新商议。而再次商议时，封德仍是力主原判，戴胄就再次据理辩驳，寸步不让。他指出："无忌和校尉，犯过失的情形相同，而校尉是由无忌带刀入宫的缘故而致罪的，罪行相对较轻。如果轻罪反而重判，重罪反而轻判，显得极不公。"他坚决要求据法重新判决。唐太宗觉得戴胄说得极有理，终于接受了他的意见，把无忌和校尉都免罪了。

从古到今，领导者最不可缺的就是公平之心，这不仅是处事的必需，做人的起码道德，更是一个领导者搞好上下级关系、做好工作的前提条件。领导品行不正、办事不公，即使能力再强也会丧失感召力。处事要公正，不屈从权势、不贪图酒色，以身正求公正，以公正换人心。这样，领导的言行才能正气凛然，公司的业绩才能一路上升。

对待下属一定要公平，不可厚此薄彼、存有私心。就像在分配工作上，给某个整日无所事事的人分配好工作，给能力强的人分配差工作；将困难、复杂的工作分派给"新手"，却让"老人"做些简单的工作；不管工作的难易，要求不同的工作在同一时间内完成，这些做法在员工的眼里都是很不公平的。下属最忌领导偏心。如果领导总是对自己较有经验或较感兴趣的工作表现得更为关心，那么此时从事另一项工作的员工就会感觉到受冷落，并因此而心生怨恨，工作缺乏动力。

公正无私还表现在对员工的"论功行赏"上。在论功行赏方面做得好，能够充分地调动员工的积极性，形成人人争上游的局面，给企业带来无限的生机和活力。反之，如果论功行赏搞得不好的话，不仅达不到激励员工的目的，反而会造成灾难性的后果。例如，有的员工在工作中作出了很大的贡献，但令人遗憾的是，他并没有得到与贡献相对应的奖赏，工薪、奖金都没有与贡献成正比例增长，但那些并没有做什么实际工作的人却得到了加薪、分红。多劳者不多得，此时，任何正常的人都会感觉到领导对人的不公平，从而产生种种抵触情绪，做出种种反抗行为，公司的发展自然会受阻碍了。

公平地评价员工的业绩是优秀领导的明智做法。为了评价员工，他们在平时就会对员工有所了解，并及时记录下来。俗话说："好记性不如烂笔头"。头脑记忆的仅仅是短时间内发生的事情，而员工的表现只有通过长期的工作才能体现出来。只有长期注意记录他们的行为，才能对他们真正有所了解。在掌握这些资料之后，当你根据手头的记录去表扬某些工作干得好，但又不被人注意的员工时，他会备感欣慰，会努力地争取下次做得更好；如果是批评某些员工干得不好，你打开记录，批评得有理有据，对方虽然在受到批评后的短时期内，会情绪低落，但他很快就会了解到你公正无私的做法，之后便会重新认识自己工作中的不足，并力图改正，变后进为先进。只有这样，员工才会逐渐消除对你的不满，更加服从你的管理和安排。

领导因为种种原因，而不能公平对待每个人的成绩，或不能公平地处理每个人的错误，实际上起到的是一种离间的作用，孤立了被你偏袒的那一部分下属。因此会导致下属之间相互猜忌，矛盾重重。群体的凝聚力就会大大降低，这显然会给你的工作设下重重障碍。所以，领导者一定要公平、公正，只有以此为前提，才能得到自己的支持者，干好工作。

要想成为一名受员工欢迎的领导者，就应该对所有员工一视同仁，这样，不仅积极因素可以得到充分调动，一些消极因素也会受到刺激而转化为积极因素，这样，深得人心的你，就能轻松自如地驾驭全局了。

“威”从“信”中来，守信用才有威信

古人云：君子一言，驷马难追。又有“言必信，行必果”之说法。这其中便道出了做人的学问。

遵守诺言，待人诚信，其实也是领导者影响下属、树立威信的方略之一。美国运通公司首席执行官切纳特归纳了有能力的领导人的几个性格特征。第一个特征就是诚信，他认为这是构建真正领导力的核心原则。切纳特说：“很多人把‘诚信’理解为诚实。但诚实只是其中的一部分，而诚信则体现在言行一致上。在你领导别人时，他们会要求你具有这种一致性。诚信的领导在竞争中更容易获胜。”领导者要深刻认识到“一诺千金”的重要性，如果你自己破坏了这一权威性，你的员工也不会对你保持信赖和尊敬。

作为领导者，想要激发出员工的工作积极性，就要诚实守信，言行一致，兑现不了的事干脆不说，说出的话就一定要做到。尤其是在涉及员工切身利益的问题上，更要讲“信用”。如对奖金、福利待遇、升迁等，说出的就一定要执行；同时在员工权力、管理人员的制约等方面，更要讲信用。

如果你说：“别担心，这种状况并不会导致员工下岗。”然而随之而来的是裁员，那么你将不会再得到信任。裁员本身并不会有损于信任，但虚假的许诺会严重损害员工对你的信任。一旦你的员工不再相信你的话，那么你在组织中的威信会一落千丈，你的领导地位会失去基础。

有这样一位厂长，上任伊始，宣布要为职工们在一年内做几件实事，员工们自然干劲倍增，但大半年过去了，一件事也没有办成，大家一下子就没了热情，这位厂长也因此威信扫地，企业效益急速滑坡。

厂长本来是想用许诺来激励员工，但没有想到全行业不景气，他也

实在是无能为力，结果是“搬起石头砸了自己的脚”。

我们应从这位厂长的事例中吸取教训，切忌瞎许诺，乱开空头支票。一些企业领导者，更应该从这类事情中反思一下，不是有绝对把握的事情，绝不要随便向员工们许诺，否则，届时不能兑现，后果不堪设想。

有些管理者错把轻易许诺作为激励员工的手段，也许在短期内能起到作用，但从长远看，效果并不好，一旦许诺不能及时兑现，员工会伤心失望，抱怨连连。与其这样，还不如默默地为员工做一些实事，要胜过把话说得太早、太满，让人空欢喜一场。

可以说，那些“说得到做不到”的领导者不是好领导，通常都不会获得成功。信守承诺，不仅是品格的体现，更是成功的保证。只有信守自己的承诺，才能够得到别人的信任和尊重，并为自己赢来相应的信誉和机会，做事才能事半功倍。

有“最佳外地在深圳企业”美称的深圳长炼总厂和深长石油公司都是国有企业，他们一直坚守“重承诺，讲信用”的承诺。有一次，深长石油公司向长炼总厂告急，各加油站汽油都快用完了，请按合同准时运送汽油到深圳。长炼总厂接到告急电报后，计算了一下运油时间，发现已不能准时运到深圳，但为了维护合同，他们重承诺，讲信用，经过研究决定，马上通知“深长公司”，就地用高价购买外商的汽油，以满足顾客的需求，高出的价格，由长炼总厂承担。这一举动获取了客户的信任与好感，从此经济效益直线上升，甚至远远超过了外商石油企业。

领导者的特殊地位和影响力要求做领导工作一定要谨言慎行，遇事一定要三思而后说，切不可轻易地许诺。对于已经许诺了的事，就应该认真对待，竭尽全力地去实现它。

曾有人问巨人集团董事长史玉柱：“在领导者的诸多素质中，你认为哪一样至关重要？”史玉柱回答说：“是‘说到做到’。你只要承诺了，什么时候完成，你一定要做到。如若完不成，不管你有什么理由，你的信誉一定会受损。”

那么如何才能做到言行一致、恪守承诺呢？你可以从以下几个方面进行改进。

1. 承诺前要深思熟虑

如果不能完全肯定自己能够实现，那就不要承诺某事。承诺要有凭有据，要保证它能不折不扣地实现。当你说：“完成这个任务后，我给你加薪。”你心里要确保这个承诺能实现。要知道，你的承诺有着沉甸甸的分量。对于你不能实现的诺言，最好“今天”就让员工失望，不要等到骗取了员工的信任后再让他们失望。

承诺后，你要时时记住这个承诺，并争取在他人提醒你之前实现它。否则容易给人留下不良印象。

2. 学会处理意外情况

如果一旦知道自己无法实现承诺，就应该开诚布公地与对方重新进行商洽。这件事要尽快做，不要等到被人误解再行动。如果员工们知道你一般总能恪守承诺，而在无法实现时也会尽可能地和他们进行协商。他们就会相信，你是一个做事有原则性、可以信赖的好领导。

守信对任何人来说都非常重要，但它不是轻易形成的，而是在工作实践中慢慢培养的。这就提醒我们每一个人，平时一定要注意从小事做起，从一点一滴做起，逐渐增强做人的责任感，为实现自己的承诺打好基础。

“威”是从“信”中来的，如果领导者“威”而不可“信”，这样的“威”也就很难维持长久了。

第三章

领导力的强弱，选人用人是关键

领导者必须有选才之智、用才之道。选才保证了组织有才可用，而用才则可人尽其才。选才应客观公正，不唯学历、不唯资历、不唯身份，任人唯贤、唯才是举，使各类人才有机会做事、有空间发展。用人之道，就是能够科学地、合理地发挥人才的作用。选人用人已成为领导者提升自我、改善经营、增强竞争力的保证。

多方考察，辨明人才的真伪

作为领导者，不仅要有自知之明，还要有识人之智。识人，就是通过对他人种种的观察，深入了解其性格及内在品质。领导者如果不懂得识人，就无法辨别贤愚优劣，也无法对他人进行任用和奖惩。会识人才谈得上会用人，而会用人，是创造业绩的前提。

领导者只有真正地会识人，才不会把虚伪的谎言当作忠诚，才不会错判他人的本质而痛失人才。在职场中，伪装自己、以虚掩实的现象比比皆是。因此，领导者在识人时不要被表面所迷惑。

清代重臣曾国藩是一位识人高手。他接见生人时总是先不说话，从上到下盯着对方看上几分钟。这当然不免使许多被接见者非常不舒服，曾国藩却在这几分钟内对此人有了基本认识。

李鸿章曾带了三个人去拜见曾国藩，请曾国藩为他们分派职务。不巧曾国藩出去散步了，李鸿章就让那三个人在厅外等候。不久，曾国藩散步回来。李鸿章说明来意，请曾国藩考察那三个人。曾国藩说："不必了，面向厅前，站在左边的那位是个忠厚人，办事小心，让人放心，可派他做后勤供应一类的工作；中间那位是个两面三刀的人，不值得信任，只宜分配做一些无足轻重的工作；右边那位是个将才，可独当一面，将来会大有作为，应予以重用。"

李鸿章很吃惊，问："您还没用他们呀，究竟是如何判断的呢？"曾国藩笑着回答："我刚才散步回来，见厅外有三个人，我路过他们身边时，发觉左边那个人低头不敢仰视，可见是位老实、小心谨慎的人，因此适合做后勤供应一类只需踏实、无须多少机变的事情。中间那位，表面上恭恭敬敬，可等我走过之后，就左顾右盼，被我回视时发现，可见是个阳奉阴违的人，因此不可重用。右边那位，始终挺拔而立，双目正视前方，不卑不亢，是一位大将之才。”

曾国藩所指的那位“大将之才”，就是后来担任台湾巡抚、鼎鼎有名的刘铭传。

曾国藩并非有什么识人秘诀，只不过在与人相处时，他不仅用耳朵听、用眼睛看，而且还用心琢磨。

先是对他人的相貌、行为举止、言谈等进行细致的观察，然后敏锐地收集、分析所能接收到的一切信息，从中提取有用的成分，最后就能深入地了解一个人。

在各种人际交往场合，有识之士都能留意他人的一举一动，从细微处洞悉他人。

沈方正是个心思细密的人，平时好观察人。初入职场时，他喜欢站在办公楼前观看来往的人，从人们不同的穿着、表情、动作等方面，推测他们的性格、职业等，以此锻炼识人能力。

在聚餐的场合，他会观察在座者背的是什么包，然后从包的大小、品牌、位置等推测出对方的性格。比如，他认为习惯拿大包的人性格开朗、豪放；习惯拿小包的人心思细密、做事谨慎；习惯拿品牌包的人个性较直爽、容易沟通；一眼看不出包的品牌的，是较深沉、有个性的人。开始用餐时，他也会观察对方点什么菜，菜的种类是否齐全等，可谓细致入微，让人禁不住惊呼：“你的眼睛好毒！”

沈方正后来之所以能成为台湾著名大酒店的总经理，与他这种非凡的识人能力密切相关。

领导者应该练就识才的慧眼，在形形色色的人才中辨明真伪，择优选用。识人其实不难，关键在于从细微处去看、去听。那么，考察和识别人才的主要方式有哪些呢？

1. 面谈体察

面对面交谈，能对考察对象产生直接的感觉和体验。通过语言可以窥视人的内心，言谈能告诉你一个人的性格、品质乃至思想水平等。因此听人说话是识人的关键之一。

面谈之前，领导者应对被考察者的各方面情况尽可能多地了解，以便面谈时有针对性地提出问题。在交谈中，可以询问对方对某事的看法，看他的志向、立场；就某个计划向他咨询，征求他的意见，以此看他的学识；用跳跃性思维挑起新话题，看他的气度和应变能力等。

面谈时并非一次只针对一个人，也可以将若干被考察者召集到一起，向他们提出各种问题，通过他们的应答情况考察其素质和水平。所提的问题可以是一般性的知识和专业理论，也可以是急需解决的问题，从中了解对方能否抓住问题的实质，思路是否灵活多变，知识面、专业水平怎样，等等。

与被考察者谈话时，气氛要轻松愉悦，以让对方放松警惕，这样，其内心的真实思想，往往会从口头上自然流露出来。领导者要掌握谈话的主动权，善于观察和分析对方的反应，从谈话中探知对方的真实本性。

2. 试用考察

领导者在正式任用某一人才之前，最好给其一段试用考察期。经过试用确认对方称职，才可正式任用，否则便另选他人。这样做，既可以避免主观判断上的错误；又能使被选用者熟悉工作，获得经验，以便在正式任用后工作起来更加得心应手。

3. 有意考验

仅仅面谈和试用，有时识别人才还不够全面，这就要求领导者需再采取一些方式，对被考察者进行深入的试探，在动态中对其进行考察。比如，可以有意识地把某人放在某环境中，看他的表现如何，有目的地把某项工作交给某人去完成，从而检验他的能力，授意他在某场合发言以考察他的水平、见解等。

4. 随时观察

领导者可以通过工作和生活细节，随时对身边的下属进行有意识的观察。这种观察可以从几个方面入手：留心被考察者生活、工作等方面的言谈举止，看其能力大小、思想好坏等；通过观察对方结交什么人、敬慕什么人、鄙弃什么人，看其品格高低；通过被考察者在关键问题上和关键场合中的表现辨其良莠。通过这样几种方式，人才的优劣、高下就会自然显现出来。

领导者要养成多听、多看、多思的习惯，通过多方面的考察，真正认清一个人。领导者善于留意他人的一举一动，做到洞悉他人，用人才会有胜算。

选人准则：合适就好，不求最优秀

大多数领导者都愿意任用那些各方面都比较优秀的人。但对于那些在学历、技能、年龄等方面相对而言存在劣势的人，诸如手慢一点儿、脑子笨一些、劳动技能差一些的人，许多领导者都不愿意用，甚至把他们视为累赘，这是一个用人误区。看似不起眼的人，千万不可坚决摈弃，只要善用他们，把他们放在适当的位置上，他们就可能成为人才，成为财富的创造者。

所以，真正成熟的选才标准应该是：合适就好，不需要最好的。这句话的含义是领导者要挑选既能较大程度满足岗位需要，又具备一定的提升空间和培养潜力的人才，使其“不是最好，但追求更好”。人在得到充分的认同后，都会向“最好”努力，这样企业自然就能欣欣向荣，快速发展。

每个公司都有大量简单的熟练工作、脏累工作，这类工作安排条件较差的人去干，他们不会感到大材小用，会尽心尽力、专心致志地工作，进而创造出很高的工作效率。从某种意义上讲，一个组织内是离不开条件差的人的，全部任用高学历、高素质人员，未必是最佳选择。比如你需要一位录入员，每天向电脑录入各种数据，做市场分析。如果你把这份工作交给一位清华大学毕业的人，也许用不了多长时间，他就会感到工作单凋乏味，失去了工作兴趣，从而敷衍应对，或一走了之。可如果你将之交给一位职业学校毕业的女孩来做，她肯定会做得很出色。

领导者应知道自己到底需要什么样的人才，同时还应懂得，人才是拿来使用的，不是用来当摆设的。鞋子还是合脚的最好，穿起来舒服，走起来稳健，企业用人也是同样的道理。联想集团的用人观点是“用的人才都是适合联想的，但并不一定都是最优秀的人才，不求最好，只要能胜任工作，合适的就提升”。这种用人观点颇耐人寻味。

中国台湾塑胶集团创建者王永庆，早年对人才要求极高，力求各方面都要优秀。可那时中国台湾人才资源匮乏，优秀人才难以找到太多。后来，他诚心聘请了一批外国留学生，谁知这些人不安心工作，业绩尚不如普通人。

如何找到合格人才呢？经过多年摸索，王永庆终于总结出一条经验：用中等人才最划算。

王永庆不刻意选择顶尖人才，而是选取中等人才来用。因为王永庆认为，顶尖人才可遇不可求，绝不是仅凭爱才之心就可以得到的。那些聪明自负的人，一旦工作不顺心，就容易抱怨连连。带着这种心态做事的人，责任心和工作热情都不足。即使他才能一流，如果发挥不出来，反而还不如一般人才。既然如此，只好退而求其次，使用中等人才。

得到中等人才比较容易，经过企业的培养训练，他们对工作也能轻松胜任。中等人才没有傲人的资本，他们谦逊好学，勤恳务实，很重视手中的工作，能竭尽心力地工作，这样反而可能取得比上等人才更好的业绩，对公司的作用更大。所以大可不必费尽心力地去争抢那些顶尖人才。

录用中等人才，之后舍得花钱培训他们，使台塑永无人才匮乏之忧。深厚的人才基础，正是台塑集团日益做强的最大资本。

所以，领导者始终要有成本概念，如果中等人才可用的话，没有必要强求上等人才。

有很多具有高学历的人才，也许更适合在某些特定的专业领域中从事研究工作，但不一定适合实际的操作。早些年，美国的企业领导者曾发现他们培养的一些高学位的员工，往往眼高手低，自命不凡，毕业头十年只会频繁更换自己的工作。所以领导者不能推行学历主义，以文凭取人。无数事实说明，在没有高学历、没有好条件的人中也同样存在着不少才华横溢、能力非凡的人才。世界著名企业家、索尼公司的创始人盛田昭夫认为：要以能任人，凭才任人，而不要局限于他的学历。

索尼公司对科技和管理人员的考核使用，主要是看他们的实际能力怎样，而不是仅仅注重其学历。公司录用人员不管什么工种，无论职务高低，都要进行严格的考试。分配工作或提升职位时，主要依据是他考试成绩的好坏和创造业绩的高低。正是因为索尼公司能够抛开文凭标准，坚持不拘一格地选拔人才，才逐步形成了一支庞大的科技和管理人员队伍，从而能够不断开发出新产品。

美国通用电气公司的总裁韦尔奇选人的原则就是：从不注重学历和资历。韦尔奇说："关键在于你能干什么！"

有些公司的领导者更愿意选用劳教过的人员做装卸工，这些人往往会感恩戴德地工作，因为他们的人格受到了尊重，还能够解决他们的就业问题。建筑行业通常会招收大量农村临时工，活儿很累，收入也不太高，可他们却干得很卖力，甚至都对老板心存感激，因为他们认为是老板给了他们饭碗，理应好好干。一个人纵然很有才能，但不愿合作，不愿有所作为，那他对用人者来说就是毫无价值的。而用好条件差的职员，也许最终能同你同舟共济、荣辱与共的人正是他们。

所以，真正成熟的选才标准应该是：合适就行，不需要最好的。领导者要善于通过把握这样的原则来广纳人才，做强企业。

充分“扬长”，强化人的才干和能力

经过“识人”与“选人”，领导者已拥有了一些人才，这只是用人的基础，还需要进行“善任”，才能使人才真正发挥出作用。那么，领导者如何做才能“善任”人才？

识人、选人的目的是用人，因此，注意力就应放在一个人的长处和优点上。用人时，如果用了一个人的长处，就能使其充分施展才能，为组织多做事情；如果用的是一个人的短处，就可能祸事连连，阻碍组织发展。

马谡被斩，就是诸葛亮“舍长用短”酿成的悲剧。马谡才华横溢，理论满腹，是个优秀的参谋型人才，诸葛亮却偏偏弃其所长，用其所短，派他去带兵镇守街亭，与魏兵对阵，最终落得个惨败的下场。

作为刘邦的下属，张良可谓手无缚鸡之力，如果刘邦任用他去带兵打仗，冲锋陷阵，肯定没什么好结果，可他的长处是有谋略，善决断，刘邦就让他做军师，结果成就了自己的伟业。

对于领导者来说，用人要用其长、避其短，做到最大限度的“扬长避短”。为达到这一点，重点在于要充分扬长。扬长不仅可以避短、抑短、补短，而且更重要的是，通过扬长能够强化人的能力和才干。

明智的领导者不会把注意力放在寻找十全十美的人才上，而是注重发现每个人的长处，因才任用，力求人尽其才。他们通常不是问“这个人不能干什么”，而是问“这个人他干什么最出色”，至于是否有些“小毛病”则无关紧要，用人时，他们是要发现某种有非凡才能的人，并尽力为他们提供发挥其长处的条件。

第二次世界大战后，松下集团总裁松下幸之助为重建松下集团的一家唱片公司，从众多的人选中挑选了原海军上将野村古三郎，决定派他担任唱片公司的经理。但野村却对音乐、唱片一窍不通。对于野村的出任，集团内的许多人持怀疑态度，认为野村不能胜任此职，连野村也认为自己完全不懂业务，把握不大。

但松下幸之助认为，野村人品好，为人豁达大度，又曾在日美战争中担任过和美国谈判的大使，而且极会用人，擅长经营。他针对野村的长处和短处，采取扬长抑短的策略，给野村配备了优秀的专业人才，使野村摆脱了具体业务的纠结，充分发挥出他组织、调度、控制和督促的作用。结果如松下所料，唱片公司在野村的经营下，呈现出一派兴旺景象。

领导者应像松下幸之助那样，在用人方面掌握好长短相抑的法则，用其长而避其短。用了人的长处，就能有效地抑制短处，其才能会显得更加突出；如果用了人的短处，就会使长处受到抑制，结果其才能就发挥不出来。在选拔人才时领导者要做到以特长取人，谁的特长突出，就任用谁。“新东方”的开创者俞敏洪曾说过：“当你了解了对方的优点，同时也知道对方缺点的时候，做事情时就要尽可能使用对方的优点，避开其缺点。利用人的长处，可以使团队快速拔高。”

人的特长具有“越用越长”的性质，越是使用它，它越能发展，越能成为优势。相反，如果不用它，弃置于一旁，它得不到增进发展的机会，久而久之，就会退化萎缩。所以，领导者用人应懂得“用进废退”的道理，要善于在使用中开发人的特长、挖掘人的特长，促进人的特长发展。

1. 按特长领域任用人才

领导者要广泛地了解他人的长处，将人才的长处发掘出来，并加以合理的运用。

人无完人，任何人只能了解、熟悉和精通某一领域的知识或技能。一旦离开特定的领域，这些知识或技能上的特长就可能显示不出优势，也就称不上是特长了。因此用人时应注意了解其特长是什么，这种特

长适用于哪个领域，然后把合适的人放在合适的位置上，让他们的长处得到发挥。朱元璋打天下时，曾得到了“四贤”，他根据他们各自的特长，予以不同使用。刘基善谋，就让他参与军国大事；宋濂长于写文章，就叫他做文化工作；叶琛和章溢有政治才干，就派他俩去治民抚镇。朱元璋能按照特长领域用人，收到了最佳的用人效果。

用人就是如此，不同的工作岗位，需要不同的人才；不同的人才，也都需要适合自己的岗位。因此要根据不同人才的素质才智，为其安排相应的岗位。既要防止大材小用，人才浪费，也要防止小材大用，虚占其位。如果发现某人在此处不能发挥作用，就要考虑是否另有发挥其作用处。绝不能武断地视之为“无用之人”，直接摈弃。

2. 按特长的变化任用人才

人的特长虽然受限于一定的领域，但在同一领域内也不是一成不变的。人的特长具有转移性，可以从这一领域向另一新的领域发展。特长转移的原因是：人的思维活跃，善于进行创新活动，具有一定的创造力。特长跨领域转移的结果往往是新特长超过原特长。发现人的特长转移之后，领导者要及时调整对人的使用，要尽可能把他们安排到合适的新领域工作，并尽量为促进新特长的发挥创造好的条件。

3. 在特长增长阶段重用人才

人的特长具有衰变性。指的是人的特长随着年龄变化、精力变化等会出现变化，其轨迹呈曲线，一般是先开始向上增长，当增长到极限期的时候，就会向下衰退。懂得了人的特长的衰变性，用人就要讲究用得其时，要在人的特长高峰期予以重用，以便充分发挥其特长的作用。

事实上，人的长处和短处并不是绝对的，也不是静止不变的。在不同的环境和条件下，长与短也是会相互转化的。用人的关键是：学会使用人的长处，从人的短处中挖掘出长处并加以充分利用。明白了这个道理，则到处都是可用之人，正所谓：“善用人者无废人！”

人才互补，实现团队效率最大化

在用人方面，不仅要量才使用，还要合理组合，发挥其集合效应。现实中常有这样的情形，两个人都是优秀人才，能力、学历、资历相当，把他们放在一起工作，却很容易互相“碰撞”。但如果能把人才按“一柔一刚，一老一少”等原则组合起来使用，结果可能就大大不同。因此，领导者在使用人才时，不仅要重视个体的素质，还要优化群体结构，使群体中的个体互相取长补短，最终取得一加一大于二的效果。

在一个组织内部，每个人才因素之间最好形成相互补充的关系，包括知识互补、才能互补、性格互补、年龄互补和综合互补等。随着科学技术的发展，很多研究、攻关项目是需要体现多边互补原则的，这里既需要有知识互补，又需要有能力、年龄等方面的互补。事实证明，人才结构中的这种互补关系在实际工作中可以产生十分巨大的互补效应。

微观理论的创立问题，曾经难住了 5 位诺贝尔奖获得者。而最终解决这个难题的胜利者，竟然是巴丁、康柏和施里弗 3 人。他们组成了一个具有互补作用的人才结构：巴丁年岁大、经验丰富，能从整体上把握大方向；康柏年轻、精力旺盛，思维敏捷；施里弗善于创新，头脑灵活。他们 3 人搭配在一起，充分发挥了人才多边互补的作用。

综合互补的用人之道，不仅表现在用人的量的多少，而且还在于其人才的合理搭配。领导者在使用人才时，应按照企业的经营目标，合理搭配人才，使企业内各种专业、知识、智能、年龄的人员，组成一个有机的优化整体，以便相互切磋、相互启发、互相补充，产生一种较强的“合力”。这样做，不仅能充分发挥每个人的个体作用，而且能取得最佳的整体效果。

这方面，唐太宗的互补用人法是非常高明的，即“房谋杜断”体系。

唐太宗李世民登基后，唐朝的许多规章法典都需要重新制定。李世民在与宰相房玄龄研究安邦治国策略的时候，发现他能提出许多精辟的见解和具体的办法，但却对自己的想法和建议难以取舍。此时，唐太宗会说："非杜如晦不能决断也。"原来，杜如晦虽不善于谋划，但却善于对他人提出的意见做周密的分析，他精于决断，什么事情经他一审视，很快就能变成一项决策、律令。所以，每当唐太宗要杜如晦来时，房玄龄并不觉得受排挤，也没生出嫉妒之心。杜如晦来到后，也不出风头另搞一套，而是最后选用房玄龄的谋划。这正好就发挥了两人各自的特长。房玄龄和杜如晦因此成为唐朝最有才能的两个宰相，一起做了许多事情。

唐太宗掌握了房玄龄和杜如晦两人的所长和所短，并且发现了他们在能力上的互补性。于是，他把这两个人有效地搭配起来，为自己出谋划策，较好地调动了两人的积极性，发挥了各自的特长，最终也使自己取得了超过前人的成就。

使用人才时，不仅要突出个体的优势，而且要突出最佳的群体优势。有的人思想活跃、知识广博、综合分析力强，这是参谋型人才；有的人则踏实肯干、任劳任怨，这是执行型人才；有的人公道正派、铁面无私，这是监督型人才。这些人，孤立起来看，几乎都是"偏才"，但一经合理组合，各展所长，那就成了"全才"。一个人不可能是无所不能的全才，但群体则可能做到。所以，注意人才的适当搭配和巧妙组合，就能发挥更大的作用；相反，组合不当，不仅不能形成合力和凝聚力，而且还可能相互抵消，空耗力量。

对于领导者来说，要善于取长补短，让不同技能和性格的人进行互补。比如，你有远见，好设想，那就找实干者来执行你的想法。如果你是急脾气，好发火，身边一定要有冷静、从容类型的人才。这样就可促进你的事业发展。

综合互补的用人之道在现代企业中，地位越来越重要，运用越来越巧妙。企业规模越大，越需要在其人才结构中体现这一原则。

1. 优化组合人才

优化组合，就是要考虑人才在构成群体结构时，彼此的性格、年龄、能力等是否匹配，结构是否合理，是否有利于组织目标的实现。例如，如果一个部门女性过多，则容易滋生许多是非；如果年轻人太多，则可能不够沉稳，等等。

用人除了要遵循人才的性别互补、知识互补规律外，还应了解人才中的个性互补规律。不同的个性特征，都可以从不同角度对工作产生积极作用。如果每个人都是一种性格、一种气质，工作反而无法做好。例如，全是急性格的人在一起，就容易发生争吵、纠纷。个性互补，更有利于把工作做好。人才中的年龄互补也是一个问题。老少互补对做好工作，包括开拓思路、提高效率等都有深远意义。

借助于优化组合，能使人才配置更合理，形成良好的人际关系，从而促进团结、协作，改善工作效率，完成组织的各项不同任务，实现多种目标。

2. 人员配置多样化

如今的公司，其灵活多变的特征要求有灵活多样的职员。因此领导者要通过不同的人员配置来满足这些需求。长期从事某一工作的专职职员并不能满足多种需要。许多公司发现，混合劳动力带来了保持竞争优势所必需的机动性和专业性。

混合劳动力是指从业人员中包括专职、兼职和临时工等。混合劳动力可以使组织具备一定的灵活性和专业性。需要时，可用它来扩大员工队伍；不需要时，可通过它来缩减员工队伍。

对于领导者来说，如何合理地使用“人才”，才是用人之道的核心。只要将人才合理搭配，优化组合，那么这些“人才”就会是你成事的最大资本。

用人“唯贤不唯亲”，企业发展才有根

用人是一门大学问，如何才能用对人？是任人唯亲，还是任人唯贤？这是领导者在用人方面面临的最大挑战。在这一点上一定要多加思量，好好把握。

很多企业的管理者都很容易掉入任人唯亲的陷阱中，在财务、人事等各项事务、各大关隘都安插自己的远亲近戚把守，想以此实现全面掌控企业的目的。不管其家族成员，如儿女、配偶和亲戚是否有能力，也不管其教育状况如何，不管标准够不够，都进行任用或提拔，甚至表现为非亲不选、非亲不用。在国内很多企业中，管理者的七大姑、八大姨往往把持着企业的财务、人事等大权，形成了一个强大的关系网络，左右着整个组织，影响极坏。这些人才能有限、业绩平平，却仍旧享有特殊地位，容易作威作福、颐指气使、发号施令。这是企业发展的毒瘤，其结果必然是导致人心涣散，有才能者由于不属于“嫡系”而不受重用，纷纷辞职远走，将企业的技术、客户带走，使企业遭受重创。

曾名扬世界的“王安电脑公司”就是因为王安传子不传贤，使用了能力不足的儿子，很快就由“明星企业”变成了“流星企业”。领导者“任人唯亲”，就容易纵容能力不足的人，那么企业就一定会遭到挫败。

任人唯亲的后果是严重的，主要影响为：使人事关系庸俗化、复杂化。管理者以权谋私，大量任用亲朋好友或其子女，只要顺从听话就用，即使不求上进，德才平庸。由于“保护伞”的作用，批评一人就得罪了一大片，因此管理者不敢轻易批评；不迁就他们就站不住脚，因而会出现小人得势、贤人受压的局面。最终的结果也就可想而知。

显而易见，任人唯亲不如任人唯贤。什么是“任人唯贤”？就是使用人才不唯“亲近”而唯“才能”。对那些有“亲情”关系而无才能的

人，绝不使用或重用，决不让他们妨碍自己的事业。在联想的规章里，有一条是“不能有亲有疏”，即领导的子女不能进公司。柳传志的儿子是北京邮电学院计算机专业毕业的，但是柳传志不让他到公司来，因为他怕子女们进了公司，互相再一结婚、串联，将来想管也管不了。

中国台湾长荣公司的创始人张荣发有三个儿子，但没有一个儿子是集团或下面公司的董事长，他的理念是“传贤不传子”，连最敏感的董事长的职位，都可以由非亲非故的“贤人”担任。这不仅使那些优秀的人才在长荣公司有了更长远的发展，而且也使长荣公司基业常青。

削弱家族势力的影响，调和“贤”与“亲”的矛盾，是领导工作的重中之重。多数企业在起步阶段都是家族成员做主力，但是随着企业的发展，家族成员已经不能满足管理需要，这就需要让贤于家族人员外的优秀人才。在此点上，“新东方”的俞敏洪就显示出了大义灭亲的魄力。

“新东方”最初是俞敏洪和妻子以家族企业的形式创办的，当初俞敏洪出去贴广告，妻子在前台负责报名工作。企业规模大一点后，俞敏洪的妻子负责“新东方”的财务、行政和后勤等工作。再后来，俞敏洪的母亲为给儿子分忧，也开始参与到“新东方”的事务中来。但是，随着企业的不断发展，他们的这种“夫妻店”的形象遭到越来越多人的反对，在此情形下，俞敏洪只好把妻子、母亲及其他亲戚先后都移出“新东方”，给这个土生土长的队伍进行了一次“大换血”。

俞敏洪敢于破除亲疏的界限，发现和使用人才，这本身就是一种卓越的领导力。

领导者在使用人才问题上，要一视同仁，不分远近，不分亲疏。不能因客观或主观情绪的影响，表现得有冷有热、有偏有向。

对人才分亲疏厚薄，是领导者的大忌。“老板偏心，员工寒心。”员工也许能谅解老板的种种个人缺陷或失误，却无法容忍老板的偏心袒护。领导者如果亲一派、疏一派，厚此薄彼，势必会导致组织内部怨气丛生，人心涣散。

即使某些亲属在你眼里的确是“贤”，但你认为的“贤”其实未必就是真的“贤”。就算是真的“贤”，有些人也照样不服气：“为什么同样贤能，他能上，我就不能上，还不是因为他是老板的亲戚？”如果你任用的人不是真的“贤”，影响就更坏了。他人往往会这样想：“看来还是私人关系管用，我们再卖力气也没用！”

可见，领导者避免任人唯亲是必需的，具体操作时要注意以下几点。

①选才要出于公心，谨防拉帮结派。领导者应以企业利益为重，而不能把个人利益放在第一位。不要只想着利用公家的便利，培养自己的势力，建造广泛的关系网，置企业利益于不顾。

②选用人才时应一视同仁，切忌宠亲恶疏。不能迁就照顾亲友，要坚决抵制说情风、关系网。否则，他们有事情做，你就有可能下岗失业。

③选拔干部要有原则性。不能仅从自己熟悉的部门、熟悉的下属中挑选。不搞本位主义、门户之见、亲疏厚薄，这是任人唯贤的原则。

总之，作为领导者，应唯贤是举，尽量淡化“亲属”意识，建立让“能人”脱颖而出的机制。

领导力不在于事事监督，而在于信任度

用人不疑，这是一种上下级间的信任关系，用在企业管理上就是要放手让员工去工作，鼓励其大胆尝试，不要什么都管、都怀疑。

然而，眼下我们许多企业的领导者往往并不信任员工。调查表明：在相当一部分企业里是由管理者“发号施令”，员工照章执行。无论员工私自处理什么事儿，管理者都会问东问西，表示怀疑。这样的管理者会因员工有小过错，就怀疑人家有大问题；在工作过程中如果遇到什么意外，就会产生不信任的心理。这种毛病如不改掉，必将害人害己。对员工的不信任，直接挫伤的是员工的自尊心和积极性；间接的后果是降

低了企业效率，加大了企业离心力。

用人必须信人，用而不信，就成了“虚容”，饱含着虚伪，最终必然会导致人心涣散，甚至众叛亲离。但是如果宽容而又信任，结果就会大不一样。用人信而不疑，能使人产生心理上的安全感，使人的主动性得到充分发挥；能使人对组织、对集体产生归属感和认同感；能增强人的自信心，从而加强创造性；能激发人的进取心，增强其克服困难的力量。同时，上级信任下级，下级也会信任上级，相互信任就会产生一种向心力，上下和谐一致地行动。

SOHO（家居办公）房地产公司总裁潘石屹认为：“让公司所有的员工按照自己的意愿去做事情，这是非常关键的，千万不要干扰他们，你别总觉得自己是领导，就老对他们发号施令。大方向有了，就应让他们按照自己的意愿去做事情。否则，就容易经常出问题。”

潘石屹很少对员工进行刻意监督，因为他觉得每个员工都有自己明确的目标，他们在完成工作目标的过程中，势必会充分调动自己的主动性和创造性。领导对于员工工作的过程，应给予足够的空间和自由，只需适当引导即可。他不干涉员工的工作，但到了考核的时候，他会在终点给员工评分。

信任可以有效激发员工的工作潜能。因为人的创造能力的发挥是有条件的，当人心中存有疑虑时，便不敢工作、不敢创新，而是抱着“宁可不做，也不可做错”的心理，只求把分内的工作做好就行了。如果领导能够与员工建立充分的信任关系和亲密关系，就会有效地消除员工心中的各种疑虑和负担，从而更愿意把自己各方面的潜能都发挥出来。

因此，领导者要想有效管理员工，不断提升领导水平，首先要对员工充分信任，鼓励员工独立完成工作；其次是通过合理授权，给员工一个能充分发挥能力的空间。

艾柯卡曾先后担任福特汽车公司的总裁和克莱斯勒汽车公司的董事长。艾柯卡说他自己“通向领导职位的秘诀”是：“我觉得一名管理者懂得如何发动手下人去干，他就具备了领导力，要使一个企业运转起来，发动人就是一切。”也就是说，领导者懂得如何调动下属及员工的积极性，使他们能够“独立自主地工作”，是一个领导者之所以成功的秘诀。沃尔特·迪士尼作为迪士尼公司的创建者，无疑是杰出的，他有能力让他的手下发挥出自身潜力。他供给绘画师最好的设备和材料，不硬性规定他们的工作时间，允许他们自由来去，尽量营造一个自由、平和，但却毫不松懈的创作环境。沃尔特的做法是明智的，他让手下的人才产生了自主感，潜力得到了最充分的发挥，而他自己也才会有时间去做一些引导、启发、协调、鼓舞士气的工作。

“领导”的意义不在于事事过问，而在于将自主权授予他人。领导者应总揽全局，腾出时间做一些决策性、指引性的工作，而那些具体的事务应交由下属们去做，给他们充分的空间，实现充分授权。有时，过多的约束和牵制并不能得到预期的效果，倒不如适当放手益处更多。学会给予下属权力，能激发下属对工作事项的参与感和工作热情。

领导者授权后，就要予以信任，不能授而生疑，大事小事都干预，事无巨细都过问。总对下属心有疑虑，经常干涉，结果搞得对方很被动，也容易影响工作的正常进行。只要下属有能力完成某项任务，授权后，就应允许他具有一定的自主权。只要不违背大原则，不要随意进行牵制和干涉。

要想在企业内建立起彼此信任的良好氛围，首先需要领导对员工信任。领导者要想与员工建立起信任的关系，除了授予员工自主权外，还应注意以下两点。

1. 随时与员工沟通

为了赢得员工的信任，不妨对员工毫无保留地公开公司的业绩情况及财务状况，解释公司在经营管理中的一些基本政策，同时坦率地向员工承认在经营管理上的一些失误等。领导者应鼓励员工开诚布公地谈论问题，发表意见，为此可常举行一些辩论会、研讨会等，促进双方之间的了解、沟通，减少误解，使员工信任企业。

2. 跟员工分享福利

为了提升员工对企业的满意度，一些企业开始推行一种年度的“总额奖励计划”，以此和每个员工的报酬进行挂钩，包括工资、福利、退休金等。结果推行这种计划的企业大幅度地提高了员工对公司的信任度。

信任是如此重要，为了在企业中维持高信任度，领导者必须记住信任是无可替代的，取得员工的信任不是最终结果，而应当是永久目标。

授权犹如放风筝：既要放手又要控制

一个领导，即使他能力再强精力再盛，也不可能处理好所有的事情，他总是需要把部分职权交给下属。有的领导每次向下属交代任务时总是说：“这项工作就全拜托你了，一切都由你做主，不必向我请示，只要有结果后告诉我一声就可以了。”这种授权法会让下属们感到：无论我怎么处理，老板都无所谓。就算是最后做好了，也没什么大意思。老板把这样的任务交给我，分明是小看我！

随意下放职权，不仅激发不出下属的积极性和创造性，反而会适得其反，引起他们的不满。高明的授权法是既要下放一定的权力给下属，又不能给他们以不受重视的感觉；既要检查督促下属的工作，又不能使下属感到有名无权。若想授权成功，就必须深谙此道：一手软、一手硬；一手放权、一手监督。只有这样，授权才能真正有效。

领导者既不能大权独揽、事必躬亲，又不能大权旁落、无所用心。如何才能不走这两个极端呢？应“大权独揽，小权分散”。即领导者既要保证下属能有充分的权力用于做好工作，又要保证自己在整体上的把握和宏观上的调控。

号称“家电王国”的松下集团的创始人松下幸之助认为，分权与集权交替使用是成功管理的要诀。

家用电器行业产品种类繁杂、市场变化大，针对此特点，松下一直致力于探求一种在集中统一领导下实行分权管理、提高竞争力的管理制度。1932 年，松下开始实行“产品分类事业部”体制。松下公司的事业部是权、责、利相统一的独立核算的经营单位。每个事业部都有很大的经营管理自主权，各事业部的部长有权根据市场变化做出决策，决定开发、生产什么产品，可停止生产什么产品，不受总公司的干预。除了财务部门外，事业部的各职能部门只对事业部部长负责。事业部部长对销售额负责，对利润负责，对人才培养负责。这三条完成得不好，将被解除职务。

松下幸之助还随机应变，灵活运用分散与集中的授权方法。战后经济困难时期，他强调集中管理；竞争激烈时期，他又强调分权，以利于各部门灵活应对市场；经济高速发展时期，他又高度集权，以利于占领国外市场。随着集团的扩大，他逐步扩大事业部的权限，以免自己事必躬亲，影响管理效果。

灵活运用分权与集权管理法，是松下幸之助成功的秘诀之一。我们既不能片面强调集权的重要性，也不能忽视分权的重要意义，而应当把二者很好地结合起来。同时，不管是集权也好，分权也罢，都要依据组织内外环境的变化来灵活监控。

授权之后，领导者必须懂得控权的战术，如果光会授权不会控权，授出的权力就会犹如脱缰的野马，很难轻易收回来。同时，失控的权力还有可能造成一些不良的后果。

我们如果能掌握以下控制权力的技巧，在授权后就能处理好权力失控的问题。

1. 先考察下属后授权

领导者要做到有效授权，就要在授权前对下属进行严格考核，全面了解下属的德才情况。当你认为某下属才能合格，认为他值得授权后，就应该用而不疑，信任他、支持他，让他大胆地开展工作、施展才能。当你对下属的能力、品质等不完全了解，无法确定他能胜任某职务时，就应采取见机行事、逐步授权的方法。如先用“助理”“代理”职务等非授权形式，试用一段时间，以便对下属继续深入考察。当下属具备授权条件后，才授予他们必要的权力，这种稳妥的授权法不会使权责脱节，最终会使两者吻合。

2. 对下属多加监督

海尔的张瑞敏曾提出“用人也疑”的理念。他认为：人都是在不断发展变化的，你今天强，不代表永远强；我用你，同时也怀疑你、监督你，这才是对人才的爱惜。这里的“疑”是指必要的约束和监督。其实没有约束的权力是非常危险的，所以授权后在信任的基础上进行监督是十分必要的。

领导在控制下级权力时，既不能过宽也不能过严，要宽严适度。既不能使下属胡作非为，又不能束缚了下属的手脚，使其施展不开。既能大胆放手，使下属有所作为，又能宏观控制，使下属有所不为，这是明智的领导者的做法。

3. 对下属多加引导

授出权力，是放手让下属对职责范围内的事情进行决策和处理。但授权不是让权，授权以后领导者同样负有责任，不能撒手不管，放任其自流。授权后，领导者要善于发挥导向作用，根据形势的发展，为下属提供切合实际的观点、方法和措施。当他们在工作中出现失误时，领导者应善意地加以引导和启发，帮助其改正，绝不能横加指责。

授权要给下属足够的自由度，但是领导者必须进行定期检查、监督，以确保被授予的权限在正确的轨道上执行。

4. 根据变化灵活授权

职场如战场，会时时遇到各种变化的新情况。当工作条件、内容等发生了变化时，领导者可及时调整授权方式，以利于工作的顺利进行。

领导者在授权时，为了方便随机应变，及时回收，可以先赋予其部分权限，即“不充分授权”。根据授出权限的大小，不充分授权又可分为几种情况：让下属了解情况后，由领导者做出最后的决策；让下属提出详细的行动方案，由领导者最后选择；让下属在采取行动前及时向领导者报告；让下属采取行动后，将行动的结果报告给领导者。

采用不充分授权时，上下级之间应当在方案执行之前，就有关事项达成明确的意向，以此统一认识，保证授权的有效性和反馈性。

如果一旦发现下属的工作有严重问题，不能履行其职责，领导者就要马上采取措施，或派人接管，或把权力收回。

领导者对于自己权力的管理，应该像放风筝一样，既要能“放”，也要可“收”。放，要给下属留有自主的空间；收，要及时监督，不能让下属为所欲为，背离自己的初衷。可收可放，灵活掌握，就可以让授权功效最大化！

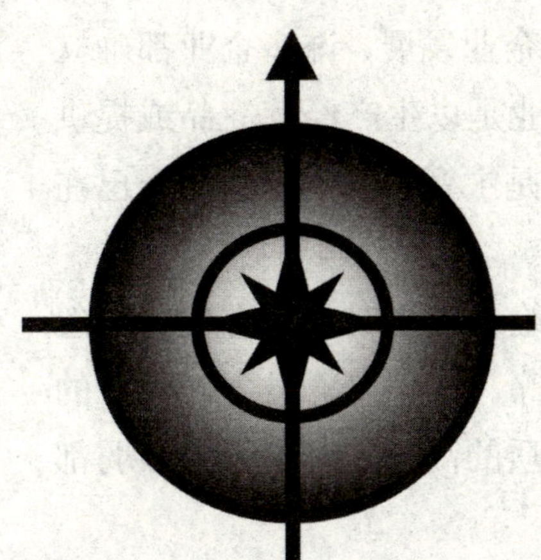

第四章

带人先带心，领导力的秘诀是以情御人

俗话说："带人如带兵，带兵要带心。"领导者仅凭权力对人进行管制是不行的，还要想方设法拉近与组织成员的心理距离。优秀的领导者十分注重情感影响力，能真正关心下属，积极发展与员工的情感关系，从而赢得下属的拥护与支持，进而高效地完成工作，让自己有好的职业发展前景。

想要员工善待客户，先把员工照顾好

在市场竞争日趋激烈的今天，为了促进企业发展，许多企业都确立了“顾客至上，用户第一”的经营理念。企业是以生产经营商品或提供劳务来赢得顾客而得以生存的。因此“顾客是上帝”的观念，如今已在各级领导者头脑中逐渐形成。

然而，在把顾客奉为“上帝”的同时，绝不应该对员工有任何的忽视。我们甚至可以大胆地提出“员工也是上帝”的口号。员工对企业的发展具有很大意义，员工创造性的大小、素质的高低、凝聚力的强弱都直接影响着企业的效益。

综观国内外取得了卓越业绩的企业，尽管其最初的规模有大有小，但无一不是将“善待员工”的思想贯彻于管理活动中。美国通用电气公司总裁杰克·韦尔奇认为：“企业如果不是以人为本，发展是会受到很大限制的，因此，我尤为注重把人作为企业的核心竞争力。”企业的兴旺发展，归根结底要靠广大员工。只有通过对员工的尊重、理解、关怀、信任等才能充分挖掘员工潜能，调动员工的工作积极性，为企业创造更多的财富。

广东北电通信设备有限公司经过十年的发展，已成为优秀的合资企业。北电公司真正将“以人为本”贯彻于企业管理的每一个细节当中。这主要体现在对员工充分的人文关怀上，如员工生病、亲属过世等，公司都会派人前往慰问。为缓解员工的心理压力，北电开通了免费电话，以便员工遇到心理问题时拨打，向专家咨询求助。

“员工也是上帝”是人性化管理理念的本质体现。人性化管理的出发点是以人为本，它通过满足人的全面需求来达到实现企业发展的目标。人不但有物质需要，还有精神需求，人需要受到尊重，人的价值希望得到承认，理想渴望得以实现……要想提升领导力，除了要求领导者综合素质要高外，更重要的是必须学会以人为本。所以，明智的领导者，就应当将员工放在第一位，这样企业的发展才有根基。

程翰是一家工厂开发部的主管。他擅用“人性化管理”，他自己也因此受益。

当一个远道而来的新员工初进他的部门时，他会想到此人离乡背井、出外工作可能遇到的各种不便，尽量帮他联系一所好的住处。当某位员工本人或其家属生病时，他会抽空去探望，并且赞赏他们的工作成就。

程翰的人性化管理方式的优越性，可以从他辞退一个员工的事例中体现出来。他前任主管所聘用的一个员工对工作缺乏兴趣和能力。程翰想要辞退此人，他出人意料地采取一些合理的做法把事情办得让人心服口服。他首先对该员工解释说：“你另换一个新工作更有利于发挥自身能力，对今后的发展有利。”然后，他陪同该员工一起到著名职业咨询专家那里征求意见，接着又安排该员工同别的公司的主管面谈。结果在“辞退事件”之后的第 8 天，该员工就找到了一份满意的新工作。

程翰解释说：“主管应该爱护手下的每一个人。我们有责任不聘用这些无法胜任的人，但既然已经聘用了，至少也要帮他找一条出路才对。”

程翰的人性化管理方式使他得到了下属的衷心拥护。由于他使下属获得最大的工作保障，他本人也因而获得了最大的工作业绩。

“以员工为本”的思想告诉我们，一家企业只有善待员工，员工才会善待顾客。

顾客是员工的服务对象，员工就是领导者服务的对象，领导者对待员工的态度直接影响到员工对待顾客的态度。

要想使自己的员工让顾客 100%地满意，创造出令客户满意的产品，那首先应该做的就是把员工照顾好，必须满足员工的各种需要，关心和爱护员工，让他们觉得在企业里得到的是认可、重视、信任，员工在得到这些的同时，会全身心地投入工作，会心甘情愿地奉献自己的热情和汗水，也才能提供使顾客感到满意的产品和服务，促进企业的振兴、发展。

如若只是片面地重视顾客而轻视员工，那么企业即使兴旺也只是假象，末了只能是昙花一现。某些企业领导者只是片面地要求员工对待顾客要“温暖如春”，而自己对待员工却“冷酷如冬”。在这样的企业里，员工只不过是一群廉价的劳动力。员工的人格得不到应有的尊重，切身利益得不到保障，这导致企业的生产经营活动也受到直接的或间接的影响。

可见，企业管理者采用简单而粗暴的手段来对待员工是极不明智、极不科学的。对于企业领导来说，在管理员工的问题上，要树立这样一个新观念：顾客是企业的上帝，员工是企业管理者真正的上帝。

从某种意义上说，员工就是管理者服务的对象，管理者对员工的态度直接影响到员工对待顾客的态度。员工得到什么样的待遇，员工就会给予顾客什么样的待遇；管理者把员工看作上帝，员工才把顾客视为上帝。

如今，一些著名企业，已把“员工满意”列为一条重要标准。他们认为，顾客满意的企业，并不一定就能长久生存。如果一些企业令顾客满意，是以牺牲员工的权益来达到的，这样的企业难免会出问题，甚至会灭亡。比如，一家企业效益滑坡，首先反映在服务质量下降、工时延长、工作成本增加上。这意味着员工不满意，各部门不协调。接着是员工抱怨，最后才是客户抱怨。只有善待员工，员工的工作才会令客户满意。实质上，员工至上与顾客至上并不矛盾，它们是相辅相成的，它们共同的目标都是使顾客满意。

总之，当员工在企业中被视为“上帝”后，顾客才能真正成为企业的“上帝”，企业的生存和发展才有根本的保证。

尊重下属，是一种领导艺术

比尔·盖茨曾经说过这样一句话：“企业要走向以人为本的管理，第一步是学会尊重员工。”尊重员工是领导者应具备的素质，也是调动员工积极性的一种领导艺术。

人性化管理的具体内容，可以包含很多要素，首要的一条就是对人的尊重。员工所感受到的来自领导的尊重或轻视都将会对自身的情绪产生影响。当员工们认为领导没有给予他们应有的尊重时，会感到不快，工作热情将受此影响而锐减，这将大大降低工作效率。而伴有尊重的交往则伴随着情感交流，这种交往使人心情愉快，因而工作效率也就会大大提高，上下级在融洽的氛围中可以更顺利地达成企业的最终目标。所以，尊重下属是领导艺术中不可缺少的一环。

一个领导者必须学会尊重人，因为尊重是一种巨大的力量。有“硅谷常青树”美称的惠普公司认为，人才最需要的是被尊重。任何人都有被尊重的需要。员工一旦受到尊重，往往会产生比金钱激励大得多的激励效果。

摩托罗拉公司通过对员工的尊重，从而激发出了员工的工作热情，建立起了一种互信的氛围。

摩托罗拉公司的企业文化厚实凝重，其基石是对人保持不变的尊重。公司始终把“肯定个人尊严”的理念作为指导企业发展的最高准则，强调企业要发展，首先必须尊重人性。公司领导层非常注重与员工的沟通，他们每周都会发一封信给员工，把他们这一周会见的客户、所做的事情告诉员工，就连周末带孩子去钓鱼这样的小事，也会在信中与员工交谈。交谈时，领导者不是以高高在上的语气，而是以朋友的身份，把自身的经历、经验告诉员工，还经常提醒员工们要关心自己的家庭等。这一切令员工深切地感到彼此之间关系亲近，从而工作起来更加尽心尽力。

即使员工的个人才能再大，如果他自身得不到最起码的尊重，是不可能充分发挥其聪明才智来尽心尽力为企业工作的。“经营之神”松下幸之助曾经这样告诉他的高层领导者：“要想很好地激发员工的积极性、责任感，那么你们就要拿出激励的武器‘尊重’。”

尊重员工，就是尊重对方的人格、尊严、建议、要求等，只有尊重员工，他们才能放手大胆地工作，才能拿出全部积极性去工作。任何一个成功领导者，首先都是一个尊重员工的人。只有尊重员工，对方才能更加积极地对待你。

孙达是某公司的总经理，他工作能力强，在事业上非常成功。他非常懂得尊重员工。他到办公室的时候，如果看到阿姨在打扫自己的办公室，就会帮助她，并表示感谢。结果是，阿姨最爱打扫他的办公室，他办公室里的鲜花换得最勤。这就是相互尊重的结果。交往过程中，他总是把对方当作他的重要客人，并不会因为对方仅是一名普通员工而有所怠慢，仍然当作他的朋友一样热情对待。当他与人说话时，眼神柔和、语言平和，丝毫没有高人一等的架势。他会认真地倾听员工的讲话，让对方大胆地发表自己的观点。这些都会使人觉得被尊重。

有效沟通的关键在于对本身角色的认知和对他人的态度。上下级虽然岗位不同、身份不同，但是，交往沟通中必须把自己放在与他人平等的位置上，主动平衡因诸多差异而引起的心理状态差异，要认真地听他人说话，推心置腹地与人交谈。这会令对方真正感到被重视、被激励，从而才愿意站到你的立场，主动完成你交办的任务，心甘情愿地为团队的工作付出。

可以说，领导者对员工的尊重确实是激励的一个武器。“尊重”虽有效，做到却很难。要想真正尊重员工，不妨从以下几方面做起。

1. 让他人觉得自己很重要

领导如能记住员工的名字，也是尊重员工的一种体现。要想记住每一个人的名字似乎有些难。但当有一天，你忽然当面叫出了下属的名字，这会让对方觉得自己是受重视的，这可以大大影响到他的工作效益。如果你能抽出时间，那就应该去详细地了解每位下属的姓名、兴趣等，这都是尊重下属的初步体现。记住下属的名字并不很费力，却能换来员工的感激与卖力！

别对下属侧目或者不屑，应该主动给他们提供工作上的指导，向他们谈谈自己的心得和经验。这对于你而言，并不难，但却会令对方感动，并觉得你是自己人，始终与你站在同一立场上。

千万别让员工觉得受冷落，而应采取一些方式让他们觉得自己存在的价值。你可以在他们圆满完成任务时，说上一句"你真棒，我很欣赏你！"抑或是过节、生日时送上一句祝福……不相信这些行动的效果吗？那就试试看吧。

2. 随时肯定员工的成绩

世界华人成功学大师陈安之在《领导力决定一切》中写道："领导者要建立良好的工作环境和气氛，就要让每一个人感觉到自己很优秀，让每一个人都觉得受到了肯定。"在工作中，对员工应该肯定多于批评，对方在被肯定之后会有更多的工作热情及创新。因为从心理学上讲，人会向着被肯定的方向发展。

3. 尊重和包容差异

在组织内，总是充满形形色色的人，他们的文化、性格、家境等不同，领导者应尊重个人之间的差异。当员工选择一种生活方式时，你可以内心不认同，但没有权力去打击、排斥。要承认人的最大特点是人与人之间存在差异，克服自己的偏见，这样才能使组织关系更和谐，发展更有效率。

4. 言行举止要谨慎

员工由于处于劣势地位，尤其在乎他人对自己的态度，尤其是与领导交往时，更会心存顾忌。你的一句话，一个眼神，一个动作，如果不注意就可能会伤了他们敏感的神经。所以，领导者一定要注意自己的言行，不能信口开河，不能侮辱对方的人格。

其实对任何人的尊重都不是一种刻意的表现，而是一种自然流露。当你自觉地这样做的同时，别人都能感觉到。

平等相待，结果就是同心协力

在企业管理的过程中，领导者和员工尽管分工不同，但双方之间应该平等相待。领导者不仅需要威信，更需要随和。要想拢住下属的心，领导需要和下属建立一种平等、亲切的关系。如果你整日高高在上，板着面孔训人，使得对方提心吊胆，自然无法安心工作。即使你是一位很能干的领导，下属也干不出什么效率的。领导者如果在员工面前缺乏平等意识，不给予员工关怀、理解，总是对员工不屑一顾，这种企业就会缺乏凝聚力，无法形成合力。

所以，聪明的领导者会把自己的职位优势最大限度地隐藏起来，在与员工交往时保持一种平等的态度。

在微软公司，无论职位高低，所有员工在人格上都完全平等。以停车为例，大家都遵循先来后到的原则，甚至比尔•盖茨也不例外。

广东北电通信设备有限公司真正将“以人为本”贯彻于每一个细节当中。这主要体现在：所有员工在人格上一律平等。这种平等的氛围最直接地表现为：无论领导还是普通员工，在食堂吃饭时都是同样排队、打卡。

湖南美佳制革有限公司老板左洪君认为：“促使员工工作的最好方法，是通过对他们的态度，通过自己做的每一件事，使他们相信，老板是自己人，老板也是值得信赖的人。”

作为一个享誉全国的大企业的领导者，左洪君一点盛气凌人、高人一等的意识都没有，即使是清洁工及门卫，他也会像对待家人一样，该尊敬的尊敬，该招呼的招呼。

美佳公司没有等级森严的上下级关系。左洪君的办公室大门始终对外开放，找他办事的人都可以直出直入。基层职工向他反映问题，左洪君不仅不反感，反而异常亲热，他像对待老朋友一样与其坐在沙发上促膝谈心，耐心倾听。他认为，他们的话语更接近事实的真相，更有参考价值。

左洪君平易近人、和蔼可亲，使员工们从心底里确信，老板不过是职工中的一员，只是比大家更辛苦罢了。他因此得到了员工们的一致拥护。在公司遭遇各种困境的危险时刻，他们上下一心，积极主动地、不计报酬地为公司加班加点地工作，使公司渡过难关，重新振兴。

对待员工，应平等真诚，不要摆出“官腔官样”，颐指气使。上下级之间仅仅是工作岗位不同，职责权限不同，作为人，大家都是平等的。要将员工真正作为公司的一员来看待，有平等意识，并给予员工关怀和理解，只有这样才能营造出积极向上、同心协力的工作氛围。

平等的第一个要求是鼓励员工参与公司管理，允许他们提出不同的意见和建议。

许多领导者常在下属提意见时固执己见，这会令下属有口难言。领导不愿听取下属的意见，大多是认为下属能力不足，意见不值得参考。其实，下属能力可能是比你弱，但他们的有些意见也具有一定的参考性，应懂得倾听。对下属的观点，无论乍一听有多愚蠢，你都不要置之不理。如果你能对不同的意见保持宽容的态度，并且耐心、认真地倾听，下属们就能比较自由地提出自己的观点。如果你对员工提出的批评或负面看法有异议，否决时要尽量慎重、尽量客观，要对事不对人。

与下属员工相处，要平等相待，不能居高临下。领导与员工有级别之分，没有贵贱之别，领导者绝对不可以说出伤害员工自尊的话，例如“你怎么这么无能”“再犯这样的错误就开除你”等。话一出口，覆水难收，再想恢复到原有的相互对等关系便十分困难，甚至会引起员工强烈的反感或辞职。平等，就意味着领导者和员工在平等的言辞中、平等的环境里自由顺畅地沟通。

李开复在微软总部出任全球副总裁时，管理着一个有600多名员工的部门。为了更好地倾听和理解员工的心声，他选择了“午餐会”沟通法。他每周选出十几名来自不同办公室的员工，与他们共进午餐，借机详细了解他们对部门工作的建议。为了能与员工轻松交谈，进餐时，他一般会先跟对方谈谈心，鼓励对方发言。然后，他还会引导众人探讨一下近来普遍感到苦恼的事情是什么，并一起寻找好的解决途径。

使用这样的方法，在短时间内，他就与部门员工打成了一片。最重要的是，他可以在充分听取员工意见的基础上，尽量合理地改进工作。这使得公司上下一心，共同提高了工作效率。

要想改变和下属之间的紧张关系，你不妨放下你的架子，和你的下属聊聊天，谈谈心，这样会使对方认为你是一位很随和、很容易相处的领导。如果你以一种高高在上的姿态说话，势必会在自己与下属之间划出一条鸿沟，从而就无法进行感情的交流和沟通，你的话自然也就不能引起下属心灵的共鸣。所以，领导者必须把自己放在与员工对等的位置上，主动平衡因岗位而引起的心理状态差异，认真地听员工讲，推心置腹地说，让双方没有距离。

领导者要摆正企业与员工的位置，重要的是要有平等意识，要尊重员工，将员工当回事，这样员工才能干好事儿，乐于奉献，促进你的事业发展。

营造家庭气氛，更好地激励人心

和谐的人际关系是一种良好的氛围，在这样的氛围下，企业才能得到更好的发展，这是每个企业领导者的共识。也是企业领导者努力营造的一种气氛，这种气氛我们可以形象地称之为“大家庭”。

我们试想一下，家庭的氛围是怎样的呢，当然是互相关爱，互相帮助啦，这样自然能建立起深厚的感情，然后大家都向着共同的目标努力，力争将这个家发展得更好。企业发展也是如此，只有大家目标一致，才会有相同的努力方向。而家庭环境的营造可以让员工更有归属感，从而在内心深处愿意为企业的发展目标尽心尽力。

惠普为什么能让每一位员工都舍不得离开呢？重要因素之一就是，其公司注重培养和确立员工视企业为家的信念，使员工真正把企业当作自己的家。许多国际著名企业之所以取得高速发展，重要因素之一就是其公司注意发挥员工的积极性，培养和确立员工视企业为家的信念，使员工真正把企业当作自己的家。

史蒂·鲍尔默是微软公司首席执行官。他提倡家庭式的管理，要求所有的上级都关心员工，让员工感觉到微软是一个大家庭。他总能尽到自己的责任，在生活上很关心员工，他经常提醒员工不能因为工作而透支自己的健康，又亲自下令人力资源部门和各级主管制定切实可行的康乐保健措施，保护员工的健康。他认识每一个微软的员工，能专注地倾听他人的意见，让每个人都觉得自己很重要，让微软形成了一种亲密无间的家庭氛围。全体中层领导者在他的带动下，都非常关注下属的生活，比如员工家里的事情，像缴电费、水费等，如果自己没有时间的话，可以让公司代缴；员工有一些困难，需要公司时，公司会马上帮助解决。

一个公司最明智的做法，是建立同员工之间的良好关系，在公司创造一种家庭式情感，即管理人员和所有员工同甘苦、共命运的情感。这会促使员工甘心奉献。

日本麦当劳在每年 4 月会发一次“特别奖金”。这次的奖金并不交给员工，而是发给员工们的太太。如果是单身员工才直接发给本人，并鼓励对方早日找到自己的伴侣。总裁藤田田特意在银行里以员工们太太的名义开户头，再将奖金分别存入各个户头，先生们不能经手。在把奖金存入员工太太们户头的同时，还附上一封做工精致的道谢函："由于各位太太的协助，公司才会有这么好的员工，才会有这么好的业绩。正是因为你们这些贤内助的无私支持，先生们才会心情愉快地投入工作。"而员工们则把这个奖金戏称为"太太奖金"。

每一位员工的太太过生日时，一定会收到藤田田让礼仪小姐从花店送来的鲜花。事实上，这束鲜花的价钱并不贵，然而太太们的心里却很高兴，"连我先生都忘了我的生日，想不到董事长却惦记着送鲜花给我。"藤田田经常会收到类似的感谢函及电话。

除此以外，麦当劳每年都在大饭店举行一次联欢会，所有已婚从业人员必须带着"另一半"出席。席间，除了表彰优秀员工外，藤田田还郑重其事地对太太们说："各位太太，你们的先生为公司做了很大的贡献，我已经做了各方面的奖励。但有一件事我还要请各位太太帮忙，那就是好好照顾先生的健康。我希望把你们的先生培养成为一流的人才；帮助他们实现人生的梦想，从而促进你们的家庭更和睦，可是我无法更多地、更细致地兼顾他们的健康，因此我把这照顾先生的身体健康的重任交给你们。"

听了这番话，哪位太太不心存感激呢？而这种感激对一个家庭又意味着什么呢？显然，"家"的概念在薪酬支付的艺术中发挥了激励员工、凝聚人心的作用。

国际著名企业的领导者在严格执行管理制度的同时，又能最大限度地尊重员工、关心体贴员工的生活。这种善待不仅针对员工本人，有时还惠及员工的家属，使家属也感受到企业这个大家庭的温暖。

这种人性化的管理，因加入了更多的情感因素而使企业充满活力。这种大家庭式的管理，让员工全身心地投入到企业建设和发展中，增强了他们自身的责任感，避免了员工"身在曹营心在汉"。这种管理方式对企业和员工而言都合情合理，创造了一种难得的和谐气氛。其实，企业和员工结成的不仅是利益共同体，还是情感共同体。正是通过这种管理方式，使公司的员工都信赖领导，建立起对公司的忠诚度。

企业的领导者要想营造出大家庭氛围，必须切实付出，让员工看到你的真诚，只有这样，这种环境才能深入人心，让每个员工都将企业看作是自己的家。从而努力工作，不断推动企业的发展。

构建好环境，使员工乐于工作

什么是领导？什么是管理？其实，领导是完全不等同于管理的。如果说管理制度、规则都是硬工具，那么领导力就是解决管理问题的软方法。从一个传统的“管理者”转变为一名成功的“领导者”，需要做的不只是熟练地发号施令，而是要为所有员工营造一种充满激情和创新的环境。

创设良好的环境，是人性化领导的主要内容。作为企业员工，无一不希望自己所处的环境是整洁的、和谐的、积极的。如果生活在一个脏乱不堪、风气不正、不文明、不健康，甚至没有安全感的企业环境之中，即使收入再高，员工也不会快乐，更难以安心工作。员工要想发挥良好的工作能力，环境的影响至关重要。在良好环境中工作的人的效率一定高于在恶劣环境中工作的人。员工只有在健康幽雅的环境中工作，才会感到真正的快乐，而且只有在轻松、舒适的环境中才能发挥潜能、焕发激情。领导者应想方设法为员工营造良好的工作环境，以此激发他们的创造力和积极性。

北京某公司发展迅速，公司规模不断扩大。公司发展壮大了，老板徐达首先想到的就是改善员工的工作环境。

为了取得公司其他高层领导的支持，他在公司的一次会议上指出，“在过去的6年里，我们更多关注的是工作效率问题，很少关心和顾及员工的工作环境。目前，公司大部分员工都是和我一起从艰苦环境中过来的。但是，今后为了推动公司进一步发展，我们将大量吸收各类高素质人才，首先要给他们创造一个健康优雅的工作环境，否则……”

取得了上级的支持后，徐达对员工工作环境的改善，首先从改造朴素而简陋的员工食堂开始……原先，食堂内的长课桌是员工吃饭用的饭桌，木制长板凳是员工吃饭用的座椅，食堂里面略显潮湿、阴暗……现在，全部改造成了如麦当劳、肯德基那样时尚的用餐桌椅，餐厅内窗明几净，非常温馨和舒适……每当员工愉快地用完餐，都要在这里轻松地闲聊一会儿再离开……

员工只有在称心的工作环境中才会感到放松和焕发激情。称职的领导者会想方设法地为员工塑造工作环境，以此激发他们的创造力和积极性。

为了给员工创造一个能够发挥潜能的环境，领导者必须从员工身边的工作环境、学习环境的塑造开始，让员工产生与公司融为一体的感觉。

1. 工作环境的塑造

从心理学的角度讲，环境影响感觉、意识和行为。自然的工作环境是员工最基本的保健环境，它能影响员工的身心健康、心理感受和工作情绪，进而会影响到工作效率。良好的自然工作环境给企业带来的经济附加价值是不可估量的。

工作环境一定要健康、舒适。首先要合理安排公司的位置，要尽可能把公司安置在从地理位置上来说比较合适的环境中。尽管中心城市或城市的中心地段对建立公司来说是比较合适的，但越来越多的公司却都把办公地点安置在郊区和一些边远的小城市中，因为这些地方一般都空气清新，比较肃静。如果你的大部分工作是通过计算机和其他高科技通信设备来完成的，就更没有必要把公司的位置选在租金昂贵且喧闹的城区了。

办公室是工作的地方，如果办公室设计有问题，造成诸多不方便，就会令员工感到心烦意乱，失去工作的热诚。如照明光线、空气流通等最基本的办公环境设施要符合员工身心健康的最基本要求，让员工的工作场所健康舒适。

其次，工作环境要优雅，让员工能从繁忙的工作中得以舒缓、放松和休憩。

办公室有一定的格式，每个员工各占一个座位，这些座位不应该随便摆在一块，谁坐在谁的对面，或是否适合背脊靠背脊，或是并肩而坐，都应该好好设想。座位和座位之间还应留有一些空间，避免员工离开座位时，会碰撞到其他同事，尤其男女共同办公时，留出些空间会减少很多不必要的麻烦。

2. 学习环境的营造

员工需要不断学习新知识，以提高自己的工作能力。这样员工才会感觉到自己在成长，否则，员工就会有被抛弃的感觉，缺少安全感。因此，如果一个企业纯粹是一个机械性的工作场所，而不是一个学习型的组织，是留不住人才的。所以，领导要从空间环境入手，为员工提供良好的学习环境。

在员工的学习环境上，要让员工能够很方便、快捷地获取他们工作中需要的信息，同时满足员工在成长过程中其他方面的学习需求。为此，可以建立图书室、资料库等。在奥康集团，建立了免费上网的网吧，还有桥牌室、台球室、图书馆等专门供员工娱乐和学习的场所，为营造良好的氛围打下了根基。

优秀领导者会这样做，为员工提供或创造愉悦的工作、学习环境，使员工乐于工作，能从中体会到乐趣，使员工深切感受到企业对自己的关爱与重视。作为领导者，你有责任，并且一定要为下属员工创造良好的工作环境。

关爱可以沟通心灵，激发潜能

最懂得求才、用才的领导者，其最基本的特征，就是善于对人才进行感情投资。不应该仅仅依靠一些物质手段激励下属，而应着眼于下属的深层次的感情需要。每个人都不仅仅是为得到物质利益而工作的，下属也不仅仅是为了金钱而工作的。人有精神需求，有互相交流感情的需要。要想充分发挥下属的能力和作用，使下属尽职尽责，必须对下属进行感情投资。

感情就是凝聚力，感情有时甚至就是效率。可以肯定地说，员工的能力大小与领导者对他们的感情投资的多少是成正比的。

关心和爱护可以沟通人们的心灵，增进人与人的感情，挖掘人的潜力，激励人奋发向上。员工如果得到了来自领导的关爱，在内心深处会对领导心存感激，从而愿意更加尽心尽力地工作。领导者如能对员工问寒问暖，悉心关怀，竭尽全力地为员工排忧解难，那又会怎样？人都具有感情特性，有作用力就有反作用力；你关爱我，我也会想到你。最后就会形成这样一种局面，员工与公司同生共死，倾尽全力地奉献。

美国通用电气公司非常注重情感管理，前总裁斯通非常善于利用小事情来感动员工。

曾经，在美国旧金山一家医院的一间隔离病房外面，一位身体硬朗、声若洪钟的老人，正在与护士死磨硬泡地要探望一名因病住院治疗的女士。但是，护士却严守规章毫不退让。

这位护士没想到，这位老者竟是通用电气公司的总裁。护士更意想不到，斯通探望的女士，并非他的家人，而是加利福尼亚州销售员哈桑的妻子。

哈桑后来知道了这件事，感激不已，每天加班加点地工作来报答斯通的关爱，他的销售业绩也一度在各项评比中名列前茅。正是这种情感化的管理方式，使得通用电气公司的事业蒸蒸日上。

聪明的领导者，都十分注重关心下属，善于替下属解决后顾之忧，使下属真正感受到领导者给予的温暖。这样，下属出于感激就会更加积极努力地工作，为企业创造出更多的业绩。

海尔集团的张瑞敏曾这样说："要让员工心里有企业，企业就必须时时惦记着员工；要让员工爱企业，企业首先要爱员工。"感情投资，说白了就是爱护员工，用感情来"收买"人心。关心员工见于口头诚然重要，然而更重要的是细微处给予员工真正的关爱。不仅要关心员工的工作，而且要关心员工的生活；不仅要关心员工的现状，而且要关心员工的发展；既要在平时关心理解员工，更要在关键时刻体贴帮助员工；甚至既要关心员工本人，还要关心员工的家庭，积极解决员工的后顾之忧。

作为领导者，你可以适时、适当地进行一些细致入微的活动，这对你赢得人心是大有帮助的。

1. 给下属庆祝生日

领导者平时应留心下属的生日。下属生日这一天，聪明的领导者会"见缝插针"，为其庆祝。给下属庆祝生日，可以发点奖金、买个蛋糕、请顿饭、送束花等，效果都很好，乘机说上几句赞扬、感谢的话，定能引起感情共鸣。对方在兴奋之余会更加努力地工作，从而不断地创造出新的业绩。

2. 妥善解决员工的私人问题

安稳的生活环境和安定的家庭是员工安心工作的保障。大多数员工的内心中都求安惧变，因此领导活动必须顺应员工的这一心理，要让下属感到有安全感。一个优秀的领导者，善于通过替下属解决私人问题来唤起其内在的工作主动性。

领导者要时常了解员工，关心他们的生活状况，对生活较为困难的下属和家庭要尽力给予帮助。使其集中精力，全力以赴地投入到工作上。有一个文化公司，职员和领导大部分都是单身汉或家在外地。该公司的领导很高兴也很满意于他们的工作。他们没有仅限于滔滔不绝、唾沫横飞的口头表扬，而是注意到职工们没有条件在家做饭，吃饭很不方便的困难，就自办了一个小食堂，解决了职工的后顾之忧。当职工们吃着公司小食堂的美味饭菜时，能不意识到这是领导为他们着想吗？能不感激领导的爱护和关心吗？

3. 员工心陷困境时要给予安慰

关爱员工，除了让员工多赚钱，给他们的生活以保障外，还要能敏锐地掌握员工心理的微妙变化。员工因遭遇难题或工作失误，无法照计划进行工作而情绪低落时，领导者就要及时体察员工心理，用安慰或鼓舞的话帮助他摆脱困境。遭遇人事变动的员工，通常都会交织着期待与不安的心情，领导者应该帮助他早日祛除这种不安。另外，由于工作岗位的构成人员改变，员工之间的关系通常也会产生微妙的变化，领导者不要忽视了这种变化，要针对变化给予恰当的引导。这样下属在感激之余工作热情和积极性会大大增加。

4. 亲自探望住院的下属

不管平时多么强壮的人，当身体不适时，内心总是特别脆弱。一位普普通通的下属住院了。领导亲自去探望时，他说出了心里话："平时你在的时候感觉不出来你做了什么，现在你不在岗位上，就感觉工作没了头绪，慌了手脚。安心把病养好！"下属听了这话自然会心存感激。

总之，领导者在实施"情感投资"时，必须与下属互相交心、互相关心，才能赢得下属的真心，进而达到心心相印、同心干事业的大好局面。

第五章

奖励惩罚灵活运用，激励员工追求进步

在领导过程中，最高明的做法是硬中有软，赏罚结合。赏功励进，能引导下属追求进步。惩恶罚误，能促使下属严格要求自己。只要运用得当，处罚完全可以收到同赏识一样积极的效果。领导者只有软硬结合、宽严适度，才能调动起员工的积极性，获得意想不到的效果。

软硬互用，可取得理想的管人效果

对于管理员工，有的领导者主张来“软”的，多些好话、情感，有的主张来“硬”的，不听话就“收拾”他。光有软的或硬的似乎都不妥，最高明的做法是软中有硬。优秀的领导者对员工大都软硬兼施，双管齐下，因人因事而采取相应措施。

要想有效地领导员工，需要准备两手：一手硬的，一手软的。“硬”，就是制度硬、执行硬。制度是确保各项工作正常进展的有力武器，团队成员都要按照它去做事，组织才不会乱套。一个没有制度的企业，必然会闹出很多乱子，必定会滋生许多问题。

制度必须要得到员工认可，这样才有信任度。领导者应定期召开会议，和员工共同讨论、制定或修正制度，大家都认可的制度，执行起来就容易。

另外，要加强制度的执行力，在规章制度面前人人平等，不管什么人，有什么关系，违反规章制度就得承担责任，该考核的就必须考核，绝不心慈手软，徇私舞弊。不论是领导还是下属，只要触犯组织的规章制度，都要受到惩处。

领导者要告诉自己的下属必须遵守哪些行为规则，并用这些标准来规范工作的正常运行。只有这样，才会使杂乱无章的工作变得井然有序。

一代天骄成吉思汗就深明这个道理。正因为他有一支纪律严明的队伍，所以他才能战无不胜，称雄于世。他曾说过这样的话：“万夫长、千夫长和百夫长们，每一个都应该使自己的军队保持秩序井然、随时做好准备，一旦诏令和指令不分昼夜地下达时，就能在任何时刻出征。”

成吉思汗也为不遵守纪律的人制定了清楚的处罚条例：“我们的兀鲁黑（亲属、后王之意）中若有人违犯已确立的札撒（即法律），初次违犯者，可口头教训。第二次违犯者，可按必里克（成吉思汗的训言）处罚。第三次违犯者，即将他流放到巴勒真——古勒术儿的遥远地方去。此后，当他回来时，他就觉悟过来了。如果他还是不改，那就判他带上镣铐到监狱里去。如果他从狱中出来时学会了行为准则，那就较好，否则就让全体远近宗亲聚集起来开会，以做出决定来处理他。”

惩处措施是领导坚持原则、确立强有力的当家人形象的重要手段。能否采取必要的惩处措施，直接关系到领导权威的确立。

但是，一味靠制度管人管事，有时候也会造成组织运行的“僵化”，这是一种硬伤。因此，就需要制度之外的“软”的东西管人、管事。所谓“软”的东西也许是一种理念，一种氛围，它可以管理制度不能达到的地方。总之，要提升领导力，需要硬的制度，也需要软的文化。

在任何一个组织中，执行制度都无可厚非，可是在执行中要人性化一些、软一些，这可以让员工心平气顺地接受处罚，高高兴兴地再创业绩。

所谓的“软”，就是嘴巴甜、心头软。员工们大都来自不同的地方，生活方式、文化素质、工作阅历、性格、思想和观点等都不尽相同。作为上级领导，必须摸清楚成员的这些基本情况，注意语言表达方式，做到平易近人，获取成员的支持。同时要增强修养和协调能力，对下属员工的过激或不当行为，要保持清醒的头脑，做到善忍、善思、善辩、善解，针对性地进行交流沟通，让他们真切感受到关心和爱护，从而将矛盾化解在萌芽状态。

智慧的领导者都懂得软硬兼施。对以身试法者，绝不姑息迁就，放任纵容，而要对之严惩不贷，做到以儆效尤。但该软时就应软到适度，以真情打动员工的心。领导者只有把握好火候，软硬互用，方可得到理想的管人效果。

西洛斯·梅考克是美国国际农机公司的创始人，他虽然掌握着公司的所有大权，但他却从不滥用职权。在实际工作中，他既能坚持制度的严肃性，又不伤害员工的感情，能切实为员工着想。

曾经，一位老员工经常违反工作制度，还迟到早退，酗酒闹事儿。按照公司制度的相关规定，他应当受到开除的处分。主管人员作了这一决定，梅考克表示赞同。

决定一公布，这个老员工立即火冒三丈地对梅考克说："当年公司债务累累时，我与您共患难，几个月不拿工资也毫无怨言，而今犯这点错误就把我开除，真是一点情分也不讲！"听完老员工的叙说，梅考克平静地说："你应该知道啊，公司可是个有规矩的地方，不按制度办事怎么行，这不是你我之间的私事，我只能按规定办事！"。

后来，梅克考意外地了解到这个老员工的妻子不幸去世了，留下了两个孩子，一个找不到工作，一个生重病住院了。老员工是在极度的痛苦中，才做出不良举止的。

得知这一情况后，梅考克为之震惊，他立即跑去安慰老员工说："你真糊涂，现在你什么都不要想，赶紧回家去，把所有事情处理好。你放宽心，我不会看着你不管的。"

说着，他从包里掏出一沓钞票塞到老员工手里。

见此状况，老员工转悲为喜地说："你是想撤销开除我的命令吗？"

"你希望我这样做吗？"梅克考亲切地问。

"不，我不希望你为我破坏了规矩。"

"对，这才是我的好工友，你放心地回去吧，我会适当安排的。"

事后梅考克安排这个老员工到他的一家牧场当了管家。

领导者用"硬招"发威后，要给员工一段时间检讨自己的行为，反思自己的过失，然后可以有计划地逐步做好收服人心的工作。

管理下属必须软硬适度方可占据主动进而取胜。一味地"软"，唱红脸，无异于纵容下属的过失，容易让下属得寸进尺。总是黑着脸强硬或白着脸训斥，又会激化矛盾、扩大对立面。高明的领导者，红黑相间，红白并用，既合理保持制度的刚性，又妥善把握操作的灵活性，追求软硬兼施的巧妙效果。

总之，要让员工感到管理制度虽然严格，但是管理者却是充满人情味的。处理事情灵活、友好，能时时处处照顾到员工的利益，员工会为你“争气”。

用好奖惩，调动下属的工作积极性

奖赏与惩罚，是任何领导者都离不开的两个基本管理手段，它们相辅相成，缺一不可。

赏功励进，对人的行为是一种肯定、支持，能引导下属保持好行为。在实际工作中，如果领导者能够很好地使用奖励的方法，可以使下属满心欢喜，尽心尽力地工作，为公司多创造业绩。

但奖功必须罚过，一味奖赏是不行的。

战国时期，有一个小国的国君乐善好施，并博得了个“慈惠”的美名。一天，一位贤士来到了这个国家，君主虔诚地向他讨教治国方略，这位贤士直截了当地说：“贵国将要灭亡了。您过于仁慈，不忍心处罚人；您乐善好施，随便奖赏人。不忍心处罚人，使有罪过的人逍遥法外；随便赏赐，使那些无功的人也得到奖赏。有过不罚，无功有赏，不正是亡国之征兆吗？”

贤士的一番话颇有道理，领导者只奖不罚是行不通的，既要会奖也要会罚。

惩恶罚误，对人是一种督促和鞭策，能促使人严格遵守纪律，改进自己，也有助于领导权威的形成。

《三国演义》中有一章节写道：曹操年纪轻轻就担任了都尉职务。他深知，如果要想使下属信服，必须尽快树立起权威，而要树立权威，必须从“令出必行”着手，严格执行纪律。于是，他在城内的四个门旁，各放了一套五色棒。凡是有人胆敢违犯禁令，不管亲疏远近，也不论高低贵贱，一律以五色棒痛打一顿了事。不久后的一天，曹操带兵巡夜时，发现中常侍蹇硕的叔叔竟公然违犯军令，在晚上提着刀到处乱跑。曹操一声令下，士兵将其拿下，用五色棒痛打了一顿。从此，再也没有人敢违犯禁令了，曹操的权威自然就树立起来了。

企业的稳定需要靠制度和纪律来维系，没有纪律的约束，无序的"折腾"将随处可见，纪律的重要性显得尤其重要。曾任英特尔公司的华裔副总裁虞有澄认为："在商场上，严谨的纪律是制胜的关键。"只有严明的纪律才能使企业保持稳定，才能使企业保持强大的战斗力。

处罚是有效的管理手段，但不可一直单独使用。罚过必须奖功，罚懒必须奖勤，罚庸必须奖能。只罚不奖，就不能惩恶扬善，也就不能功过分明，不能调动员工的工作积极性。因此最好的办法就是赏罚恰当配合、综合运用。

无数事实表明，领导能否用好赏与罚，在一定程度上决定着事业的成败。因此，领导者只有公正、准确地用好赏与罚，才能管理好员工，促进自己事业的发展。

要想做到赏罚分明，让下属心服口服地接受奖惩，领导者在实施这两项措施时要注意以下几个方面。

1. 奖惩应指向具体行为

奖励应该和下属的具体行为直接联系，使对方明确地知道：什么行为是被领导者欣赏、需要加强的。比如，有的管理者给下属发了些奖金，并且表扬下属说："你的工作很出色，给你 1000 元奖金。"这样的奖励效果就较差。因为它没有和具体行为挂钩，显得含义模糊，指向不明。惩罚也是同样的道理。

2. 奖励和惩罚要相互结合

奖励和惩罚在实施时常常是紧密联系，不可分割的。领导者为了规范员工的行为，调动员工的积极性，必须同时制定奖励和惩罚条例，并保证严格实行，不得轻视或取消任何一项。

具体操作时可以有奖有罚，有罚有奖，先奖后罚，罚中有奖，少奖多罚，等等，运用得当都可以起到激励下属的效果。

在赏罚进行时，要将接受者的具体情况向团队成员作实事求是的介绍，并施以大家都能接受的赏罚形式，帮助众人正确认识赏罚的目的和作用，以保证激励的效果。

3. 要做到奖惩适度

奖励和惩罚如果不适度，都会影响下属的工作积极性，结果费力还不讨好。奖励过重容易使员工骄傲自满，失去前进的动力；奖励过轻将起不到激励作用，或者会让员工产生不被重视的感觉。惩罚过重会让员工感到不公正，由此失去对组织的认同，甚至产生怠工或破坏的情绪；惩罚过轻会让员工轻视错误的严重性，容易还犯同样的错误。

在奖罚的具体实施过程中，要有主次轻重的分别，不可同等施行。奖励的作用在于鼓励良好行为重复再现，处罚的作用在于抑制不良行为重复再现。仅仅消除不良行为的组织，是业绩平平、没有活力的组织。从这个意义上讲，必须要多奖少罚。一般来说，奖励的次数宜多，惩罚的次数宜少；奖励的气氛宜浓，惩罚的气氛宜淡；奖励宜公开进行。在制定奖励惩罚条例时，要考虑到员工的期望值和承受力。奖励标准过高，员工经过努力也达不到，惩罚标准过低，员工闪躲不及，这样的奖惩条例是起不到激励作用的。

如果想做到奖惩适度，领导者就要出于公心，摒弃个人恩怨和私心杂念，决不能对任何人徇私包庇。

在实际的赏罚执行过程中，要以上述内容为基准。但究竟是应该厚赏重罚，还是应该薄赏轻罚，这并没有定论，领导者应根据环境、形势灵活掌握。只有寓变于其中，才能真正用好赏罚这一激励手段，起到奖励一人、带动全体，处分一人、教育一片的作用。

明智的奖励是多措施并举

对于员工来说，在取得成绩后最想得到的就是领导对他的夸赞，这能满足他们的心理需求。但是人在追求精神满足的同时，也有物质上的需要。物质激励在现实工作中往往能发挥更直接的作用。因此，领导者应当善于运用物质满足法来激励下属。

在工作中，倘若你能很好地掌握物质奖励的方法，可以使下属尽心尽力地工作，为公司创造业绩。

日本桑得利公司老板井信治郎是个极善于应用奖励方法之人。

有一次，一位办事人员把一个不小心写错了价格和数量的商品邮件寄出了，井信治郎知道后，马上命令此员工将它取回。这个员工发牢骚地说："我怎么知道它现在在哪里，叫我做这种事，实在烦人得很。"

"他应该还在邮筒中，没有真的发出去，你快去取回！"经老板的催促，那个员工立即前往邮局，费了许多口舌，花了不少时间，总算是把那邮件取回了，放在老板面前。

看到邮件的井信治郎露出欣慰的表情，安慰那个员工说："你辛苦了！"接着就拿出一个小礼品奖赏了他。像这样，井信治郎经常一有机会就拿出各种物品犒赏员工，毫不吝啬。

井信治郎发奖金的方式也很特别。他把员工一个个叫到自己的办公室发奖金，而且常常在员工正要退出时，他突然说道："稍等一下，这是给你母亲的礼物。"或"这是给你太太的礼物。"拿到了这些礼物，员工又要退出办公室时，他又大喊："等一下，还有一份给孩子的礼物。"

上例中，井信治郎采用的是奖品激励法。奖品在物质激励中较常见，它的激励作用也相当大。

奖品的种类繁杂，贵重奖品如住房、汽车等，有的奖品也许只值几元、十几元钱，例如一个上面印有员工姓名缩写的公文包等。用于激励的奖品上常常印上本公司的标志，使奖品不仅有激励作用，还可以作为宣传公司文化的载体。

对于员工来说，在取得成绩后能得到上司的奖品，这会让他们切实感受到自己的工作表现受到肯定与重视。“受肯定和重视”是影响工作最强烈的动机，能使人自动自发，释放出自身潜在的能量，努力奋斗在工作岗位上。奖品激励之外，领导者常用的激励方式还有以下几种。

1. 工资激励

所有员工，都希望自己所在的公司效益好，薪水多拿些，以此满足他们的消费需要。所以，领导要充分运用一整套工资的升降、相对稳定或临时浮动等制度来激励员工。如果工资等级差别明显，加薪具有诱惑力的话，那么，工资就是引诱“驴子”拉车向前迈进的“胡萝卜”，具有明显的激励作用。

薪酬标准应适当。一般来说，企业支付的薪酬标准应相当于或高于劳动力市场一般水平。企业薪酬的设置还要考虑员工的心理承受范围，即员工可以接受的最低薪资水平。低于这个水平，员工就会选择离职，从而造成企业大量人才的流失，会影响企业的劳动效率，非常不利于企业开展工作。

要避免薪酬过频变动。频繁而剧烈地改变薪酬制度，会给员工造成“企业不守信用”的影响，导致员工对企业失去信心，这对企业吸引外来人才的加入，会形成极大的壁垒，对企业也是致命的伤害。

要注意区别薪酬级差。薪酬级差，主要是确定企业内最高等级和最低等级的薪酬比例关系以及其他各等级之间的薪酬比例关系。差距太小，不能体现薪酬分配的激励性原则，会影响员工的积极性；差距过大可能会造成员工的不团结，也可能会使企业支付成本过大。所以，在高级别岗位之间的薪酬级差可大一些，在低级别的岗位之间的薪酬级差要小一些。

2. 奖金激励

奖金是表示对超额劳动的报酬，它能激励人进行超额劳动的积极性。推行这种奖励制度能大幅度地提高员工对公司的信任度。会使下属看到领导的关怀和体贴，让员工大为感动，觉得只有把公司经营好，自己的收入才能高。员工在此理念指导下工作，公司的业务会蒸蒸日上。

在发挥奖金激励作用的实际操作中，应注意以下两点：

第一，使奖金的增长与公司的发展紧密相连，让员工深切体会到奖金增长与公司发展是息息相关的，从而会为公司的发展尽心尽力；

第二，不能搞平均主义。奖金一定要使工作表现最好的员工得到最多，成为最满意的人，这样做，奖金才更具有激励作用。

3. 股权激励

股权激励是把员工的工作与收益联系起来的好方法，如果员工工作出色，公司效益好，员工就会获得一定的股权，包括股票期权、股票增值、虚拟股票等，鼓励员工像关注个人利益那样关注组织的利益。微软公司员工的工薪就是不高的工资加上股权激励，这很有作用，微软公司很快就发展为世界知名企业，与这种激励机制是分不开的。通用公司每年大约有 1.5 万名员工得到股票期权，到 2000 年，已有 3 万名员工持有价值超过 120 亿美元的股票期权。因此，员工表现出了极高的工作热情和积极性。

激励的起点就是满足员工的需要，即领导者使用的激励类型，要适宜于具体激励对象的心理需要。对于收入较低的员工来说，物质奖励具有极强的刺激性。物质、金钱的增加，能更好地激发他们对企业的感激之情，并使之自觉地强化工作动机。对于收入较高、更加看重荣誉的员工来说，给予一个奖杯或一张荣誉证书等精神鼓励，比奖励物质、金钱更能满足他们的精神需要，从而获得更好的激励效果。

领导只要先摸准激励对象的需求，然后再采取相应的奖励方式，才能获得理想的激励效果。

惩罚只是手段，教育才是目的

惩处措施是各级领导者坚持原则、确立强有力的领导形象的重要手段。领导者要贯彻自己的管理意图，发挥下属的整体力量，就需要有统一的行动和统一的意志。而这些都需要靠严明的纪律来实现，靠严厉的惩处手段去巩固。领导者一旦失去惩罚手段，就容易失去驾驭下属的能力。所以必要时领导者要执行必要的惩罚，以巩固自己的领导地位。

彭越是秦末一支农民起义军的领袖。但要率领一支农民队伍并不容易，他们仓促聚集起来，从来不知军纪军规是怎么回事，连操练都极不整齐。于是彭越决心着手整顿纪律。

他将众人召集在一起，当众宣布任何人都得听从约束，服从纪律，正式操练时要听从号令，不得嬉笑打闹。士兵们满不在乎地听着他的话，没有人当真往心里去。于是彭越加重语气强调说："你们尤其要记住，如果集合时迟到，按军法必须斩首，到时可别怪我手下无情。"

虽然彭越已经三令五申、反复强调，第一次集合时，还是有十几个人迟到。彭越让这十几个人站出来，他恨铁不成钢地望着他们说："我这个人没别的本事，只是年纪比你们大一点，多一点阅历。既然大家抬举我，让我当首领，我就该当出个首领的样子，大家也该听从我的命令。我再三要求你们服从军纪，可第一回就有十多个违纪的，这太令人痛心。我不想全部斩首，把最晚到的那位斩了吧，你们以后一定要多加注意！"

彭越举起大刀，亲自动手把那个最晚到的人砍了脑袋。士兵们瞠目结舌，这才意识到军纪的厉害，知道了军中无戏言，以后全都规矩起来，再也不敢违抗彭越的军令。

领导者不可对下级的过失行为一味迁就，以感情代替原则，以纵容代替纪律，不能企图在一团和气中求得下级的好感。对下属的任何行动一味地放纵，就会被下属不放在眼里，会有权无力，左右不了局面，成不了事情。

因此，为了建立有序的组织、严明纪律，领导者在原则上应寸步不让，要敢于处罚那些恶意违规的下属，如经常迟到、违规操作、工作时间办私事的人等。处理这些不良行为要及时，不能等其扩散或引起严重后果后再采取行动。

领导者在管理下属时，有时候必须采取严厉措施，运用“惩一儆百”的手段及时抓住个别人从严处理，要坚决惩罚那些违法乱纪、屡教不改的人，以维护管理制度的严肃性，树立领导权威，增加对下属的控制力。

但是值得注意的是，“惩一儆百”也不能随便滥用。领导者必须根据领导活动的需要，选择最适当的时机和方法。在这方面，应注意以下几点。

1. 及时抓住“个别为患者”

法规、制度都具有严肃性，不容任何人一次又一次地违反、破坏。领导者必须及时抓住个别“害群之马”，从严处理，以告诫其他下属遵纪守法，服从指挥，以确保整个领导活动顺利进行。

2. 重点惩罚性质最劣的人

有时，面对好几个违反规章制度的员工，领导者倘若不分青红皂白一律严加惩处，害处很多，主要表现在：打击面过宽，容易使人心溃散；也起不到应有的教育、挽救作用。领导树敌过多，不利于人际关系的和谐。对工作和生产也会造成负面影响，公司甚至会因此而蒙受损失。为此，领导者在实施惩罚措施时要讲究方法和策略，尽可能缩小打击面，扩大教育面。领导者应从若干个违法的员工中，精心挑选性质最恶劣、影响最坏的一两个人重点惩处，同时对其他几个情节较轻、认识态度较好的人，应给予适当的批评教育。这样做，一方面能教育多数员工，另一方面也能使受到严惩的员工陷于孤立的境地，从而真正地收到惩一儆百的良好效果。

3. 惩处应做到公正合理

惩罚要公正，对以前表现好的员工也决不可“手软”。适度惩罚可更加规范对方的行为，既告诫了本人，对所有人也进行了反面教育。

领导者在运用惩罚这一无情手段时，应该尽量做到有人情味儿，合乎人之常情，惩处方式不应该过火或偏激，不应超过常人的心理承受能力。惩罚措施要合理，符合有关法规、制度的规定，这样才能使人心服口服。

组织中的任何人触犯规章制度都要受到恰当的处分。但美国管理学家克劳德·乔治指出：“处分的目的在于教育，而不在于惩罚。”惩罚只是手段，教育才是目的。在运用惩罚手段的过程中，同时要对员工施以必要的解释、引导、帮助和教育。领导者要让员工懂得，处罚实际上也是一种爱护，对他们有好处。有些员工可能会认为，他们受到了处罚，他们的人格同时也就受到了侮辱，高明的领导者会通过交谈让他们明白，所有的处罚都是为了组织的利益和发展，不是故意想要“整”谁，而是为了引导、教育犯错者，使他们弃旧图新，更上一层楼。

在行使了严肃的处罚之后，领导者要通过体贴的谈话，劝说、疏导、安慰、勉励员工，让他们心悦诚服、勇于认错。这样，处罚带给员工的就不仅仅是“疼”了，而是会有温暖的感觉。

惩处措施应该用，只要领导者能做到严之有理，刚中有情，就一定能收到预期的良好效果。

宽严相济，充分发挥领导力

领导者要想让下属心悦诚服，一定要恩威并用，宽严相济。日本藩主池田光政认为：“一位当政者，必须要德威兼备，宽严得宜。如果只一味宽松，而没有威严，人们就会像一群在溺爱中成长的孩子不听教诲，将来更不可能成为有用的人。相反的，如果对任何事都采取严厉的态度，或许在表面上能使人遵从，但绝不能使人心服，事情也就很难顺利进行了。所以没有恩只有威是没有用的；而没有威，只有恩也不会发挥真正的效用。”

对于各级领导者来说，要一手宽，一手严，能结合起来运用。如果管理员工不严格，一味温和，他们很容易会被惯坏，而言行也会变得随便，失去上进心；但如若过分严格，往往会导致下属产生畏缩心理，一味乖顺，做事情没有主见，也缺乏工作兴趣。这样的话，不仅不能有效地发挥个人能力，整个组织也将毫无生气了。

所以，管理下属要宽严相济。在管理下属时，既不能使其轻动妄为，又不能使其束手束脚、顾虑重重。要做到既能大胆放手，使下属有所作为，又能把握方向，宏观控制，使下属有所不为。这样能收到事半功倍的效果。

领导者只有该宽时宽，下属才会觉得温暖；该严时严，下属才会坚持执行。

某公司的信息主管因提供了错误的市场信息导致了公司决策的失误，如果你是该公司的总经理，你该如何处理这件事情？这是发生在日本著名的企业家松下幸之助身上的事，让我们看看松下幸之助是怎样对待这一事件的。

对于该主管所犯的这种严重错误，松下幸之助完全有理由将其开除，但是他并没有这样做。经过分析，他认为问题产生的原因无非有两种：一是这位主管本身并不称职；二是由于一时的大意而出现的判断错误。如果是后者，那么将他撤职就会毁掉一个人才。

松下幸之助进一步考虑到，如果将其撤职，目前也不见得就能找到更合适的人选，找不到的话，将会影响到公司其他工作的有序进行。

于是，他把这位主管找来，告诉他自己将要对这次事件做出处理，但需要一段时间，于是事情就拖了下来。

在这段时间里，这位主管为了弥补上次的失误，一直兢兢业业地工作，多次提供了极有价值的信息，为公司做出了贡献，同时也用事实证明了自己。

此时，松下幸之助又把他叫了过去，并对他说："你近期业绩不错嘛，本来应该给予奖励，但你上次的失误还没有处理，现在好了，将功抵过，既不奖励，也不处分。"这位主管听了非常满意。

上例中，松下幸之助对下属失职事件处理得是非常成功的，既没有影响公司的整体运作，同时又使这位主管更乐于工作。

身为领导者，在管人时一定要坚持宽严适度的原则，必须该宽则宽，该严则严。

1. 该宽的时候

要创造一个宽松的氛围。领导者在遇到下属推脱他所分配到的工作时，切忌为此动怒，因为现在的你正受到众人的注目。如果你因此被认定为是"器量狭小，爱耍威风"，就会很糟糕，此时成为一个宽宏大量的领导才是最主要的任务。

当然话说回来，对于员工所犯的错误，领导要权衡利弊作总体的分析。凡是品行道德方面的小过错都可以宽容。但必须做到：他带来的不良影响及造成的损失，必须小于他所作出的贡献。这不仅要看眼前利益，更要顾及长远利益，在此基础之上，一方面你要努力帮他改正、克服毛病；另一方面你必须能时时驾驭他，使他的缺点毛病不能无限扩大，以致对你及公司造成不良影响。如若你一直处处为下属"开绿灯"，是会被下属看轻的。因此，更多的时候，必须严格执行自己的命令。

企业管理没有制度不行，没有压力不行，但过分严厉则易影响与员工的关系，影响员工的积极性。比如按规定上班时间不准串科室，可一位员工有特大喜事，就到处奔走相告，此时批评他就不合时宜，有矫枉过正之嫌；再比如，一位员工将发烧的孩子送到医院，结果迟到了十分钟，奖金当然要扣，就不能再批评他了，若再批评就显得太没人情味了。

一句话，执行制度需灵活一些、宽松点。

2. 该严的时候

一般说来，领导者和职员在人格上是平等的。但在公司体制内，双方之间的关系，绝对不是平等的，而是上与下的关系。在对下属下达命令时，不可忽略了自己的立场。

我们经常可以听见下面的对话。主管问：“小王，你认为 A 方案和 B 方案，哪一个比较妥当？”下属回答说：“我看还是 A 方案比较好。”于是主管说：“好吧！那就采用 A 方案吧！”虽然这位下属说话的用词并不妥当，但是那位主管的语气更犯了大错误，显得没有主见。此时，应当明白地告诉下属：“那就这么决定了，你在这个星期内必须将它完成。”

领导者的威严还表现在对下属布置工作、交代任务上。一方面要敢于放手让下属去做；另一方面，在交代任务时，要明确要求其应在什么时间完成，要达到什么样的标准。布置以后，还必须及时检查下属的完成情况。

其实宽与严的分寸不好把握：过宽容易导致员工精神散漫，效率低下；过严又容易扼杀员工的激情和创造力。只有宽严适度，该宽时宽，下属才能充分理解和尊重你的态度；该严时严，下属才不敢对你的言行掉以轻心。宽严有“度”，是领导者必须练习的功夫。

第六章

练好“嘴上功夫”，用高超的话语影响人

领导者说话的好与坏，会直接影响到下属的工作积极性及团队效益。领导者中肯有力的言辞能有效化解矛盾、促进团队和谐；领导者说话得体、言之有物，能使上下一心、同心协力。领导者会说话，不仅能体现自身的才干和学识，还有助于员工管理、事业发展等。所以，提升讲话水平已成为领导者的当务之急。

讲话擅用“同理心”，员工会和你一心

在组织内，领导与员工作为两个不同的主体，交往沟通中会存在许多对立。如果经常自以为是，以自己的原则标准去衡量对方的说话方式，最终可能会适得其反。事实上，他人的做法与你的看法不同，并不代表他一定是错的，而你一定是正确的。所谓“仁者见仁，智者见智”，有些事情并不一定是对或错，而是因为立场不同，看法也就不一样。在沟通中出现分歧时，如果只是站在自己的立场上，认为自己一直都是对的，最终非但解决不了问题，反而容易激化矛盾。因而，在双向沟通时一定要注意从对方的利益以及感受出发，即要有同理心。

没有同理心就无法理解他人，自然彼此之间就建立不了信任，也就更谈不上交往及合作了。李开复曾任 Google（谷歌）全球副总裁及中国区总裁，他认为，要想获得成功，同理心必不可少。同理心简单地讲就是将心比心，遇到问题时能够站在对方的角度看待，理解及体谅对方的状况。同理心是人际交往的基础，也是进行有效沟通的基石。利用同理心说话，能给他人一种为他着想的感觉，会使你的话语更具有说服力。

著名人际关系专家戴尔·卡耐基每季度都要租用某大旅馆一个月，用以讲授社交训练课程。一天，他刚要开始讲课，突然接到通知，房主要给他涨两倍房租。得知这个消息后，卡耐基没有动怒，他理性地去找对方沟通。

卡耐基找到旅馆经理，说：“我接到你们的通知后，有些震惊，不过，这不怪你们。假如我处在你的位置，或许也会这么做，因为你的职责是让旅馆尽可能多地盈利。你不这么做的话，就会显得没业绩，你的职位就难以保住。假如你坚持要增加租金，那么让我们来盘算一下，这样对你有利还是不利。如果你把我撵跑了，我势必再找别的地方举办训

练班，这个训练班将吸引成千上万的有文化、受过教育的管理者来听课，对房主来说，这难道不是不花钱的活广告吗？事实上，假如你花同样的钱在报纸上登广告，你是不可能邀请到这么多人来你的旅馆的，可我的训练班给你邀请来了。这难道不是很合算的事情吗？”

讲完后，卡耐基就告辞了：“请仔细考虑下，然后再答复我。”

第二天，卡耐基收到通知，旅馆经理告诉他租金只涨一倍，而不是涨两倍。

卡耐基之所以成功，在于他能站在对方的立场说话，为其分析出事情的利弊，让对方主动地按照自己的思路走下去，从而使对方心甘情愿地站在了自己这边。

沟通的要点是理解和认同。任何一个人都不要以自我为中心，要换位思考，要善于从对方的角度和处境认知对方的观念、体会对方的情感，凡事要从对方的立场去想想：如果我是他的话，会怎样做呢？

领导在说服下属时，有时并不是没把道理讲清楚，而是这个道理并没有顾及对方的利益。关键在于你谈的是否是对方所需要的。如果你能放下架子，换个位置，把自己当成被劝者陈说苦衷，抓住被劝说人的关注点，这样沟通就容易成功。你站在下属的角度，为下属分忧，下属就能替你解难，帮你做好事情。

某部门负责制造一种精密的机械零件，当该部门将零件的半成品呈示给总公司时，未料全不符合要求。由于急于使用，总公司负责人只得令其尽快重新制造，但该部门主管认为他们是完全按总公司的要求制造的，不想再重新制造，双方为此僵持了许久。总公司负责人见状，便对该部门主管说：“我想这件事完全是由于总公司方面设计不周所致，今天幸好是由于此事，才让我们发现竟然有这样的缺点。只是事到如今，不得不重新制造了，那就请将它制造得更好一些吧，这样对我们大家都有好处。”那位部门主管听完，欣然应允。

过分强调自己的感受，完全不顾他人的感受，这是产生很多问题的根源。换位思考，以同理心进行沟通，这样工作中定会少了争吵，多了和谐；少了矛盾，多了理解，那么工作自然会事半功倍。

那么，领导者应如何利用同理心，和下属及他人进行有效的沟通呢？一般说来，领导者在沟通中应做到以下几点。

1. 配合他人的感受说话

人们感知世界的方式主要有三种：视觉型、听觉型与触觉型。视觉型的人说话较快，思考也很快，喜欢阅读图表，而且行动力强；听觉型的人说话较慢但很有条理，喜欢交谈与聆听，行动力稍次；而触觉型的人很重视感觉，说话有时是不看对方的，速度也比较慢。

了解了这些之后，那么我们在与他人交谈的时候，就可以观察一下对方是什么类型的人，之后配合他的特性来进行沟通。比如，对视觉型的人，要强调行动与成果；对听觉型的人要强调逻辑与条理；而对于触觉型的人，要多谈谈某件事情会带来什么样的感受。这个技巧需要不断地练习才会很好地掌握。

2. 配合他人的兴趣说话

人际关系大师卡耐基在书中写道："我们要对他人真诚地感兴趣，聆听对方的谈话，就对方的兴趣来谈论以及鼓励他人谈论他自己。"当我们对他人真诚地感兴趣的时候，自然而然就会去关注他的一举一动。那么他的每一个细节都有可能成为与之交谈的切入点。比如：你看到职员的办公室内有束特别的盆栽。你就可以说："哇！这花真漂亮。它叫什么名字呢？"假如对方愿意说的话，局面就这样打开了。你就可以继续同他谈下去。但你要做的准备是，避免总是谈论自己，应多鼓励他人谈论一下他自己。这样，在交谈中你会得到很多关于他的信息，以利于今后的沟通。

3. 多说"我们"少说"我"

在沟通过程中，说话时应尽量常用"我们"，而不是"我"，"我们"表明的是对对方的认同感和真诚感，可以消除与对方的隔阂，形成一种合作的意识和共鸣。不论在会议的场合或下达命令的时刻，要在谈话中多强调“我们”，如“我们这个部门”“我们这个团体”等，这样会使员工同你站在同一阵线上，为团队的目标一起努力。

培养同理心，学会站在对方的立场上说话，这样你就能与他人进行顺畅而有效的沟通了。

表扬用得好，胜过半天跑

“我工作一直干得不差呀，可领导怎么连句表扬都没有啊。”这句牢骚话颇值得领导者寻思。如果领导者对员工的好表现视而不见，或认为这是理所当然的，不作任何表示，那么员工会感到自己的好行为没有得到认可，产生“干好干坏一个样”的想法，从而导致员工的好行为难以持续下去。这样他就很容易失去干劲，甚至甩手不干了。

表扬是对一个人的工作、能力、才干及其他积极因素的肯定。对于员工来说，表扬有时比金钱更为重要。每个人都有自尊心，当员工受到领导表扬时，自尊心和荣誉感会得到满足，觉得自己受重视，从而发挥主观能动性，以加倍的热情努力工作，从而产生好的效果。有时候，领导者给下属一个肯定的眼神、一句鼓励的话语，往往能让下属焕发活力，甚至会由此创造出奇迹。

某公司总经理海威在全国各地经营着多家超市，他每个月都会和不同分店的经理开会。一年，由于市场疲软，他的几家超市业绩持续下降。一天，他收到了最近一期的业绩报告。从业绩报告上看，虽然业绩改善不是很显著，但的确已经有了进步。于是海威在会议一开始，便极力表扬业绩有进步的超市经理。

他的表扬话音刚落，激励效果便产生了。此超市经理便主动站起来发言，说他打算在超市实行一些新政策，力求让下一个季度获得更多利润。随后，其他的超市经理也都相继发言，表明自己的决心和提升业绩的方法。这在以前是从来没有过的。以前开会，都是海威一个人在讲话，其他经理沉默不语。而今天他的几句表扬的话，使得他不需要问问题，下属们便主动找出问题，并想方设法去解决它们。这一良好结果是海威意想不到的。

对于各级领导者来说，表扬员工是双方沟通情感、表示理解的最好方式，更是一种鼓舞员工士气，激励员工进取的有效手段。作为领导者，如果能对你的下属进行恰当的表扬，那么对于创建融洽的人际关系，提升员工的工作主动性都将起到积极的作用。

表扬员工，不仅要符合赞美的基本要求，而且需要掌握具体的方法。只有方法运用得当，才会起到事半功倍的效果。

1. 表扬要客观真诚

在任何组织内，领导者对下属的表扬能表明领导者对其工作的肯定和认可，能起到激励下属，树立领导威信的作用。领导者只有客观公正地赞美下属才能使大家心服口服，并有助于保持下级之间的和谐关系。这种称赞，可以增强对方的成就感。如：“小李，你今天在会议上提出的维护公司声誉的意见很有见地。”这种称赞比较客观，容易被对方接受。同时也使对方感到领导对他的称赞是真诚的。

领导者表扬员工的态度要热情诚恳，发自内心，这样才能唤起下属的温暖感和信任感，并愉快地接受表扬。因此，领导者对下属的成绩和优点，应满腔热情地表示赞扬，并热切地希望他们能够把这些发扬光大。表扬在感情上很“热”，被表扬者才会真正受到感染，心里也才热得起来。

2. 表扬要具体

领导者在表扬下属时，其用语越具体，表扬的有效性就越高，因为表扬越具体，说明对人越了解，你对他的长处和成绩越看重。这样，对方才感到你的表扬是实在的，不是在虚夸，从而才能激发被表扬者的工作热情，产生工作动力。比如，笼统地表扬某一下属很能干，不如说他某件具体事办得漂亮更实在些。赞扬对方的时候，往往细微之处显真情，下级感受到你对他优点的切实了解时，你也就获得了他们的信任及工作上的积极支持。

让表扬产生效果，并非一定要针对多么出色的成绩。哪怕员工的成绩是微不足道的，如能给予正面表扬，同样也可以产生激励效果。因此，不论员工的成绩有多么小，领导者都应大方地给予正面表扬和评价。

3. 表扬要及时

下属工作表现好，取得好成绩，提出好建议等，领导都应及时给予夸奖。等待的时间越长，表扬的效果可能越差。员工在干完一件事后，如果得到及时肯定，会使他们心情愉快，好行为得以保持和再现。因此领导者要重视及时表扬，以取得良好的效果。

4. 表扬要适度

表扬要适度，是指领导表扬的标准、次数、人数要适当。

领导表扬的标准不宜过高，过高容易使下属感到遥不可及，从而失去争取表扬的动力；表扬的标准也不宜过低，过低容易使下属感到得到太容易，同样会失去调动积极性的作用。

表扬的次数，也要掌握好。怎样才算次数得当呢？这要依对方的进步快慢而定。对方进步快，表现较突出，对其表扬的频率可以高一些；反之，则应低一些。

一次表扬的人数必须掌握在一定数量范围内，过多或过少都不利于鼓励先进，调动工作积极性。

总之，对于领导者来说，表扬员工也是一门艺术，恰当的表扬，能够调动员工的工作积极性，能够使彼此的关系更和谐。对领导来说，表扬员工是一笔小投资，但是它的回报却是非常丰厚的。领导者如果能掌握好表扬员工的技巧，一定能收到意想不到的成效。

批评如扎针，扎准地方才有效

员工犯了错误，假如领导者总是视若无睹，不加以批评指正，就不能使其高度警觉，他很可能还会重蹈覆辙。为了避免这种悲剧结果，领导者一定要及时给予批评，促使下属改进工作。

许多领导者都渴望学会批评，批评是沟通中最难把握的一种表达方式。我们常常会见到这种情况：不讲批评方式，在公众场合，倚理欺人，居高临下地批评对方，试图把自己的想法强加给对方，这样做往往会事与愿违。批评下属时，要注意方法，讲究技巧，不能无视对方独立的人格和尊严，否则，不仅难以收到积极效果，而且还会影响自身形象，更会影响彼此之间的关系。

在一次会议上，一位经理就某个问题，当众质问一位主管生产的人员。他的语言刻薄，充满了攻击性，最后他直接就斥骂那位主管，并指责他品行不端。

那位主管原本是个很负责的人，可是自此事件后，他就开始敷衍应对了。几个月后，他辞职去了另一家公司。现在，他在那里非常称职。

批评下属是一门学问，也是一种艺术，假若批评的方式、时机不当，对方不仅不会接受，还会对你产生反感。所以，在批评别人时，一定要注意方式方法。这样才能既达到教育的目的，又给自己树立了威信，还不致使下属产生抱怨、抵触情绪，影响上下级关系和工作的质量。

要取得批评的效果，领导者一定要注意以下几点。

1. 出发点和动机必须正确

批评的目的是说服，是帮助人改正错误，改进工作，因此语言应客观公正。批评应严肃、客观，不能凭主观臆断，更不能道听途说，无中生有。有的领导者批评他人时，事先不调查，不了解，只凭一些道听途说，或者只凭某个人打的“小报告”，就去胡乱批评人，结果给人留下了“蓄意整人”的坏印象。这种做法必须摈弃。领导者在批评员工时，要实事求是，一视同仁，真正做到批评面前人人平等。

2. 批评需有的放矢，对症下药

在批评员工的时候，一定要指出他们的错误所在，有针对性地进行批评。如果不能让他们弄清错误在哪里，而是一味地斥责，这样只会增加对方心中的不满，永远不会达到批评的目的，下次他们再犯同样的错误也就很正常了。

在实施批评之前，一定要做深入细致的调查研究，找出问题的症结，然后再进行批评。批评的同时最好能对其今后的行动加以指导，这样对方更容易接受批评。

3. 批评要对事不对人

下属做错了事应该受到批评，可问题的关键在于：批评是针对下属做错的事情还是下属本人。批评时，一定要针对事情本身，不要针对人。比如，一名员工多次上班迟到，你应指出这一行为如何造成了不良影响，而不应该责骂此人自私自利或人品有问题。谁都会做错事，做错了事，并不代表他这个人能力低下。错的只是行为本身，而不是某个人。

在批评的过程中，不要对员工进行人身攻击，哪怕此时你对员工的无理行为很气愤，也不要骂下属“笨”“不够资格”等。领导者一定要记住，批评员工应该针对员工的错误和达不到标准的成绩，批评的目的是为了鞭策员工，激发员工的潜能，而不是要对其进行攻击。俗话说：打罐说罐儿、打盆说盆儿。不要让你的批评跑了题、变了味儿。人身攻击式的批评不仅会挫伤员工的积极性，而且很可能会导致人才的流失。

4. 私下进行，不过度批评

当众批评下属是不明智的。因为当众批评会刺伤对方的自尊心，可能引发强烈的抵触情绪，当众反驳，或做出什么出格的事。这既影响领导的威信，又可能强化了被批评者的“错误”。因此，领导批评下属最好在私下进行。

对于批评，每个人在心理上都有抵触情绪，因此要注意批评的尺度，要做到适可而止。实际上，如果员工没有犯原则性的错误，作为领导者就没有必要往死里批，只需稍加提醒即可。从某个角度来说，批评的目的在于使被批评者觉悟，从而纠正自己的行为。批评人不能把人看死、不能把话说偏。正确的批评方法是，批评时注意把握分寸，措辞严厉但不过头，给被批评者留有改正错误的机会。

5. 以褒扬的方式结束批评

批评往往使谈话充满了火药味儿，因此在批评快要结束的时候，不妨适度褒扬几句，以缓和气氛，顺利收场。你可以这样说："我知道你是信得过的人"或"我相信你能抓住要点，干得更好"。这能让对方心悦诚服地接受批评，从中感到你批评的诚意。相反，如果一味地挖苦嘲讽，过分伤害他人的自尊，往往会适得其反。千万不要这样说："我教导你之后，不可以再犯错"或"你必须赶快把质量搞上去，否则我会重新换人……"如果我们只是一味地批评、斥责，对方要么"当面接受，过后照旧"，要么"表面同意，心底不服"，甚或"当面顶撞，让你无法下台"，对方即使知道自己错了，也可能不想改正了。

总之，批评运用得好，才能起到警示和激励作用，促进员工的工作积极性，取得批评一个、教育一群的效果。这其中的关键在于掌握技巧。

迂回说服，让下属心服口服

在工作中，领导随时需要说服下属。说服下属，必须让其愿意"听话"。否则，你说得再多，也只能是"瞎子点灯——白费蜡"。

尽管我们都知道药物能治病，但吃到苦药仍难以下咽。说服也是如此，尤其是不要直截了当地对下属指责评论一番，这样，对方会产生逆反心理：你敢教训我，我偏不听你的！你非但不能把自己的想法付诸实施，还会招致对方憎恶。进行有效说服的较好的策略是采取迂回战术，不从正面入手。直接说服容易让对方产生抵触情绪。所以，不妨从侧面打开突破口。

良言再好，也不可无所顾忌地说。那你为什么不绕个弯子呢？这样既可达到说服目的，又不招致怨恨。有些时候，当下属的思想一时转不过弯来时，你不妨采取迂回之术，从另一角度说明，对方可能就会如梦初醒。

春秋战国时期，耕柱是墨子的优秀学生，不过，他还是总挨墨子的责骂。一次，墨子又责备了耕柱，耕柱觉得非常委屈，自己的各方面表现都不差，这是为什么啊！于是，耕柱就问墨子：“老师，难道我真的如此差劲，以至于时常遭到您老人家责骂吗？”

墨子听后，不动声色地说：“假设我现在要上太行山，你说我是应该用良马来拉车，还是用老牛来拖车呢？”耕柱回答说：“再笨的人也知道要用良马来拉车。”墨子又问：“那么，为什么不用老牛呢？”耕柱回答说：“因为良马足以担负重任，值得驱遣，而老牛根本难以担此重任。”墨子说：“你的回答正确，我之所以时常责骂你，正是因为你能够担负重任，值得我一再地教导与匡正啊。”

耕柱从墨子的解释中得到了心理满足，放下了思想包袱。

人对某一事不理解，想不通，往往是疑虑重重，这就需要说服者善于把道理说透。但消除别人的疑虑并不是一件很容易的事情，需要一点一点地层层递进，迂回前进，把道理讲明白、讲透彻。在指出下属不足的时候，可以像墨子一样，用隐喻的方法，点到为止，让对方自己去领悟、去消化。在职场上就是这样，无论是明说还是暗示都要给对方留好台阶，让对方心情愉悦地接受你的建议或看法。

美国总统林肯一直提倡说话要简洁有力。当他对每天要批阅的那些冗长、烦琐的报告感到厌烦时，他以一种温和的语句来表示反对：“当我派一个人出去买马时，他并不需要告诉我这匹马的尾巴有多少根，只需告诉我它的特点何在。”

上例中，林肯运用暗喻手法，婉转地告诫下属——我不愿意批阅冗长而无侧重点的报告，你应该像买马人报告马的特点那样，抓住重点即可。

因此，需要说服下属时，如果遇到不方便直接表达的话语，可以采取一些委婉的方式来表达。委婉的话语能使本来是困难的沟通，变得顺畅起来，让听者在比较舒坦的氛围中接受信息。

实际工作中，领导者为了推行自己的工作意图和方案，应学会说服他人的基本策略和一些实用技巧。那么，怎样才能有效地说服他人呢？

1.情感攻心是有效的说服技巧

说服工作，在很大程度上，可以说是心理的征服。领导者在劝说下属时，应推心置腹，动之以情，使他们感到领导者的劝告并不抱有任何个人目的，没有丝毫不良企图，而是真心实意地帮助他们，为他们的切身利益着想。只有善于运用情感技巧，动之以情，以情感人，才能使被说服者从心里信服。

光武帝带兵打仗时，有的将领在昆阳城上望见王莽的军队人马众多，吓得胆战心惊，忧虑后方的妻子儿女，想退回原来驻守的城池。

刘秀这时非常冷静地对将领们说：“现在我们的士兵和军粮都很少，而敌人强大，合力抵抗他们，还有打胜的希望，如果分散开，昆阳一旦被攻破，势必全都难以保全性命。我们现在怎么能不同心同德，共建功名，反而只想节节败退呢？”将领们被刘秀说服了，定下心来继续跟着刘秀作战。

2.为对方搭台阶，让他自己走下来

为了有效地说服下属，应该敏锐地把握双方之间存在的“共同意识”，以便求同存异，缩短心理差距，进而达到说服的目的。

领导者若想改变下属的某种固执立场，应在顾全对方面子的基础上进行说服。你可以这样给下属铺台阶："当然，我完全理解你为什么会这样想，因为你并不了解情况。"或者说："最初，我也是这样想的，但后来当我了解到实情后，我就知道自己错了。"为对方搭台阶，可以将其从自我矛盾中解放出来，使他们体面地收回先前的立场。这样，对方定会顺着你给出的"梯子"走下他们固执的"高楼"，并且还会因为你保全了他们的脸面而对你心存感激。

3. 先褒扬后请求，更容易成功

每个人都希望得到他人的赞美，领导者可利用此点，适时地给予下属鼓励，褒扬下属的某些能力，引导他们接受你的劝说。当下属借口工作繁忙拒绝接受某项工作任务时，为了调动他的工作积极性，你可以这样说："我当然知道你很忙，抽不开身，但这种事情非你去办不可，我对其他人没有把握，觉得你才是最佳人选。"这样一来对方得到了心理上的满足，就容易愉快地接受你的劝说。

在说服时，要注意调节谈话的气氛。以和缓的提问方式代替强硬的命令，气氛就是友好而和谐的，说服也就容易成功。你这样做，下属会由衷地佩服你的度量，从而在无形中便接受了规劝与说服。这种"柔和"的说服技巧常常能赢得他人的真诚拥护。

用沟通打开"抱怨"的渠道

沟通是一种技巧，更是领导者必备的一种能力。英国管理学家威尔德说："管理者应该具有多种能力，但最基本的能力是有效沟通。"沟通是满足自身需要、实现管理目标的重要工具之一。

对于领导者来说，有效地与下属进行沟通是非常重要的。良好的沟通，有助于使下属认清团队所面临的形势，有助于下属理解上级的各种难处，有助于上下一条心，使团队拧成一股绳。沟通的好坏，会直接影响着下属的工作使命感及工作积极性，因此会直接影响到团队的效益。它在某种程度上甚至直接关系到团队的生死存亡。

在任何一个组织里，职员都不可避免地存在着牢骚、抱怨的情绪。如果下属的牢骚和抱怨得不到领导的重视，不能得到有效化解，扩而散之，这些不满情绪会像瘟疫一样在组织中蔓延，使组织丧失战斗力。因此，对于各种抱怨，领导者要及时与员工进行平等沟通，先使其平静下来，然后采取有效措施，尽快解决问题。沟通在一定程度上可以化解下属的抱怨情绪，任何轻视沟通的念头都是错误的。只有保持沟通的顺畅，领导者才能及时听到下属的不同意见，并及时解决上下层之间的矛盾，增强团队的凝聚力。

实际上，在一个团队中，应对牢骚的方式和解决问题的方法一样重要。有些时候，员工遇到不顺心之事，总会用抱怨缓解压力。此时，化解抱怨的最快捷、最容易的方法之一就是竖起耳朵去倾听。

华为总部有几个年轻的财务人员有一次在电梯里大发议论，抱怨公司为什么不在研发基地设一个账务系统，害得他们为报销出差费用总要跑那么远的路。电梯行至总裁办公室所在的第 7 层，电梯门打开，任正非从电梯角落里慢慢踱出电梯外。这些年轻人吓得面面相觑，他们光顾逞口舌之快，没注意到总裁就在电梯里。

但是仅仅十来天后，那几个在电梯里发牢骚的员工被告知：研发基地的账务系统建立起来了，他们以后可以不必来回跑了。华为后来还专门设立了一个意见收集中心，专门收集员工的抱怨和意见。

实际上，反过来想想，员工的牢骚反映出了管理工作中存在的问题。出现了问题，作为领导者就应当马上找出原因，并及时疏导，防止不满情绪在组织中蔓延。找到员工不满和抱怨的根源，并努力去解决就是在为员工服务，员工才能心平气和地去工作，从而更好地为公司服务，提升对团队的信任度、忠诚度。一个成功的领导者，应学会及时地疏导员工心中的不满。

黄河明曾出任惠普台湾区总经理。但是，由于前一任的离职，公司人员流失率极高，没什么凝聚力。

该怎么办呢？经过反复思考，黄河明觉得现在尤其需要多做沟通工作，让员工多了解公司的真实状况。

于是，在最初的6个月里，黄河明将大部分精力投入到内部沟通上。每个月他会分别和十几名员工一起吃饭、轻松地聊天，话题主要放在个人的梦想、公司将来的计划中，也聊最近的工作，聊生活上的困难，通过这样的谈话，拉近了和员工的距离。

黄河明发现，虽然很多员工心中有抱怨，但不会直接说出来，于是他又举行各种会议，让员工大胆地提建议。通过这一系列的沟通措施，公司的员工流失率大大降低。

面对下属的抱怨，处理得好坏不仅能检验领导者的工作能力，同时也能充分调动下属的积极性、提高工作效率。领导者处理抱怨时有两点需要注意。

1. 抱怨面前要沉着冷静

下属因某事抱怨，言行难免有些偏激，对此，领导一定要沉着冷静，保持良好的心态，切不可“以暴制暴”；也不可对下属的抱怨进行盲目禁止。如果这样的话，将会引起更多的抱怨，甚至引发上下级之间更大的矛盾，从而给部门和公司带来不稳定的因素。

领导者应与员工在细节问题上冷静沟通，由细节的沟通和理解达到整体的沟通与理解。做好细节问题的沟通，可有效防止矛盾复杂化，有利于团结他人、吸引他人、调动各方面的积极性。

2. 针对抱怨的原因做改进工作

当得知下属抱怨后，领导者就要反复地调查、认真地分析下属抱怨的原因。如果是领导者自身的缺点和制度的局限造成的，就一定要本着有错必纠的原则，勇于进行自我批评，然后立即纠正自己工作中的失误，并欢迎员工对组织工作进行批评和监督，创造出一种公平、民主的组织氛围，以便最大限度地调动员工的工作积极性。

牢骚的出现不一定都是领导者的错，有些抱怨是由于职工本身的认知偏差引起的。有一些人是因对公司的政策不理解、对上级的意图不明确而产生了抱怨；有一些人则完全是因为心胸狭窄，或者因为个人利益受到影响而对上级产生抱怨。如果是下属的原因，就一定要陈述客观事实、对员工进行引导说服。对于此种类型的抱怨，领导者要做到以事实服人，以情景感人，拿出实际数据和材料来说服，或提供机会让其亲自去体验，或让其换个角度来看问题，引导职工纠正认知偏差。

如果是个别下属无事生非，就一定要对其进行严肃的批评教育，使其以积极的态度和崭新的面貌努力完成各项任务。

温和的言辞，胜过强硬的管制

领导者由于职务关系，被赋予了一种强制别人的权力。这种权力可以用来指示、命令下属，也可以用来纠正下属的过失。虽然如此，沟通过程中，如果太仰仗权力，采取强硬手段来压制下属，口口声声“我说这么做就这么做”，而且蛮横、不讲理，不但不能使下属信服，还会引起下属的反抗，虽然有时只是“敢怒而不敢言”，但有时也会走极端。

想使一个人信服，财物诱惑和武力征服都不是最好的办法，以德服人才是上策。你不必用强硬的言辞，也不必用攻击人的论调，以最温和、冷静、友善的处理方式，正是征服人心的基石。美国前总统林肯就说过这个道理：“当一个人心中充满怨恨时，你不可能说服他依照你的想法行事，那些喜欢骂人的父母、爱挑剔的老板……都该了解这个道理。如果你想说服一个人，首先要让他认为你是他的至友，然后再逐渐达到说服的目的。”

中村是日本德川幕府的第三代将军德川家光的大臣，他生性温和，思虑缜密。当时，德川家族中有一条规定：凡是士兵抽烟者，一律斩首。

一天晚上，几个守卫城门的士兵在站岗时，躲在阴暗处偷着抽烟。谁知恰巧被出来巡视的中村看见了。士兵们一个个都惊恐万状，心想：这下性命可能难保了。

中村若无其事地走了过来，他没有立时训斥，而是先问了一些守卫的情况，然后让人意想不到地说：“你们刚才抽的烟在哪里，让我也抽一口，行不行？”士兵们都疑惑不解地望着中村，但还是乖乖地交出了香烟。中村接过来，猛抽了几口，便把香烟退还给他们。

他对士兵们说：“今天的事，我也有份，希望今后你们别再让这种事情发生了。要知道，其后果真的是非常严重的。”说完，他转身就走。自此之后，士兵们抽烟的风气居然完全消失。

领导者想让下属接受自己的建议，首先要让他们认为你对他们是非常友善的，是全心为他们着想。你不能强迫他们同意你的意见，但却可以用引导的方式，温和而友善地使他们同意。选择温和的言辞比选择强硬的举止更有力量。

当下属与自己的意见和看法相左时，作为领导者，切忌用权力去压倒下属。如果那样做，只能出现压而不服的状况。而高明的方法应该是克己忍让，对对方礼让三分。如果你对下属说：“我们坐下，好好商量，看看彼此意见相异的原因是什么。”你就会发现，彼此的距离并不是那么大，相异的观点并不多，只要你们有彼此沟通的诚意和耐心，你们就能沟通。这样常常能赢得下属真诚的拥护与尊敬。

生活工作中，不必和他人尤其是下属那么斤斤计较。与对方沟通时要多为对方着想，即使你有理，也要做到“得理饶人”。具体说来，注意以下几方面会收到好的效果。

1. 言辞得体，符合身份

作为一个成熟的职业人，你必须时刻注意自己的言辞。工作场合不能用不文明词语、粗俗词语。说话的时候，要尽量多用中性词或褒义词；

表达不同的意见时要委婉，切忌直接否定或嘲讽。要注意语言的细节，比如，“请你……”就比“你给我……”好得多。多数情况下，如果你以请求的语气要求员工们做什么，那么对方会更好地接受。

指令和命令是扼杀合作愿望的言辞。当你下达命令或提建议时，要选择动听的词句，以员工们乐于接受的方式进行。比如你可以这样说：“小李，你比小组其他人落后了一些，要加油啊。”如果小李是个敏感的人，只需这样提醒一下他就会明白了。

2. 语速适中

别人对你的认同或是尊重，靠的是你语言的魅力，而不是强硬的语气。过快的语速容易让人产生压迫感、强制感，或是让人不知所云；过慢的语速要么使人着急，要么让人昏昏欲睡。语速必须适中，这不但有助于意思的表达和对方的理解，还可以使信息的接受者产生舒适感、愉悦感，从而有助于拉近你与对方之间的心理距离。

3. 用“带着微笑的声音”说话

“带着微笑的声音”谁都爱听，这是一种最容易获得成功的语调。这种由人的心底自然流出的声和气，能给听者以友好、温馨的舒适感觉。其具体表现为：语气亲切，语调柔和，措辞委婉，说理自然。

人的职位虽有差别，但人与人之间的地位是平等的。沟通要在平等的气氛中进行，这样对立才容易被接受。不要摆出一副居高临下、盛气凌人的姿态，说不服就压服，动不动就说，“就这么办了。”或采用一些“必须……否则……”等词语，这会令对方产生逆反心理，造成逼而不从，压而不服的状况。

当你因为一些事情不得不同别人争论时，即使占理，也应当有饶人的雅量。口气太强硬不但会打击对方的自尊心，还会惹恼对方，最后非但达不到目的，还容易把事情搞僵。所以，即使你占理也要注意说话的态度和方式。理智的态度和温和的谈吐，这本身就能产生一种感化力，能引起对方的心理变化，有利于问题的进一步解决。

且记，选择使你的话语更动听的词句，你的员工们将更乐于合作，你将会更受欢迎。

领导讲话不在多，越精练越有效

人们常把话语啰唆、爱拖泥带水的人形容为“婆婆妈妈”。“婆婆妈妈”不是一个好词儿，尤其是对于领导者来说。

在生活和工作中，领导者如果总是对问题翻来覆去地说个没完没了，却抓不住要领，这着实会使人心烦、受不了。用东北人的话来说，就是“你这个人太磨叽啦”。

为什么一些领导者会有这种磨叽的毛病？究其原因，首先是使用了不恰当的表达方式。一些领导者在各种会议上，喜欢罗列数据和理由，而且，这些东西只是随意堆积在一起，既无主次之分，又无重点可言，以致失去了领导者语言应有的力度。其次，就是领导者的性格、能力和水平的欠缺，容易使讲话没有中心、没有重点，重复拖沓，过分细致。

重复、冗长地讲解一件事情，会使人从最初的接受到不耐烦，最后产生反感、讨厌的反抗心理和行为。讲话空洞乏味，会让下属对领导者的表达能力产生怀疑，自然领导者的权威和地位就会下降一大截，实在是得不偿失。一些领导者，话讲了半天，别人却根本听不进去，根本“不吃你那一套”，又怎么会有号召力？

其实领导者的“号召力强”“有魄力”，很大程度上是通过讲话来表现的。领导者说话时，对于一些简单的问题，一带即可，没有必要长篇大论。话语简促而有力，掷地而有声，这才能把领导者的魄力和风度显示出来。

俗话说：“言不在多，达意则灵。”领导发言无须长篇大论，短小精悍往往更有力。讲话越短才能越精彩，越短才越容易给人留下深刻印象。

美国总统曾说过："一个字能说明问题就别用两个字。"这是被许多领导者所认同的方法。例如，在第二次世界大战期间，美国人担心日本夜间空袭，于是政府部门颁布了灯火管制命令："务必做好准备工作。凡因内部或外部照明而显示能见度的所有联邦政府大楼和所有联邦政府使用的非联邦政府大楼，在日军夜间空袭时都应变成漆黑一片。可通过遮盖灯火结构或终止照明的办法实现这种黑暗。"

当富兰克林·罗斯福看到这项指令后，他将其精简为："要求他们在房屋里工作时必须遮上窗户；不工作时，必须关掉电灯。"

显而易见，第一种说法废话连篇，给听者增加了理解负担。而罗斯福的话简短明了，让人一听就懂，便于执行。

语言简洁是以最经济的语言手段，输出最大的信息量。在领导演说活动中，简洁的语言常常能比繁杂冗长的话题更吸引人。它体现出说话人分析问题的快捷和深刻，是其认识能力和思维能力高超的表现；它能使听者在较短的时间内获得较多的有用信息，有助于博得他人的好感。说话简洁会给人一种有生气、有活力的感觉，尤其被人推崇。所以我们要努力培养自己简洁精练的言语风格。

领导者在与下属沟通时，必须直白明了地陈述自己的意思，力求意思明确、语句清楚、内容完整。一是在表述主题思想、中心论点时必须旗帜鲜明，说话要有内容，不要空洞，要力求做到条分缕析，脉络清晰，让人听了应该是越来越清楚，而不是越来越糊涂。二是在讨论关键问题时不得回避矛盾，要善于把问题摆到桌面上来，要善于触及问题的实质，能够真正抓住问题的本质，一针见血，一语中的。许多领导者往往能使用高度概括、凝练的语言，提纲挈领地把问题的本质特征表达出来，以达到一语中的、以少胜多的效果。三是在言辞方面不得含糊其词，甚至词不达意，要善于根据对方的理解、判断能力和交流习惯，去选择和使用有利于别人正确理解的表述方式和用语习惯。

为此领导者讲话前一定要充分了解下属，要摸清下属的心理需求，把握好下属的心理活动，这样才能抓住要害，一语中的，使其产生心理震撼，这是攻心的关键。

在沟通过程中，要想收到良好的效果，语言要简洁、精练，使听者在较短的时间里获取较多有用的信息。研究资料表明：人们的话语在45秒之内最易被理解，如果一分钟讲的话约300字，45秒钟讲的话也有200多个字。超过这个限度听者就会感到冗长，超过两分十秒就更难理解。所以，语言越简洁精练，越容易受人欢迎。

我们要在清晰的基础上追求简洁。简洁不是指在形式上采用短句子，也不是指在内容上省略重要信息，而是指“字字有力、有用”。

领导者讲话要力求简洁明了。为此需要在积累词汇、锤炼语言上下功夫。能少说的就别多说，能简洁的就别烦琐。这样就能塑造出领导威信，从而让下属乐于听你说。

第七章

补长员工的“短板”，把庸才训练成精兵强将

培训员工是领导者的工作内容和手段。员工并不完全具备工作所必需的知识、技能以及心理素质等，因此，领导者要对他们进行培训。通过培训可以增强员工的素质和能力，进而创造出业绩。如果领导者希望提高自己的领导力，提升工作效率，那么，对员工进行培训是一种好方法。

培训新员工，使“看客”变为“工作者”

新员工上岗后，尤其需要接受培训。新员工培训又称岗前培训、职前教育，是经企业录用的新员工从局外人转变为企业人的过程。

确实，组织经过考试、测试及其他科学方法录用新员工之后，这些新员工一开始并不具备完成工作所必需的知识和技能，也缺乏在公司集体中同心协作的工作态度。因此，公司为使他们尽快掌握必要的知识、技能等要对他们进行教育培训。

正确地指导新员工迅速地提高工作能力，是一件十分重要的事。对于新来的员工，怎样培训才会使他们顺利地工作呢？

1. 帮助新员工融入集体，做企业主人

如果你希望自己的团队获得可持续发展，具有持久的竞争力，就必须培养员工的主人翁意识。为此需首先为新员工创造一种“家”的氛围，使其在潜移默化中与公司、与同事建立起微妙的归属感。

西门子公司开发的“新员工融入计划”，就能够很好地培养新人的归属感。西门子的领导者从新员工的心理出发，设身处地地关心新员工，尽量为他们创造轻松、难忘的第一天。

进入西门子的第一天，人事部会及时安排在职员工到前台迎接新员工。新员工被带到各自部门时，办公桌上早已摆放好电脑、电话、文具等办公用品，桌上还摆着漂亮的鲜花，以示欢迎，同时还有一张欢迎卡，上面详细说明入职第一天的日程安排。这些人性化措施会给新员工一种家的感觉。接下来，西门子会为新员工安排一名老员工做导向，引导新员工适应公司环境，带领他们签订劳动合同，为其提供一些诸如员工手册、公司内部管理制度等资料，指导他们登录公司内部网站查阅、了解更多的信息。

试用期内，西门子会为新员工介绍公司的组织机构、企业文化、公司的信念和期望以及公司对员工的要求等。然后由培训处进行一般性的指导，双方互相讨论一些共同性的问题，如各种政策与规定、薪酬制度、工作时数和福利等。西门子所做的一切无疑会使新员工感受到强烈的归属感，并在接下来的工作中自然地产生为企业效力的主人翁意识。

国内著名家电企业海尔公司在新员工入职后，通常会首先举办新老“毕业生”见面会，通过师兄师姐的亲自讲述真切感受海尔。新员工也可以通过与集团高层领导面谈的机会，了解和公司有关的各种问题。联想集团对新员工采取著名的“入模子”培训。所有联想新员工，都要先接受为期一周的封闭培训，以了解公司的文化、理念、产品、发展方向等。培训结束后，员工都感到整个人已经脱胎换骨，联想的一切已经深深融入血脉。

积极举办各种活动，这是帮助新员工融入团队的一个有效方法。公司可以每隔一段时间就举办一次“会餐”，让全体员工和他们的家属自由参加。在活动中，大家都无拘无束，享受着彼此喜爱的食物，谈论着各自感兴趣的话题，不知不觉中培养出了温暖的集体意识，对团队有了更深入的了解。员工有了主人翁意识，工作才更有效率，企业才更有凝聚力。这样，企业的目标就易于达到，企业从而得以生生不息。所以，聪明的领导者会设法培养员工的主人翁意识，增强团队竞争力。

2. 教会新员工工作技能

岗前培训不仅要向新员工介绍整个组织的基本情况，而且还要介绍新员工自己的工作岗位。从与新员工见面时起，就要一同了解工作说明书、岗位责任和所期望的工作结果。应当恰当地描述工作行为并作出示范，制定日程安排，以便在规定的时间内让新员工掌握工作方法。在岗前培训过程中要教会新员工工作技能，随时回答问题，向其提供指导。

3. 培养员工注意细节的习惯

员工把工作做细，把工作做精，是每个领导所期望的，但新员工往往很难把工作做精细。所以要注重培养新员工注重细节的品质。为此要从生活工作中的细节、小事着手，培养员工精细工作的良好习惯。

高效的领导者可以不强求结果的完美，但一定要注重细节的极致。要将这样的理念传授给新员工，并努力使其成为习惯，这会直接影响组织行为的结果。

美国职业篮球队的伍顿教练坚信“成功源于细节”。当有新队员到来时，他会首先向其讲解如何穿球袜，而非动作要领，因为这些细节是比赛成功的基石。

领导者要注重培养组织成员不断完善细节的习惯，这样组织才能有持久的竞争力。组织中的所有成员如果都能养成注重细节，不断积累的习惯，就能加快组织目标的实现。正所谓“小区别，大不同。”

4. 对新员工进行热爱公司的教育

员工进入一个新公司后，往往有两种可能。一种可能是融入了公司的文化，了解和适应了企业的发展史、经营理念、决策机制等，使自己的工作如鱼得水。或者可能是，不能融入公司文化，这导致新员工要么在工作岗位上无所事事，要么被迫离开。因此，如何让新员工快速地融入到企业文化中，而不是让其成为阻碍，是每一位领导者必须考虑的问题。

领导者要利用公司的基本资料对新员工进行热爱公司的教育。基本资料包括：公司历史及发展目标、组织机构的功能、全套管理制度、公司产品及服务经营特色、公司对员工的期望、员工的福利待遇、住房升迁的规定等。这些资料及情况要让新员工尽快熟悉，使其对公司多多了解，以尽快适应公司的生活。同时也能培养新员工“以公司为荣”的心理，在这种心理的促使下，新员工才会有敬业精神，其实这也是一种激励措施。

总之，对新员工的岗前培训，需要按照计划有条不紊地进行，这样就能很好地培训、改造员工，起到事半功倍的作用。

培训因人而异，效果事半功倍

培训作为现代企业管理的重要内容和手段，已越来越被领导者所重视。当今企业竞争的焦点既是资金、技术等资源，又是人力资源。美国管理学大师托马斯·彼得斯指出，企业或事业唯一真正的资源是人，管理就是充分开发人力资源以做好工作。人才的培训以及不断地再培训，必须列入各企业头等重要的议事日程。

培训员工的作用在于，通过培训，可以改变员工的工作态度，增强员工的技能、素质，激发他们的创造力和潜能，提高企业效率和业绩。另外，培训做到位了，员工会感到受重视，从而对公司心存感激，这会大大增强企业凝聚力。

在训练员工方面，美国的迪士尼公司有较成功的经验。迪士尼本人在加州迪士尼乐园尚未开放前，于 1954 年创办了迪士尼大学。他规定从清洁工到每个员工都必须到迪士尼大学上四天课。训练的结果就是造就一群与其他游乐场所不同的员工，他们具有生动、主体、持续的表演形态，非常引人注目。就这样，迪士尼用训练提高了员工素质。也使游乐场的收益增加至电影和卡通收益总和的 3 倍。

培训是一项有意义而又实实在在的工作，也是领导者顺利开展工作的前提和成功的关键。如果你希望自己的部门运转良好、效率高，那么，根据人员的性质制定培训方案，对员工进行指导是最好的办法。

在一个公司内部，由于各类人员的工作性质和要求不同，各有其独特性，因而对这些不同类别的人员的培训就应具有独特性，现分述如下。

1. 对一般员工进行的培训：根据素质结构制订方案

一般员工是公司的主体，他们直接执行生产任务，完成具体性工作。对一般员工的培训内容应依据工作规范的要求，使他们能够掌握必要的工作技能，以便能有效完成本职工作。为了使培训取得预期的效益，首先会对员工的素质结构进行分析，之后准确地制定培训方案。

看员工的专业技能。在招聘新员工时，不但要看他的学历，还要看他是否具有相关的经验，也就是专业技能。企业里有不少员工在学校所学的专业与工作不对口，在制定培训方案前，需要调查员工中有多少人从事专业对口的工作，有多少人对自己所从事的工种感到满意、比较满意或不满意的各种情况，使方案有针对性地进行适当调整。

看员工的知识水平。知识水平的高低决定了员工适应工作及创造业绩的高低。每个员工所受的文化教育不尽相同，不同的知识水平对培训内容的接受能力也不一样。另外，不少员工在进入企业前或多或少地接受过社会上的培训。企业培训应根据他们的知识结构分批分层次制定培训方案和内容。

看员工的性格爱好。性格对员工岗位的影响是不能不考虑的，不同的性格爱好对岗位适应性有很大影响。在培训前都有必要对职工的性格调查清楚，并通过培训进行优化组合。

2. 对专业人员进行培训：更新专业知识，培养合作精神

公司有会计师、工程师、经济师等各类专业人员，这些人都有自己的工作范围，掌握着本专业的知识和技术。

专业人员参加培训的一个重要目的，就是不断更新专业知识，及时了解各自领域里的最新知识。组织应建立完善的学习机制。通过个性化培训、支持专业人员的学历教育、提供完备的学习支持，形成“在学习中工作，在工作中学习”和“在学习中创新，在创新中学习”的氛围，让他们获得持续的学习和实践机会，不断地充实和完善自己，以求得更大的发展。

管理大师杜拉克指出，现代企业不仅是“学习型组织”，更应该是“教学型组织”。只要让员工乐于学习，乐于彼此间的经验技术交流，员工就会心情舒畅，就会真正愿意融入企业文化。

对各类专业人员培训的另一个目的就是让他们了解他人的工作，以促进各类人员之间的沟通和协调，培养他们从公司整体利益出发而应具有的合作精神。

3.对骨干员工的培训：注重提高实际解决问题的能力

作为一名骨干员工，首先应对自己在企业内的角色有准确的定位，明确角色所赋予的行为，并根据自己的位置，学习解决问题的方法。把提出问题的表达方式变为解决问题的表达方式，学会如何在部门间进行有效地沟通，以解决实际工作中的困难。其次应掌握与企业外部人员的沟通技巧，以促进与客户间的相互交流。

著名的奥康集团每年都有计划、有选择地组织骨干到外面接受培训。他们的所有经理级以上干部曾全部到台湾健峰管理学院宁波教学点进行过一个星期的体验式培训；也曾到雁荡山咨询管理顾问公司进行封闭式的培训。奥康还与温州职业学院进行合作，共同培养人才。在职业学院里有一个班是“奥康班”，班主任之一由公司人力资源部的同志兼任。在读书学习三年中的每个假期里每位同学必须来公司接受实践，公司的各种大型活动他们也同样以员工的身份参加。平时，公司也派经验丰富的专业老师给他们上课。这班同学在正式毕业后，就被公司安排到各个岗位上进行实际锻炼和培养。对于高层管理人员，则分批派送到浙江大学、清华大学、中国企业培训中心等单位进行短、中期深造。

为了考察培训活动的实际效果，他们在培训结束后会进行培训评估。在每次项目培训完毕后，公司都从培训的内容、强度、培训的量、环境、时间以及培训活动净收益等方面来进行评估，从中找出问题、不足和薄弱环节，寻求改进的途径和方法。

面对日益激烈的竞争、面对严峻的挑战，企业领导者只有努力对员工进行因人而异的培训教育，才能提高他们的工作能力，才能在广阔的市场竞争中拥有一席之地。

培训老员工，发挥好示范作用

有人总结说，“员工培训是老板给新员工最好的礼物”。其实，培训不仅是针对新员工的，有些老员工往往也需要培训。

老员工往往习惯于按惯例做事，不太能接受新的事物。他们自身也有着一种影响力，尤其容易影响新员工，当领导者还没有把新员工培训到位的时候，也许他们已经开始被老员工所同化。因此，培训老员工显得极为重要、也更为困难。

对新员工来说，进公司后接触到的老员工给他的影响最大，如果这些老员工很优秀，新人就能从他们身上学到许多好的作风。如果第一次接触到的是工作习惯不良的“老人”，“新人”在不知不觉中也会受到负面影响，养成一些不好的习惯。所以在新员工尚未工作之前必须先训练老员工。如果我们能把老员工培训成新员工的榜样，那么对新员工就具有良好的示范与教育作用。

在分配新人到工作岗位时，不一定要将新人分配到人手不足的部门，有时把他们安排在有优秀老员工的岗位，显得更适宜。可能的话，就是工作性质不同，也要让新人到有优秀老员工的工作部门去接受一年或半年的训练。

广东北电通信设备有限公司，是优秀的合资企业。广东北电为员工的学习、发展提供了很多资源，不仅鼓励员工在本岗位上不断提升，而且鼓励员工就未来可能走入的岗位进行学习。公司对于新入职员工采用“师傅制度”，每名新员工都有师傅在工作、生活上给予其帮助、指导，使其尽快融入企业，具备工作能力。

企业要把新员工放在能干的老职员身边，让其尽快熟悉业务，同时了解一下工作流程、规则及工作方法等，这样能尽快提高工作能力。为此，在新员工上班前一个月内，就要对老员工进行培训。在对老员工进行训练之前，我们必须先检查老员工的能力、素质，然后从老员工中最常见的缺点、弱点开始训练。通常，一个企业老员工所具有的问题集中于以下几点。

1.不使用基本规则做事

工作需要讲规则，有一些基本规则是要遵循的，这强于胡乱摸索，会取得事半功倍的效果。如果新员工一开始就碰到不按照基本规则来做事的老员工，事态将会变得很严重，不但夯实不了工作基本功，更无法找到做事的新方法。为此，要定期检查老员工的工作情况。一旦发现其有错误，应立即帮助他们改正。

为此，要定期检查老员工的工作、学习情况。一旦发现其有错误，应立即帮助他们改正。

2.不懂得改善工作方法

有许多老员工多年沿用一套工作方法，从来不知道改进。他们常说：“根据过去的经验做，准没有错！”从而不愿意多思索、多改进。改善工作方法是提高业绩的基础，所以必须好好教给他们改善工作的方法。

小到解决一个问题，大到干出一番事业，光苦干是不行的，一定要懂得巧干。吃苦耐劳是必需的，同时还要讲究做事的方法、技巧，只有两者结合，才能把事情做得又快又好。那么，在工作中应如何教老员工学会“巧干”呢？

首先应让他们经常问问自己：怎样才能做好这件事情？解决这个问题有没有更好的方法呢？无论看到什么，都要让他们多问为什么。在工作中，如果能多思考，多质疑，也许就会发现新方法。

遇到问题时，如果用常规的方式找不到解决方法，不妨换个角度进行思考，越是新的角度，越容易产生新的想法，得到好的结果。

对于老员工来说，总结能力尤为重要，联想集团的柳传志说过：“善于总结才能成功”。老员工要懂得对问题进行归纳、分析和总结，以找出好的工作方法，之后要善于运用它们，以做出成绩，赢得机会。

3. 对于新员工缺乏指导的耐心

有些老员工认为只需做一下示范，新员工就能很快掌握工作技巧。其实这是个误区。那些对老员工而言轻而易举的事情，对新员工来说，也许是相当困难的。老员工最好能详细地解说一切，遍数要多一些，尤其是在刚开始的时候，这样做胜过粗略地讲一遍让新员工自己在错误中摸索。对此，领导者应对老员工说明，并适当对其进行监督和指导。

4. 时间管理不彻底

工作一定要在规定的期间内完成，这是工作的准则。但是，有不少老员工往往没有什么时间观念，因此必须下功夫彻底改善他们对时间的管理能力，以免对新进员工造成不良的影响。具体可以这样做：

养成快速准时的习惯。做每项工作都要给自己定出一个时间限度，何时起、何时止，都要确定；能用半小时做完的，绝不拖到一小时。教导老员工从今天做起，当日事当日毕，将之变成一切行动的准则。

找出浪费时间的原因并改进。指导老员工做好时间消耗记录。在做完每一件事的“当时”，立即记下所耗的时间，可以每天一小结，连续记录两周或一个月，然后进行一次总结性分析，看看自己的时间究竟用到了什么地方，从中找出浪费时间的原因，并尽力改进。坚持这样做，能极大提高工作效率。

对于员工的错误，指正胜过纵容

人孰能无过。在工作过程中，下属出现过错，如果是因一时疏忽而造成的无意过错，作为领导的你应该完全谅解。如果你总是抓住员工的错误不放，甚至认为员工一有错误便不可再重用，那就大错特错了。这样不但不利于他改正错误，还可能形成对你的怨恨，甚至使人才流失。

所以，领导者对下属的缺点和失误应宽容对待，不能因为下属有错误就放弃不用或歧视。对于犯错误的下属，国际旅馆业老大希尔顿总是习惯地说：“没什么，只不过是点小错误！我在年轻时犯过比这更大的错误。有错误就意味着进步，表明你正在努力地工作，只有什么也不做的人才完全不犯错。”

或许希尔顿的话容易被人曲解，他们会本能地认为下属犯错不算什么，因此开始纵容下属无限制地犯错。

在职场上，有些领导者明明看到了自己下属工作中的不合格或失误，却往往碍于某种关系或者情面而不好意思说出来。如果你总是纵容员工这样做，你就会发现，员工总是在犯错误，工作永远达不到标准。

纵容个别员工，也会对其他人的情绪产生很大的影响，他们会感到愤懑，“凭什么就他一个人犯错不受惩罚？”于是，其他员工也会效仿，因为他们觉得工作达不到标准也不会受到惩罚。

纵容不合格的工作就是对你的团队的不负责任，如果希望你的团队表现优良的话，就应当在发现错误后，马上指正，不论这个错误发生在谁身上，很严重或是不太严重，都不能忽视。

领导者对自己的公司应负主要责任，但这并不意味着下属就可以不负责任。对于下属的漫不经心、玩忽职守，绝不可姑息，否则下属将习惯于受到过度保护，成为完全不负责任的人。

李达坐在办公室里，手里拿着下属刘林交过来的一份工程项目报价表，他看了几眼，然后把它放在办公桌上。这是一份比较简单的报价表，内容不多，格式也要求不高，但是李达还是看到了几个明显的错误。有的甚至是打印错误，有些地方的格式也不符合要求，前后格式竟然不统一，计算上也存在着明显的错误。更不应该的是，最后的整个预算价格要比原来的要求高出好多。李达一看就知道是错误的，但他仍然摆出一副很认真的样子，看了好几次刘林的报表，然后说：“刘林，这份报表的有些地方还要你看一下，拿回去再认真地检查一下吧，不过我希望你能按原定计划准时交给我！”这时候，李达只是听刘林申辩了两句，但是没给刘林任何推脱责任的狡辩机会，因为这是他工作范围内的事儿！

纵容下属不合格的工作会给以后的工作埋下隐患，如果迁就你的下属，使他在工作上可以蒙混过关，可能会导致很严重的后果。领导者对自己的公司应负重要责任，但这并不意味着下属就可以不负责任。对于下属的漫不经心、玩忽职守，绝不可姑息，否则下属将习惯于受到过度保护，成为完全不负责任的人。所以，当你遇到下属的工作出现失误时，必须立刻指出来，并给予对方适当的指导。为此可以从以下几个方面入手。

1. 找出错误的关键所在

一个不合格的工作结果可能会有好几个错误的地方，你可以指出来，也可以指引对方自己去发现、去发掘。员工所犯错误的重要性一般都会有所不同，这时就必须确定哪些错误是关键的、致命性的，哪些错误是细节性、仅仅影响细枝末节的。不同层级的错误对工作的影响也有所不同，你可以按照错误的重要性来给错误排序，确定哪些是需要马上改正的，哪些是可以拖一拖的，因为如果想让犯错的员工把他的错误一下子全部改过来，比较吃力，要一步一步地来。

2. 让员工对自己的错误负责

领导者可以适时与犯错的员工面谈，以便更好地了解员工的特点，也可以给员工一个申辩和提问的机会，但是不要接受他的狡辩、托词或其他岔开话题的举动，整个谈话的过程都要集中在员工所犯的错误身上，让他明白所犯的错误的危害性，严肃地告诉他，这些错误不但是对自己工作的不负责任，也是对整个团队的不负责任，让他明白这些错误可能会使整个团队的工作功亏一篑。应力图通过谈话，使员工认识到自己的错误。

身为领导者必须要求下属凡事负责。“由于你的疏忽所造成的损害。必须以超出目标 10%的任务量作为补偿。”“往后一周每天提早半小时上班作为处罚。”说明理由之后，坚决要求下属负起应负的责任。姑息、妥协、默许等只会对下属及组织造成负面影响，为了培养下属的责任感，必须毅然采取果断态度。

3. 帮助员工改正自己的错误

领导者要给犯错者改错的机会，教给他们改错的方法。在如何改正员工错误的问题上，可以设一个计划，比如说“每天少一错”计划，并让员工之间相互监督，共同提高。可以在计划中对员工要改正什么样的错误以及要改到什么程度都作出具体的规定；也可以在办公室的墙壁上写上一些格言警句，让员工时刻都能够看到，比如说：“在通往成功的道路上，谁能够克服自己的缺陷，谁就能跑得更快！”等，时刻激励员工。

下属犯错且不可纵容。要教育引导下属正视不足和失误，只要他能认真反省失误，他就能在下一次做同类事情时避免犯同类错误，他会比从没有犯过此种错误的人更有经验，更能把事情做成功。

纪律培训，使员工在规则内行事

“没有规矩不成方圆。”不管在企业或事业单位，纪律都是领导活动中必不可少的一个重要方面。要培养一支工作高效的员工队伍，首先就要从团队的纪律抓起，要有严格的纪律，有法必依，令出必行。纪律在组织中有着至高无上的地位，单靠礼和情并不能完全领导好下属，只有依靠纪律才能正常开展工作。那么，领导者对员工进行纪律培训就是理所当然的事情了。

但令人苦恼的是，许多领导者或许都有这样的体会：单位里制定的许多规则、条款，在很多时候根本就不管用。为此他们也实行了一系列奖惩措施。比如，有些领导用随机抽查的办法迫使员工背纪律手则，一条一条地背。如果不幸被抽查到，却有某条或某几条答不上来，就会被扣分或罚款。有的领导者经常组织员工开展纪律知识方面的竞赛，通过奖励的办法来调动员工遵守纪律的积极性。

奖也好，罚也罢，活动开展得轰轰烈烈，可很难在实际工作中收到效果。这是因为领导者没有对下属进行有效的纪律培训，没有使员工真正认识到服从纪律的重要性。

在纪律问题上，著名的西点军校的巴顿将军从不含糊。他深知，纪律比任何规则都重要。他曾说过："纪律是保持部队战斗力的重要因素，也是发挥士兵潜力的关键。所以，纪律应该是永远存在的，它甚至比战斗的激烈程度和死亡的可怕性质还要强烈。"正因为巴顿认识到了纪律的重要性，所以他一向坚决执行；并想方设法增强下属的纪律意识，这是他所领导的团队具有非凡战斗力的重要因素之一。

第二次世界大战中，巴顿根据自己长期的治军经验，认为一支纪律松懈的军队是不会有所作为的。因此，他决心从整顿军纪入手，对自己率领的军队进行严厉整顿。

巴顿首先从严格作息时间抓起。一天早上 7 点钟，巴顿按作息规定准时到食堂就餐，发现只有他的参谋长加菲来了。他当即命令厨师马上开饭，1 小时后停火。并发布命令："从明天起，全体人员准时吃饭，半小时之内完毕，否则按违纪处置。"由于巴顿抓住了吃早饭这一环节，从而杜绝了军人上班迟到的现象。

接着，巴顿发布了强制性的着装令：凡在战区，每个军人都必须戴钢盔、系领带、打绑腿，后勤人员亦不例外。对于违反此命令者规定了相应的罚款数额。巴顿半开玩笑地说："当你要动一个人的腰包的时候，他的反应最快。"

尽管如此，还是有些人不以为然，不断出现违纪现象。得知这一情况后，巴顿亲自带人四处巡视，把不遵守纪律的人强制集中起来，进行粗鲁的训斥："各位听着：我绝不会容忍任何一个不执行命令的兔崽子。现在给你们一个选择的机会，要么接受罚款，要么送交军事法庭，并记入档案，你们自己看着办吧!”这些士兵只好乖乖认罚。

尽管巴顿的这种做法招致了许多人的反感和咒骂，但这样做的效果却是非常明显的。

通过严格的纪律训练，第二军在短短的十天内就重新振作起来了，进入了战斗状态。后来在盖塔尔战役中一举打败了德军。

巴顿能快速改变一支部队的“执行力”，依靠的是“纪律”的力量。但培养下属的纪律意识不能太过于强硬。巴顿也并不是强硬的命令者。他经常深入基层和前线考察，乐于听取下属的意见，而且身先士卒，与下属战斗在一起，从而使他们愿意听从他的命令，愿意服从他的指挥。

培养下属的纪律意识需要耐心，也许需要很长时间，纪律观念才能深入人心。开始众人可能只是为了不得已，但时间一长习惯成自然，员工会逐渐地把原本强制的行为变成一种自然的行为，最终变成自觉的纪律，从而在自律的基础上，为组织目标的实现贡献心力。

作为领导者，应该如何对下属进行纪律培训呢？具体可从以下几方面做起。

1. 从员工的生活抓起

在员工用餐时，领导者可以组织一个检查组，检查一下员工是否讲究卫生，如检查一下他们的碗筷洗干净了没有，等等；再注意看一下他们吃饭的坐姿、拿筷子的方法正不正确；盘子里剩菜多不多。如果以上不合格，就马上说明并要求其改正。吃饭过程中，不能允许他们大声说话、喧哗，发现此种行为就应立即制止，让他们从小事上养成服从纪律的习惯。

在员工的宿舍里，应要求其随时保持整洁，核定的标准要具体一些。比如可制定如下条例：被子要叠放整齐；鞋子必须摆放在床下面；个人的牙刷必须头朝上放在牙缸内，众人的牙缸要放在一处，摆放整齐；在墙壁上不准乱贴乱画，等等。

对员工定期进行检查后，可评出优、良、差，或者用打分的形式，使员工警醒，从而增强纪律意识。

2.定期对员工进行军训

如果组织内条件许可，可以每年对员工进行一两次军训，或者每周都抽出一些时间，把员工集中起来进行训练。企业甚至可以将军训以制度来规范。如著名的奥康集团建厂后就明文规定，每名新员工上岗前必须先接受为期一周的严格军训。因为员工都来自不同的地方，每个人的体质、作风、兴趣等不同，通过军训有利于使员工克服畏苦畏难、作风散漫、意志脆弱、纪律观念淡薄等缺点；有利于培养员工团结友爱、互相帮助的集体主义精神，增强组织纪律性，为团队目标的实现提供保证。这样就可以强化纪律，达到培训的目的。

引导员工“自我培养”、自我超越

一个成功的领导者应该是一个善于引导员工进行“自我管理”的人。真正高明的管理，是帮助和引导员工实现自我管理，而非耗费大量的时间和精力对员工进行培训。IBM公司以对员工的终身培训制度著称。但是，我们或许不知道，其员工不仅能遵守既定的规则、信守公司的价值理念，同时还具有突出的创新精神。这其实是因为员工已经在很大程度上实现了“自我管理”。

“自我管理”的意思是，员工根据组织的发展战略和目标，自主制订计划、实施控制、实现目标，即“自己管理自己”。

员工自我管理的范畴大致包括：培养自我约束力以及自我激励能力，在工作中表现出主动性和能动性。对所承担工作和设定的目标有信心，有克服困难和战胜挫折的勇气，懂得尊重同事，能在工作中体现出协作精神，对学习、进步及荣誉有追求的兴趣，等等。

自我管理不是一种自发的现象，它需要引导。领导的引导方式在较大的程度上决定了员工自我管理的效果。

西门子公司的领导者在员工管理上有深刻见解，他们提出了“自己培养自己”的口号。他们善于激发员工的学习愿望、让员工在创造性的工作中体会到成就感，同时能引导员工不断地进行自我激励，以便能不断创出新业绩。

引导员工进行自我管理不但是可能的，也是一种积极的目标，但是真正做到却非常不容易。企业领导者可以根据员工的实际情况具体实施。下面简单介绍几种方法，以供参考。

1. 帮员工学会自我激励

领导者要想使员工工作有效率，首先就要让员工培养起自信的心理。一个人如果丧失了自信心，整个人就会显得萎靡不振、毫无活力，而且是永无长进。自信能力是一名员工不可或缺的创造源泉，也是影响其工作能力的重要因素。

领导者在培养员工的自信心时，要使其学会自我激励。每个员工都要善于发现自己的闪光点。在工作过程中，总难免会遭遇挫折，陷入困境。此时，一定要学会自己鼓励自己！如果想得到自信，首先应弄清自己身上的优点、长处，一条一条都记在心里，不断地告诉自己：“我身上拥有无限的能力和无限的可能性。”当学会了自我激励，选择和发挥自己的优势潜能时，就自然产生了自信。

领导者为了增强员工的自信心，要亲近这些人，多与他们进行交流，在对他进行一番详尽的了解后，可以进行鼓励和夸赞，用心去发掘他不易被察觉的长处，证明他们并不比别人差多少，也一样可以干得很出色，从而激发他们的上进心和自信心。

“你很不错，只是你自己没有发觉，你以前曾做过××事，那时候你的表现真是好极了。”

“不要管他人对你的看法，只要你不感到愧对自己就行，要堂堂正正地挺起胸膛来。”

试着夸赞员工的优点，能激励他勇往直前，从而逐渐增强自信，将工作做得更出色。

2.鼓励员工读书学习

自我培训的最好老师是书籍。员工选择与自己的工作技能最相关的书籍并阅读，就等于购买了的知识和经验。读书的过程就是和专家对话的过程，专家会将自己的成功心得和做法娓娓道来，员工只需认真倾听并信任和实践它。

著名的台塑企业，除了对员工进行正式培训外，还要求他们在工作中进行自我训练。为此，他们特意编制了“品质作业规范”。它是一个总册，里面依据工作性质的不同，再分别设计成一本本的小册子。任何现场员工，只要有一本属于他本人工作项目的“品质作业规范”，就能了解自己的工作细节，从中学习工作技能。

自我培训的根本含义是激励员工的自我学习、自我追求、自我超越的动机。要想真正实现这些，领导必须做好各方面的准备，建立健全培训激励机制，从制度上对员工的自我培训进行激励。如对学习成果进行奖励、对学业晋升实施奖励、对技能水平达到一定高度的员工进行晋升等，借此形成人人学习、人人追求上进的良好局面。

3.积极利用国际互联网

在信息爆炸的时代，如果能利用好互联网，将给员工打开一扇通往成功的天窗。互联网本身就是一个信息共享、联系外界的工具，只要领导者采取适当的办法，进行适当的引导，就能发挥互联网的强大优势。比如规定合适的开网时间，到开网时间，工作任务不急的员工可以查阅资料、阅读新闻、浏览信息等。

广东北电通信设备有限公司为了鼓励员工学习，特引进了E-learning（数字化学习）系统，在这个统一的系统平台上，员工能够通过局域网、外部网学习共500多门课程，进行不同类型的培训，人力资源部也会指导各部门负责人创造支持学习的环境。同时，公司自主开发了领导力课程，供内部不同层次的管理人员学习。

领导者引导员工实现自我管理是个人得以成长发展的前提。这个前提也是公司能否做大做强的关键要素，值得领导者深思及重视。

第八章

化解团队矛盾，和谐的队伍无往不胜

组织内必然存在着各种各样的人。领导者要针对不同类型人的特点，对他们合理控制，用非常手段来增强管控力。与同级相处时，要多一些理解与支持；对年轻的员工要言传身教；对“老上级”要注意礼教；管理“刺头”员工要因势利导。处理好与周围人的关系，就能为顺利地开展各项工作提供人际帮助。

同级相处，配合胜过“拆台”

很多领导者在工作中没能处理好同级关系，以致给工作带来了阻力。

关欣成为一名企业领导后，把全部精力投入到了团队业务中，然而，半年过后，企业的反馈结果却让他大为震惊：下属对他拥戴，同事却对他有意见，领导对他颇失望。总之，他的业绩评估不及格。他真有欲哭无泪的感觉。

很显然，关欣主要败在了处理同级关系上。这种只关注下属而忽略同级相关者的领导风格，我们不妨称之为“一”型领导。这样的领导，不是好领导。如果不花心思主动建立与平级之间相互信任、相互支持的关系，就不能确保有效的跨团队、跨部门协作，就无法得到真正的业绩和领导的认可。

同级间的相处，是指在领导活动的过程中，同一级别的领导者之间存在的一种横向人际关系。同级关系具有直接、经常、密切、频繁的特点，因而在一些问题上更容易产生立场、观点和意见上的分歧。这样的分歧如不能及时妥善解决，就可能引起冲突。例如在企业里，同级领导对人员的使用升降、奖惩，对产品的开发、工艺的改进等，都可能发生分歧，之后引起冲突。

领导者都有各自的目标和利益。为了自己的目标和利益而与其他同级领导发生冲突是常有的事。有时是互相争人员、争设备、争资金；有时是由于分工不合理、负担不均衡；有时是因荣誉或收益问题而产生矛盾。

如果一个组织内的同级领导之间长期处于敌对仇视状态，必然会影响到各项实际工作的进展，也会给上级留下不堪重用的坏印象。所以，领导者应以积极的态度解决矛盾、淡化冲突、消除误解，携手前行，开创新的工作局面。

领导者要想处理好同级之间的关系，应本着以和为贵，利人利己的双赢原则，一般应注意以下几点。

1. 分清职责，互不干涉

领导者与同级相处，应当分清职责，知道哪些权力应由自己行使，哪些应由对方行使，不干涉对方职权范围内的事务。正职要注意“抓大放小”，该由副职抓的工作要放手让副职去做，决不乱插手。这样副职才能更好地履行自己的职责，也才能更好地对正职负责。

插手其他部门的事务，往往会造成同级关系极度紧张。在工作过程中，与兄弟单位、部门发生矛盾是难免的，但出现问题后只能向对方建议、反映，而绝不能横加干涉或直接处理。如果处理对方的问题盛气凌人，咄咄逼人，而处理自己一方的问题时则轻描淡写、包庇纵容，是搞不好团结的。如果对方置之不理，也只能通过正当的途径向上级反映，由上级去研究处理。

2. 积极配合，互相补台

同级之间应当积极主动地配合，齐心协力地工作，以求得最佳的整体效应。任何一个部门及其领导者，都需要与其他部门和领导者配合。既然是同级，都同属整个组织的一部分，工作上存在着密切的联系，那么只有保持经常沟通，及时联系，才可能进行有效的合作。

现实生活中，平级之间因为存在利益冲突，往往缺少坦诚的沟通交流，因而容易相互猜疑或者互挖墙脚。

在某家企业里，财务部和营销部领导长期缺乏沟通，因而在一些事情上，两个部门经常扯皮，影响了企业的声誉。上级领导发现了这个症结，就把两个部门的领导找到一块，叫他们推心置腹地沟通。原来两个部门长期有隔阂，是因为他们的下属背地里都在说对方的坏话。经过上级领导做工作，两个部门的领导握手言和，都作了自我批评，表示要严格管束自己的手下人，为公司的共同利益而密切合作。此后，这两个部门经常沟通，工作非常协调。

一个优秀的企业，强调的是精诚合作。因此同级之间的沟通十分重要。同级之间要想沟通好，必须开诚布公，相互尊重。为了沟通有效果，同级领导者应当正确把握“集体利益”与“个人政绩”之间的关系。唯有处理好了这个关系，才能真正做到坦诚沟通、积极合作。

同级之间在积极合作的同时，还应强化补台意识，采取行之有效的补台措施。当同级有困难时，应当主动出谋划策，帮助解决；当同级工作上出现差错时，要加以引导，帮助弥补。即使你工作再忙，也千万别忘了主动向同级提供有用的资料、信息和建议，只要你能够坚持下去，就一定会赢得同级的感激和回报。

3. 容人之长，互相学习

同级相处，不仅要有“容人之短”的度量，更要有“容人之长”的胸怀。处于同一层次的领导者之间，由于资历、阅历、学历等方面的不同，因此无论是在能力、水平还是在修养方面，都存在着一定的差异。对此，应当积极地向对方看齐，虚心地拜对方为师。

在某单位的一次公开招聘中，赵贤战胜了其他几位竞争对手当上了经理，许多同事对他表示祝贺和赞赏，有人甚至当众夸奖他是几位候选人中实力最强的。赵贤却坦诚地说:“其实几位候选人各有所长。论管理我不如老张，论经营我不如老周，论公关我不如小王。”赵贤的诚意没有停留在口头上，他就任后对其他几人根据各自特长作出了相应安排，并不时向他们请教问题。宽厚的气度使他赢得了大家的尊重，也使他在工作中取得了显著成效。他上任后没多久单位就扭亏为盈，蒸蒸日上。

主动地向对方看齐，虚心地拜强者为师。这既是对领导者“气度”方面的要求，也是领导者处理同级关系的重要原则。

4. 学会分功，共享荣耀

在同级之间的激烈竞争中，适度表现自己是无可厚非的。但是，表现自己要分场合、分方式。表现自己的时候，态度一定要诚恳，不可过于张扬。特别是在众多同事面前，如果只有你一个人表现得特殊、积极，往往会被人认为是“另有所图”，常常会遭到众人的攻击。所以，智者在成功地做完一件事时会谦虚地说：“功劳是大家的。”

为了你的远大抱负，不必斤斤计较眼前利益，而应大大方方地把功劳分给你身边的同事。这可以使你赢得同事的回应与支持。

用“大胸怀”为员工搭建“大舞台”

领导者和下属员工相处，最重要的是胸怀宽广，具有容人之量。宽容的度量就是领导者的成熟度，它标志着领导者的自信心和迎接挑战的能力。宽容的结果是创造出一种和谐关系，创造出一个能令下属最大限度地发挥其积极性和创造性的良好环境。

任何一个领导，即使具有良好的性格和修养，也是难免要与下属发生各种矛盾冲突。有时双方在日常的工作中会为了某事发生摩擦，甚至争得面红耳赤。此时，不管你正确与否，既然矛盾已经产生了，就不要回避，要拿出宽容的气度原谅对方，与对方冰释前嫌。

著名的希尔顿大饭店的创立与发展，与希尔顿出色的领导才能和宽广胸怀是分不开的。

“善待下级”是希尔顿为自己订立的原则。希尔顿待人非常宽厚，从不求全责备，对下属所犯的错误通常采取宽容的态度，主要是基于他的这种见解。他始终认为和坚持：“只要企业的高层领导的决策是正确的，员工犯些小错误并无碍于大局。如果一味地责备，反倒搞得人人自危，从根本上动摇了企业的根基。”他的这种理念，经实践检验是有效的，增强了员工工作的积极性和自主性，从而对公司的长远发展发挥了积极的作用。

应该说，上下级之间产生矛盾，双方都有责任。一般来说，双方主观上都希望与对方建立良好的关系。但实际情况是，上下不和，存在误会与隔阂，彼此争斗不休的状况时有发生。其主要原因之一就是双方之间不能及时沟通，以致双方越闹越僵，不可收拾。

要解决这种矛盾，作为矛盾的主导者，领导者应首先从正视自己开始，调节自己的情绪，寻找自身的原因，确定解决矛盾的最佳姿态。即使造成矛盾的主要原因在对方也应如此。一般说来，通过“正己”都能产生好的效果，促进矛盾的化解，营造团结和谐的工作氛围。放下领导架子，主动出击才能赢得先机，才容易感化及影响对方，进而改变其行为。

作为领导者，应该用“大气度”为员工创造一个“大舞台”，即便错在员工也不要大惊小怪，这有益无害。

1. 被下属误解时，要有度量

被下属误解，大多数是因为情况不明或双方看问题的角度不同。在诸多关系到下属切身利益的问题上，比如职务晋升、评优评奖等，下属经常容易误解领导者。此时，不能与下属赌气，不能认为主动找下属交谈就是输理，就是掉价，而是要因势利导，主动找其谈心，说清情况，讲明道理解开思想疙瘩，消除误会。

2. 被下属批评时，要有度量

作为领导者，应具备容人、容言、容事的气量。一般来说，下属能坦诚地批评领导，这本身说明下属出于公心，以事业为重。因此，领导者对下属的批评应持热情欢迎的态度，不论是正确的批评还是错误的批评，都应耐心倾听，切不可当面表示欢迎，背后给下属“穿小鞋”。

3. 被下属顶撞时，要有度量

当下属顶撞自己时，要保持冷静，不要使用过激的言辞刺激下属，以免火上浇油；不要非与下属争个高低，以免使下属的顶撞愈演愈烈，最终难以收场。有的领导者头脑不够冷静，与下属唇枪舌剑，闹得不可开交，这样的结果往往是两败俱伤。因此，领导者对顶撞自己的下属应宽宏大量，不要往心里去，不要记账记仇。可在事后找一个适当的时间和其谈话，给予必要的批评、教育和引导，使其提高认识、改正不足。

4. 下属犯错误时，要有度量

人人都会犯错误，错误是不可挽回的，但不能“以成败论英雄”，更不能因此歧视、斥责下属。否则，只能使下属的信心再受一次打击，甚至产生“破罐子破摔”的想法。也许他原本是个很有才华的人，却会从此一蹶不振。

人，孰能无过。在工作过程中，下属的过错如果是因一时疏忽造成的，作为领导的你应该谅解。如果你总是抓住员工的错误不放，那就大错特错了。这样不但不利于他改正错误，还可能形成对你的怨恨。所以正确的做法是：信任他们，该用就用，没必要提他们过去曾犯过的错误。处理犯错误的人，要本着教育从严，处理从宽的原则，决不能使员工心灰意懒，丧失积极性。

江哲大学毕业后进入一家公司工作，一天，领导将某会议所应准备的资料交给他处理，但他却忘了核对资料中的数据。当领导带着这份资料走入会议室后，他才突然想起，并将备份资料重新看了一遍，结果发现许多数据与事实不符。

他急忙打电话到会议室告诉领导此事，之后，他做好了挨评的准备。然而，会议结束后，领导竟出乎意料地说：“谢谢你提醒我，请你以后工作务必谨慎些！”

他听完此话后，觉得很放松和感动。此后，他在工作中变得异常细心，对每一处细节都很注意，不放过任何一点微小的错误。

新人不犯错误是不可能成长的。犯错后，只要帮助员工正确对待，他一定会产生自责感和将功补过的决心，这样也必定会为做好今后的工作打下良好的基础。

允许下属犯错误，允许下属在工作中出现合理的失误，有着很重要的意义。一是领导者的宽容大度，能够形成亲密和谐的上下级关系。二是能形成一种宽松愉悦的工作氛围，增强下属的主动性，他们就会以无比的干劲儿和热情，付出几倍甚至几十倍的努力去工作，完成平常难以完成的任务。三是下属在工作中打消了顾虑，不寻找借口隐瞒过失、错误，并能自觉找出失败的原因，从而吸取经验教训，以免重蹈覆辙。

员工犯了错误，领导如果抓住不放，势必会使犯错误的员工感到无路可走而自暴自弃，破罐子破摔。其他的员工也会因怕犯错误被斥，从而不思进取，要么干脆另谋他就，另攀高枝。所以，作为领导者应当容忍一时犯了错误的员工。这并不能说是领导者软弱和无原则，而能表现出领导者的宽容大度。有时领导的胸怀要比志向更有作用。

总之，对下属的过错，领导者该原谅的要原谅，该包容的时候一定要包容，做到小事讲风格、大事讲原则。这就要求领导者在平时要不断提高修养，与下属相处要有度量。

处理下属间的纠纷，需采取有效的方法

有人的地方就有矛盾，作为领导人，在每天要处理的诸多事务中，下属之间的冲突常常是难以避免的。如何调解下属之间的纠纷，处理下属之间的矛盾，实在是个棘手问题。处理得好，化干戈为玉帛，握手言和；处理得不好，一旦招致下属的埋怨，恐怕就会成为难以解开的死结，阻碍工作进展。

那么，面对下属之间的矛盾，如何解决才好呢？一个善于化解矛盾纠纷的领导者，能置身事外，善于在派系林立、矛盾纷争中寻求平衡。下属之间的纠纷有时不易分清和处理，令你不知如何是好。此时你既不可袖手旁观，又不要深陷其中。此时保持客观态度，尽量淡化事态，妥善解决矛盾，这才是最佳选择。

武则天在位时，狄仁杰和娄师德同朝为相，但二人向来不和。武则天见状，心里很是焦虑。但她并没有让自己陷入二人的具体矛盾中，而是超然物外，积极化解。武则天认为，问题的症结在于狄仁杰恃才傲物，看不起娄师德，总是想方设法排斥他。经过一番研究、琢磨，武则天选好了解决问题的方法。

一天，武则天突然问狄仁杰：“我信任并提拔你，你可知道其中的原因吗？”

狄仁杰回答说：“我凭文才和品德受朝廷任用，绝非依靠别人来成就自己的事业。”

武则天沉思了一会儿，对狄仁杰说：“其实，我原本并不了解你，你后来之所以能得到朝廷的重用，全靠娄师德的推荐呀！”

随后，武则天命人找出几件娄师德推荐狄仁杰的奏本，让狄仁杰看。

狄仁杰仔细地看完后，不由得满面惭愧。多年来，自己一直对娄师德有成见，甚至想排挤他，没想到他却一直在皇上面前举荐自己。

想到这里，狄仁杰连忙跪倒在地，惶恐地向武则天承认自己有罪。武则天并没有责备他，而是原谅了他。此后，狄仁杰对娄师德另眼相看，二人共同辅佐武则天，将朝政治理得井井有条。

武则天超脱狄、娄二人的矛盾之外，通过冷静观察和思考，找到了巧解臣怨的妙法，对狄仁杰动之以情、晓以大义，达到了调解二人之间矛盾的目的。

下属之间有矛盾时，领导要善于及时发现和妥善处理。处理矛盾冲突不能简单地打压和放任，需要采取行之有效的方法。

1. 折中法

领导者可能常常碰到这样的情况：矛盾的双方均持有一定的道理，但又失之偏颇，很难明确地判明谁是谁非，很可能是“公说公有理，婆说婆有理”。这时，为了顾及双方的立场、尊严，并希望能保持和谐的工作环境，因此可采用“折中法”进行调和。

运用折中法处理，一般都可达到这样的效果：既揭示了双方观点的偏颇之处，又没有打击双方的自尊；使双方都看到了对方观点的合理之处，营造了一种取长补短的氛围；领导者保持了超然态度，同时也就保持了自己仲裁者的地位，树立了自己的威信。

领导者可适当选用折中法。在很多情况下，对矛盾双方的观点加以折中处理都是有效的方式。

2. 协商法

协商法是一种较普遍的矛盾冲突处理方法，同时也是最有效的冲突解决方式之一。当冲突双方势均力敌，双方的理由都比较合理时，适合采用这种方法。具体做法是：领导者首先要分别了解冲突双方的意见、观点和理由，接下来组织一次三方会谈，让冲突双方充分地了解对方的想法，通过有效地交流、沟通，最终达成一致，使双方的冲突得以化解。

对于双方心中的矛盾焦点，不能堵，不能压，要坚持既疏又导，在疏通中引导，在引导中疏通，起到“活血化瘀”的作用。

3. 隔离法

隔离法就是将矛盾双方分离开来。在矛盾发生时，往往当事人双方情绪都非常激动，都希望你能立即判断出谁对谁错，解决这个矛盾。这时你千万不要火上浇油，立即处理矛盾，因为此时的双方情绪激动，往往你无论怎么处理，双方都不会满意，还会误认为你偏袒一方。此时，领导者必须先使自己冷静下来，对所发生的矛盾有一个比较深入的认识，然后才能据此采取有效的行动。

凡是矛盾都有既对立又统一的两个方面。如果将矛盾的双方分离开来，那么这个矛盾就会消失或改变其形式，这种特定的矛盾就会得以解决。例如两个员工在一个部门，日久生怨，闹起了矛盾，怎么处理呢？最好的方法当然是将两个人“分离”开，使其不再经常见面，“马勺”再碰不到“锅沿”。

在领导工作中，善于运用“隔离”法往往可以起到很好的效果。实际上，在各种组织机构中，隔离法是运用最多的矛盾冲突处理方式，是单位内部调节人际关系、提高工作效率的重要方法。

4. 回避法

有时，在有些不是太严重的矛盾发生后，领导者可以选择一种消极的回避办法，无视矛盾的存在。通过回避法，可让冲突双方有和平共处的机会，借机重新审视矛盾，消除分歧。领导者此时应将两个群体的注意力引向他们之间的共同点，尽量设法掩饰他们之间的分歧。

值得注意的是，对于某些不太严重的矛盾，采用回避方法是合适的，但在处理群体间的矛盾时，最好还是要采取积极主动的方法，以免后患。

化解下属间的矛盾应遵循公正、平等的原则。它要求领导者要公平合理，不偏不倚。如果领导者任意妄为，偏袒某一方，或总是以高人一等的身份出现，盛气凌人，那么矛盾非但无法化解，反而会加深加剧，无法收拾。

放低姿态，学会与“老下级”和谐相处

领导者的年龄如若比员工大一些，工作经验丰富一些，对员工的管理可能会比较容易些；但如果领导者较年轻，其员工又是一些工作经验丰富的老人，而且这些人还经常倚老卖老，对组织的规章置若罔闻，甚至故意挑战领导者的权威，那么领导工作就会有一定的困难了。

有不少年轻的领导者都抱怨，最让人头痛的就是老下属。因为他们年龄大了，知识技术有点儿落伍，再加上多少有点儿威望，犯了错误不好指责。如果这种下属再有点儿不服从管理，任何一个年轻领导者都会头痛。比如，当你的一位老下属把一件工作搞糟了的时候，你还没来得及去批评他，那位老下属有可能就要先指责你：“因为你没有把工作指示清楚，布置好工作就不管不问了，让我做起来无从下手，不敢做决定。”

当遇到了这种老下属你该怎么办呢？你真想把他们集中起来，调到一个部门去学习几天或是就在本部门接受集体培训！但这并不是解决问题的好对策。关键不是在于他们没有知识，而在于不服从领导，对他们的工作不太满意。

遇到这种情况，领导者切莫认为三言两语即可改变现状，应该设法诱导，慢慢说服老下属。当然，这需要花费相当多的时间和精力。虽然不容易做到，但还是值得一试。

年轻的领导者要得到年长的员工的通力合作，首先就不能恃权傲物，向他们摆出一副上司的架势。要得到老员工的支持，就得放低姿态，了解他们的心态，像朋友一样和他们交往。

一天，王实交给一位老下属制订月度计划的任务，并要求其在两天内完成。到了第三天，对方还没有交给他。王实看到，那位老下属甚至在办公室内和他人谈笑风生，完全没有忙于赶计划的意向。王实觉得，是到该好好谈谈的时候了。

下班后，王实约了那位老下属到茶馆坐坐，并亲自给他斟上茶。在幽幽的茶香中，王实谈到自己的成长经历，谈到自己的人生观、价值观，谈到自己的工作经历，谈到在这个公司得到的帮助和自己的奋斗经历以及对未来事业的种种憧憬，等等。总之，王实推心置腹地和那位老下属聊了很多。王实并没有希望从他那儿得到什么，只希望让他真正地了解自己，而对于工作本身，并没有多谈。

第二天，王实一到办公室，就看到办公桌上工工整整地摆着月度计划。

看来，要想征服老下属，和他们的交谈显然更加重要。交谈是为了理解。如果能赢得元老的理解，无疑就会赢得更多下属的心。领导者一定要积极听取元老们的意见，并将他们当作顾问，也就是说，让元老们切实地感到：他们的资历和意见备受领导重视。

领导者千万不要对老员工存有偏见，以免影响合作。在日常工作中，有些领导者不善于管理工龄比自己长、年龄比自己大的下属。他们有的在处理这些下属的问题时丧失了原则；有的对这些下属失去了控制；有的对这些下属的管理缺乏力度，结果给工作带来了不良后果。那么，作为领导者，如何才能管理好这些“老资格”呢？

1. 以人格力量影响下属

对于那些工龄、年龄比自己长的下属，应尽量以人格力量影响。如果你不注意自己的言行，放松对自己的要求，就会被一些“老资格”看不起。作为领导者，必须时时处处严格要求自己，要求下属做到的，自己首先做到；要求下属做好的，自己首先做好，并积极出主意、想办法，帮助下属做好。要知道，良好的人格形象是赢得下属尤其是那些老下属信任与尊重的重要条件。

2. 要有谦虚的态度

工龄长、年龄大的下属，一般来说都有比较丰富的工作经验，具有对本单位情况比较熟悉的优势。所以，作为领导，要充分看到这些下属的闪光点，看到他们的特长，看重他们的经验，诚心地称赞他们的工作表现，并经常虚心地向他们请教。只有尊敬他们，他们的心理才能平衡，才能心甘情愿地为企业服务。

林洋初任部门主管的时候，有一位颇有能力的老同事经常找碴儿，与他过不去，但他没有针锋相对，而是采取了“示弱”的办法。他亲自找对方交谈，承认自己的弱点和不足，最后说：“我本人不管是在工作上，还是在管理上，都缺乏经验，对本部门的情况缺少了解，今后还请您多多指教、帮助。”他高抬对方，贬低自己，故意示弱，收到了将炉火熄灭的效果，那位“老人”后来不仅不再为难他，反而成了他的左右手。

3. 要有宽广的胸怀

有些工龄长、年龄大的下属不愿意接受新观念，对一些问题的看法容易偏颇。有的不那么“听话”，不愿意遵照上级领导的意图，喜欢按自己的想法做事；有的喜欢摆老资格，管得严一点儿，批评多一点儿，就要大发脾气。对此种种，领导者要放下架子，主动找他们谈心，以宽广的胸怀待人，做到小事不计较，大事能论理。只要不是原则问题，只要是有利于团结的，自己吃点儿亏也无所谓。

讲原则时要注意公正，不能厚此薄彼，搞特殊化，尤其是在职务的晋升、工资奖金的评定等敏感问题上，一定要坚持公平合理的原则，力求消除老资格下属心中的误会和不满。

对女性员工的管理要“特殊化”

如今，女性员工在企业界所占的比例越来越大。但出乎意外的是，有许多领导者常因为无法管好女性员工感到烦恼。不少领导者对于女性员工不是鄙视，就是把她们当花瓶供着，欣赏而不使用。

我们时常看到一些领导者，将女性员工捧得高高在上。相反，也有一些领导者则始终鄙视女性员工，他们认为：“女性员工只晓得坐在椅子上当花瓶，如果夸奖她们，她们立刻就得意起来，而稍微一骂就哭，不管她们则又……”这两种观念，都非常极端。如果对女性员工说出这类的话，则无异会激化上下级之间的矛盾。

在单位中，男性领导和异性员工的接触是不可避免的，因工作需要与其沟通更是一项不可或缺的内容。既要获得女员工的信赖，又要避免与之发生绯闻，这令许多男性领导感到烦恼。其实，注意以下几点，解决这个令人发憷的问题并不难。

1. 仔细了解女性员工

一般说来，女性的缺点主要是情绪化、在意别人的看法、优柔寡断、魄力不足、容易受环境影响等。当然，女性员工也有其自身的优点和长处，如心思细密、做事有耐心等。领导者应在对女性员工有所了解的基础上，相处时保持适当的体谅。女性自尊心、虚荣心较强，所以不要轻视女性、伤害她们的自尊，真诚的赞美是不可忽略的，也是必不可少的。另外，态度要温和有礼，不要随便敷衍，因为女性非常敏感。

2. 多与女性员工进行沟通

当你对女性员工心有不满时，需及时沟通。宜选择公开、肃静的场所，以轻松的话语缓和气氛，之后再将话题移入主题，也就是要清楚地告诉她们，希望能够改正现状。这时，要告诉女性员工若是再继续任性下去，最后一定会对自己不利。以女性的特性来说，相信她们都能够坦然接受谈话的内容。当然此过程中应该指出她们的优点，并给予赞美，不要让她们产生敌对情绪。

3. 检查自己的领导方法

领导者应先自我反省，严格检讨自己过去管理女性员工的方法：是否有宠爱女性员工的恶习？是否对女性员工过于娇纵？如果领导者能够严格反省自己过去的管理方法，然后切实修正自己的观念和行为，就可能改变女性员工的行为，提升工作效率。

4. 安排适当工作给女性员工

有些女性员工往往遇事无主见，害怕承担责任。这常常阻碍她们自身能力的发挥，无法成为职业女性。怎样才能使她们自觉成为职业人士呢？最有效的方法是给她们需负责任的工作，促使她们在工作中树立起职业意识和事业心，改变种种不良倾向。

女性员工的共性特点是细致且有韧劲，因此领导者可以根据她们的特点分派工作。应做到用其所长，根据她们的能力来分派工作，并指导她们如何发挥潜在的能力，以满足她们自我实现的需要。最好是在刚开始时给她们责任较轻的工作，然后再慢慢地酌情加重。

5. 别姑息、迁就女性员工

领导者在分配较为困难的工作给女性员工时，她们当中的个别人为了逃避责任，往往就会来一句：“我们女人做不了。”如果领导者对她们一味迁就下去，她们就会永远“做不了”。所以，领导者必须严格要求女员工，多做思想工作，不能对其放任。关键是要以理服人、以情动人，使她们认识到工作是不应受个人喜好左右的。

除了以上几点之外，男女上下级之间相处，保持适当的距离显得尤为重要。距离太远，不利于培养融洽的关系和施加影响力。在上下级之间，领导者有尊严才有神秘感，才能吸引人。一旦上下级之间过于亲密，就会失去这种神秘吸引力。因为“亲近滋长轻视”，任何人在他的贴身侍从眼里都成不了什么英雄。距离太近，则容易产生种种不良的后果，使双方都受到伤害。

通用电气公司前总裁斯通与下级交往，就很注意遵循“距离法则”。在工作场合，斯通从不吝啬对员工们的关爱，但在下班时间，他从不邀请员工到自己家里做客，也从不接受他们的邀请。正是这种保持适度距离的做法，使得斯通与员工关系良好，呈现出管理的最佳状态。

与女员工保持合适的距离，需要注意以下几点。

不要轻易到女员工家里去。家是私人生活空间，并不是工作场所。所以，男性领导不要轻易地到女员工家里去。男领导与女员工之间这种私下的接近，超过了上下级之间应有的人际距离，容易让对方反感，以为你在有意靠近她；还容易造成不良的社会舆论，影响彼此正常的生活。

工作上的事在办公室里谈，这是避嫌的好方式。并且，办公室里庄重、正式的氛围也有助于上下级间的交往沟通。

男领导在与女员工相处时，一定要公开、大方，要讲究礼仪、把握好分寸，尽量使双方的关系处在众人目光的监督和保护之下。从长远看，这有利于双方个人的发展前途。

巧施策略，赢得“异己”的支持

领导者通常都会有这样的感悟，管事倒是不怎么费事儿，管人却颇费一番力气。但同时，领导者也明白，管不好人就管不好一切。

在管人的过程中，那些最棘手、最让人头痛的就是对问题员工的管理。在一个组织中，总有这样一些人物：他们有着鲜明的个性，不愿拘泥于形式，有时会表现得极不安分，不知道如何应付压力时，就寻衅闹事，是组织中违反纪律、煽动不满情绪的罪魁祸首。这样的人通常被称作“刺头儿”。

我们会发现，差不多每家企业里，都有很多不折不扣的“刺头”。作为领导，你手下难免会有几个“刺头儿”，这些人对你是有一定危害性的。如何处理与这些人之间的关系，如何应对由这样的人引发的组织冲突，对于领导者来说，实在是一个相当有难度的挑战。

对于这种人一定要设法让其屈服于你的权威之下。当领导者具备了震慑下属的强力时，就能够有效地控制他们了。

清代重臣曾国藩手下战将众多，陈国瑞可以说是其中出了名的“悍将”，他却对曾国藩打心底佩服。这不能不归功于曾国藩管人术的高超。

曾国藩在率军剿捻的时候，他觉得陈国瑞率僧军残部驻扎济宁，过于危险，就把淮军的刘铭传部也派驻到济宁城北的长沟集。陈国瑞向来狂妄自负，他得知刘铭传部配备着先进的洋枪，就由羡慕产生了抢夺的念头。于是，陈国瑞趁天黑率兵突然偷袭刘铭传部，见人就杀，见枪就夺。刘铭传闻讯后大为恼怒，他以暴制暴，把陈国瑞的亲兵全部打死，并将陈国瑞囚禁起来，连饿几天，直到陈国瑞告饶为止。陈国瑞被放回去后，来了个恶人先告状，向曾国藩控告刘铭传。刘铭传自然也不甘示弱。于是，两个人便在曾国藩面前打起架来。

曾国藩目睹所发生的恶斗事件，觉得罪因在陈国瑞。于是，曾国藩立即先将陈国瑞痛斥了一顿，打击了他的嚣张气焰，然后又历数他的种种劣迹暴行，使他知道自己罪不可恕。当陈国瑞感到灰心丧气、无地自容时，曾国藩突然话锋一转，又称赞了他的勇敢、不好色、不贪财等优点，并说他是个大有前途的将才，切不可莽撞行事自毁前程，使陈国瑞又振奋起来。紧接着，曾国藩又对陈国瑞谆谆教导，一番话说得陈国瑞心服口服，于是就势给他订下了“不扰民、不私斗”的规矩。

但是，陈国瑞莽性难改，规矩了没几天老毛病又犯了。曾国藩见状就马上撤去了陈国瑞的军职，责令其戴罪立功，以观后效，并且严肃地告诉他，如再不听令就要撤职查办。陈国瑞这才痛下决心，立誓要改过自新，之后他在作战中立下不少战功，成了湘军中著名的猛将。

“刺头儿”哪里都有，要想降服他们并非容易的事儿。但是你千万别与“刺头儿”对立起来，聪明的领导会因势利导，发挥他们勇猛、善战的优点，让他们为组织出力。

其实企业中的“刺头”也算是企业中的积极力量，他们能为人际的和谐创造良好的氛围。领导者应该学会与他们和平相处，有效利用他们的个性特点。如果公司内确实存在着“刺头儿”员工，作为领导者，你应给这样的人提供发泄不满的机会；要正确予以引导，使他们成为积极的因素。在管理“刺头”员工时，领导不妨采用以下对策。

1. 检讨自己的管理方式

某位员工变成“刺头儿”，一定有原因可寻。在演变成“刺头儿”的最初阶段，只需简单的对策就可使他改变过来。“刺头儿”之所以演变成现在这样，不是领导者束手无策，就是没有采取有效的对策。因此，领导者必须严格反省与检讨自己的管理行为。如果领导者不能通过反省与检讨来改正自己的弱点，则无论采取什么对策，恐怕都无法产生效果。

2. 不要因小事与对方争执

你如果已经跟一个下属相处了很长一段时间的话，就应该对他的性格特征有些认识，知道这个人容易动怒，就应该有所准备，在与他谈话或共事的时候，就要注意避免刺激他。尽量对他宽容一些，不要为了一些小问题与他争执。“得饶人处且饶人”，就是给对方一条生路，让他有一个台阶下，为对方留点面子。在占优势的情况下，放对方一马，他自然会心存感激。争强好胜，使对方下不来台，常常不会有好结果。明智的领导者会给对方留一条退路，这样也就等于为自己赢得了一份助力。

3. 努力解决问题

如果有分歧，就多问些问题。你不妨请对方说出怎样解决问题他才满意。在此过程中，你要仔细听，同意时，就点头示意。如果不同意，就客观公正地陈述自己的理由，让对方觉得在理。如果你能采取温和的方法，就能有效地消除对方的敌对情绪。

其实“刺头儿”也算是组织中的另类力量，领导者应学会与他们和平相处，有效利用他们的个性特点，为组织的人际关系和谐创造条件。通过合理引导及利用，将“刺头儿”收为己用，他们就会成为你的有力支持者，甚至是“贴心人”。

第九章

审时度势做决策，引领团队创佳绩

决策分析是各级领导者的基本技能。面对不断变化的市场，经营发展方案肯定不止一个，决策就是要对多种方案进行分析、比较，然后从中选择出最佳方案。好的决策可以使组织沿着正确的方向前进，取得好的效益。领导者的价值在于想方设法“做高明的决策”，引领组织不断向前发展。

集思广益，全面优化决策方案

对于领导者来说，决策力就是关键时刻做出正确决定的能力。决策关系到企业的发展，决策失误，就会带来“全盘皆输”的后果。

经过一番钻研，锐步公司于 1993 年研制出了女式气垫鞋，投入市场后，大受欢迎，甚至超过了耐克公司，暂时领先市场。按说锐步公司理应巩固自己在女鞋市场的优势地位，不断做大做强。然而，锐步公司的董事长法尔曼却错误地估计了形势，他做出决策，要与耐克公司争夺男子运动鞋市场。

此决策一出，立刻招致许多人的反对。为此，锐步公司召开了许多集体会议，很多部门主管勇敢地提出意见，他们认为以锐步公司当时的实力和技术，还无法与耐克公司的男子运动鞋争夺市场，而且在新产品的设计和推广方面，也远远不如耐克。但是，法尔曼根本就听不进去，他一意孤行，不肯改变最初的决策。于是，公司的许多设计人员和部门主管，因不堪忍受法尔曼的独裁，相继离开了锐步公司，致使锐步开始没落。

第二年，耐克公司潜心研究多年的新型运动男鞋正式投入市场，这种鞋有的物美价廉，有的定价虽高，但恰好满足了人们对高品质运动鞋的需求，所以迅速畅销起来。而锐步鞋定价虽低，销量却极有限。这令法尔曼痛苦不堪，却为时已晚。

作为一名企业领导者，在错综复杂的经营环境中，如果听不进他人的意见，不能集思广益，那么注定只会走向失败。

实践证明，任何决策都不是在意见一致的基础上得到的，而是在各抒己见的基础上作出的。有效的决策，应以“众谋”为原则，以相互冲突的意见为基础，从不同的观点与见解中选择。这样不仅能保证组织决策的正确性、有效性，也能让下属参政议政，发挥工作积极性和创造性。在当今职场，有效决策不能只靠领导者，而是要靠组织成员集思广益来完成。

杰克·韦尔奇接任美国通用电气公司总裁后，深切体会到经营这样一家规模庞大、产品分散的公司，必须倾听员工对企业经营活动的意见和建议。为此，他决定在公司内实行“全员决策”制度，使那些极少有机会表达对企业经营看法的基层员工、各层级管理者，都有机会出席决策讨论会，和与会者彼此平等地交流沟通、各抒己见。实行“全员决策”极大地推动了电气公司的经营与发展。

集思广益，广泛地听取他人的意见，对于成功决策是大有裨益的。企业决策的好坏，虽然跟领导者有很大关系，但下级能否以积极的心态为战略目标的设计出谋划策，也起着很大的作用。领导者即使能力超凡，但思路毕竟有限，为此不妨放下架子，俯下身来，听听来自各方面的意见。

决策过程中，领导者应平等地听取员工的想法和意见，然后在听取、综合、权衡的基础上做出正确的决策。

一个新决策的产生，一般都不可能一蹴而就。在决策前，必须先通过多方征询，尽可能地利用各种重要信息，力求得出更多设想，通过从中筛选和再加工得出高质量、高水平的新方案来。这种集思广益的方法能填补个人头脑中的知识空白，通过互相激励、互相诱发产生连锁反应，扩大和增多创造性设想。

1. 只有一种方案不能决策

决策的过程，实际上是方案选优的过程，有比较才能有鉴别，而进行比较，则必须有两个以上的方案作前提。如果只有一个方案，就无法比较好坏，也就难以权衡利弊得失，此时贸然作出决策，片面性和失误就在所难免。所以，领导者在决策时，有两个以上方案才能决断；如果只有一个方案，就不能拍板，这应当是决策的一个重要条件。

2. 结合反面意见，优化方案

领导者在方案抉择和优化时，不能只关注同一类型的方案。在不同人员、不同部门之间，对某一方案常常会有不同的看法，有时甚至会形成尖锐的意见对立。这种对立方案对于领导者的正确决断是完全必要的，可以从中开拓思路、取长补短。因此，领导者决策不应当有偏见，而应消除成见，广泛参考各种意见。这样，能够促使各个方案的利弊得以显现，从而扬长避短，进一步优化方案。

3. 决策需实现多标准优化

凡属重大决策，都要涉及许多部门和事件，涉及多方面的标准和要求。有时某个决策从单个目标或部门的角度来看可能是最佳方案，从多个目标或部门的角度来看则未必理想。所以领导者在决断时，要从决策目标的总体要求出发，综合评价方案的优劣，争取实现多标准优化。如果一个方案不仅符合某一标准，而且与其他标准也不抵触，就可以认定该方案是优化的。如果一个方案不符合诸多标准中的任何一个，这个方案就应被否决。如果没有一个符合一切标准的完美方案，那么就委曲求全，选择那种能满足某些主要标准的方案。

最后需要提醒的是，对于某些风险型决策，领导者在施行方案的同时，应准备必要的应变对策，以防不测。不要过于自信，不可轻率莽撞，最好进行多方案尝试，在积累经验中改进方案。

当机立断，发挥领导决断力

领导者决策方略的基本要求表现在两个方面，即“众谋、独断”，它是领导力的综合反映和集中体现。

在领导工作中，“谋”是组织成员的群体活动；“断”是领导者的主要职能。一个目标决策的过程，要伴随着民主和独断的交替进行，而领导的独断力在决策中起着“一锤定音”的关键作用。如果一个领导者，只知道“集体决策”，而不懂得“独断专行”；只知道实施民主程序的重要，而不懂得发挥领导决断权威的重要，那将是一个领导力不高的领导。

马尚升任采购经理不久，他的上级领导便跟他讨论，是否应该换掉一个供应商以降低成本。同时，领导又担心新的供应商的供货质量和速度，所以决定先听听马尚的意见。马尚掌握着大量一手信息，他据此权衡，越想越觉得问题复杂，难以定度。他迟迟无法决断，最后只好对领导说：“李总，您看着办吧。”李总对马尚的表现深感失望。

马尚的问题在于，“独断”力不强。此类管理者在有限时间内，面对不完整，甚至相互矛盾的信息，不善于作出决断。这往往会导致机遇的丧失。

果断决策、决不拖延是成功的领导者的作风，而被动等待、犹豫不决则是平庸的领导者的共性。有些领导者习惯于在规整好的信息基础上做判断，不习惯“拍脑袋”。他们的思维模式虽然严谨、客观，但容易就事论事，不敢做推论。这类领导者急需激活被抑制的本能和直觉。

有些领导者不敢决断的另一个重要原因是怕失误，怕承担后果。此类领导者胆子不妨大一些。决断就像登台做演讲，上过一次台，胆子自然就慢慢大了。

决策有时需要承担风险，要想有丰硕的成果，就得敢于冒险。一个善于决策的人，不是对事情有了 100 %的把握之后再去决策。等事情都考虑清楚了才去“决策”，算不上真正的决策。条件完全具备之际，往往是最佳的机会消失之时。所以一味追求完善，就会坐失良机。

如果领导者具备了果断性，必会在残酷而又激烈的竞争中紧抓机遇，为组织创造辉煌业绩。纵观古今中外，凡成大事者无一不具有“当机立断，处事果断”的决策思维。

美国总统林肯，不但领导能力强，而且在关键时刻敢于“独断”。在他当上总统后不久，有一次将 6 个下属召集在一起开会。林肯提出了一项重要法案，而下属们对此有不同的看法，他们一致反对林肯的意见，于是7个人便激烈地争论起来。林肯在仔细听取了其他6个人的意见后，仍感到自己是正确的。于是，林肯决定坚持自己的意见。在最后将要决策时，林肯固执地说："虽然只有我一个人赞成，但我仍要宣布，这个法案通过了。"

表面上看来，林肯似乎有些过于独断专行。但实际上，林肯已经仔细地听取了其他6人的意见，并经过了深思熟虑，他觉得其他6人有的只是人云亦云，根本就没有用心考虑过，有的虽考虑过却偏颇。既然他认定自己的方案最合理，自然就应力排众议，坚持到底，又有什么可犹豫的呢？

领导者一旦提出什么新的意见和想法，必定会有反对者。此时，领导者不要惊慌失措，害怕自己被孤立。对于不了解实情的人，要向其耐心地解说，力争使反对者变成赞成者。对于坚决反对自己的人，也只能姑且听之，然后搁置。关键时刻，决策是不能由多数人来作出的。他人的意见应该听取，也可以参考；但作出决断的，只能是领导。为了保证决策的正确性，领导者必须提高自身素质，杜绝经验决策、人情决策等非理性决策。

成功的领导者，在于他能抓住有利时机，果断做出决策。领导者的"独断"能力，不光表现为一种风格和作风，而且是一种胆识和勇气。那些最终能够突破困境，赢得成功的人，大都有着一个共性：能够在正确的决策之下，勇敢、果断地行事。

日本"经营之神"松下幸之助曾果断放弃研究了长达五年的大型计算机项目。得知此消息，众人都十分震惊，因为当时松下已经对此投入了巨资，而且他们的两台样机也十分先进，很快就能大规模生产，推入市场了。那么，松下为何放弃这样一个已经接近成功的项目呢？

原来，在此之前，美国大通银行的副总裁曾访问过松下，当谈到电子计算机这个话题时，对方得知日本目前包括松下在内，共有7家公司在生产电子计算机，他吓了一跳。他说："向我们银行贷款的客户中，大部分经营电子计算机的似乎都不太顺利，几乎所有的计算机部门都发生了亏损。就拿美国的现状来说，除了 IBM（公司名）公司以外，其他的公司都在慢慢缩减对计算机的投入。而日本竟然有 7 家这样的公司，未免太多了一点。"

副总裁走后，松下陷入了深思，经过一番考虑权衡，他决心从大型电子计算机研究上撤出。松下坚定地认为，虽然现在撤出会造成重大损失，但这样起码不至于"血本无归"。此后，松下更加关注电器和通信事业的发展，他从中找到了一条路，使松下慢慢成为了电器行业的引领者。

职场如战场，在瞬息万变中，果断决策就意味着收获。作为一名领导者，如果能在时机到来后马上便识别它，同时果断决策，那么，就会获得幸运之神的垂青。

那么果断决策需要什么条件？对于领导者来说，在做决策之前，首先应保持冷静的头脑，运用全部的学识和理智慎重地思考。条件不成熟就匆忙决断是冒险的行为，会犯"冒进"的错误；条件成熟了却犹豫不决，优势将会变为劣势。把握时机、当机立断是决策之本。在这一点上要遵循"适度"原则，要审时度势，善于把握时机，如果发现好的机会，就必须抓紧时间，马上决策，才不至于贻误时机。

形势复杂多变时，直觉决策更有效

领导就是决策。决策是否正确，不仅反映了领导力的高低，也影响着企业的发展。按照常理，深思熟虑，理性决策可以稳操胜券。在做出某项决策时，不能全面地分析市场情况，只凭借自己的直觉妄下判断，结果会非常被动。没怎么调研就做出的决策注定是无效的，这种毫无目的性、计划性的行为，最终的结果便是难以达到预期的目的，甚至导致惨败。

然而，在复杂多变的形势下，辨不清方向、理不出头绪、找不到数据，无法进行理性思考及决策时，直觉决策可以让我们找到新的出路。

亚马逊 CEO（首席执行官）贝佐斯是个极为注重数据的人，他的几乎所有决策都要以数据为依据。但贝佐斯最好的决策却不是用数据作出的。1994 年，当时从事基金销售工作的贝佐斯发现了一项令他备感惊讶的数据：互联网每年的增长速度高达 2300%。直觉告诉他，这是一个巨大的商机。经过一番权衡后，他决定开创一种全新的销售方式——网上售书。在网上卖书，是因为图书是一种精神食粮，许多人都需要经常买书，而且与食品不同的是，书不会腐烂，也比较易于挑选、存放和运输。他断定这是一个巨大的市场。1995 年，亚马逊网上书店开张。

贝佐斯的这项决策非常大胆，以至于销售收入也非凡。1999 年，其销售额已高达 80 亿美元。贝索斯被美国《时代》周刊评为 1999 年度封面人物，亚马逊网上书店也被称为全球最大的网上书店。

贝佐斯曾在一次接受采访时说："所有公司领导，其中包括我，都有一些决策是靠理性分析作出的。这些是很好的决策。不幸的是，还有许多其他决策是无法靠理性作出的，需要胆识与灵感。"

有时候，一个成功的决策，等于大量的信息加上些许的灵感。在一个条件不充分的决策中，靠理性的推断，决策只能中断。要想顺利决策，思维中断之处，必须要用直觉来链接。这种直觉就是一种灵感。所谓"直觉"，正是领导者所独有的感悟能力。杰克·韦尔奇公开表示自己往往凭直觉办事："我们总公司很少深入讨论事情，但我们对每件事都保持敏锐的嗅觉。"灵感不是什么高深莫测的东西，而是人心对现实生活中多种状况的迅速捕捉。

哈维德·舒尔兹觉得"灵感有时比理智更可靠"。当舒尔兹只是个普通职员时，一天，他到意大利的米兰度假，路边咖啡厅的美味咖啡让他感到舒适宁静，欲罢不能，他突发灵感，心想：像意大利这种咖啡茶座，在美国会不会大有市场呢？于是，他随后探访了位于美国西雅图的星巴克，在那里开起了咖啡厅。舒尔兹成功了，一闪念的灵感使他成为全世界的“咖啡大王”。

舒尔兹没经过什么市场调查，仅凭直觉就作出了商业决策，这是否有些太过草率呢？其实不然。因为他早已预测到调查结果多半是负面的：美国人才不会花好几美元买一杯咖啡喝呢。既然如此，他觉得还不如相信灵感决策呢。

灵感是大脑的一种特殊技能，是思维发展到高级阶段的产物。灵感的闪现，为人提供了接通思维、突破障碍的机会。在决策过程中，一旦碰上思维中断现象时，可以试着通过灵感的作用去实现突破。纵使它是非理性的、难以言传和把握的，但它能帮助我们理清复杂的思维，将我们带入柳暗花明的新境地。

引发灵感的方法，就是科学用脑。所谓的科学用脑，就是愿用脑、会用脑、多用脑。科学用脑是引发灵感的最一般也是最普遍适用的方法。

凡是善于引发灵感的人，都很愿意用脑。一般人以为显而易见的现象，他们产生了疑问；一般人用习惯了的方法解决问题，他们却能从新角度出发，去思考问题、探索问题，以寻找新的方法、新的答案。爱因斯坦对为他写传记的作家塞利希说：“我没有什么特别才能，不过喜欢寻根刨底地追求问题罢了。”在这个寻根刨底的过程中，最常用的方法就是用脑思考。

要促进灵感的产生，就必须多用脑，因为灵感是人们长期进行思考后出现的一种飞跃。所谓多用脑，不是指不休息地连续用脑，而是要在松弛状态下用脑。许多事例证明，灵感大多是在长期紧张思考而暂时松弛时得到的，或在临睡前，或在起床后，或在散步、交谈、乘车时。这是因为，暂时的松弛有利于恢复大脑的疲劳，并使它再次高度兴奋起来重新思考。松弛有利于发挥潜意识的作用。大脑由于摆脱了意识的控制，潜意识就容易突破惯性思维的约束，通过自由遐想和自由选择，产生新设想。

在决策过程中，当我们更多地使用理性的时候，往往会忽略直觉，其实直觉本身也是一种智慧，一种灵感。看起来瞬间的决定，背后却是千锤百炼的积淀。直觉是一种洞察力，它是领导力的杰出表现。因而，在日常领导力的锤炼过程中，更要锤炼自己的洞察力、思维力和判断力。

那么，在拥有了灵感思维后，决策时，在什么情形下用理性，什么情形下用直觉呢？成功的领导者的决策经验告诉我们：

· 在各种信息、数据、事实等比较充分时，宜用理性决策；

· 有先例可以参考时，最好进行理性决策；没有先例参考时，宜进行直觉决策；

· 外界情况复杂，难以辨认时，宜进行直觉决策；

· 各种变化因素可以推测、预见时，宜用理性决策；变化因素难以预测时，宜用直觉决策；

· 时间充分，情况不紧急时，宜用理性决策；时间紧迫，情况危急时，宜选直觉决策。

审时度势，决策要以变应变

一个因循守旧、无法进行动态思考的领导者，在决策力方面一定是低的。决策是一项创造性的活动，是以改变现状为前提的，可以说，没有变化就没有决策。

许多领导者在进行决策时，往往只是凭空想象，比如企业今年要达到多少产值，明年要实现怎样的目标，这是一种一成不变的静态思维。但是形势一直在变化，变化总比计划快，因此目标也是移动的，针对动态目标，如果还是像打死靶子一样瞄准，那么企业容易衰落或消亡。

经常会有一些这样的管理者，平时很少关心外界的变化，一旦发生了事情，首先关心的是事件如何引起的，是谁的责任，而不注意事态的控制。接下来的事态会更加难以控制，甚至会发生一些预料不到的事情，形成不必要的损失。

南海公司在塑胶领域曾经占有很大一部分市场。但几年之后，一家实力强劲的塑胶公司以势不可当的力量登台了，它的开发是惊人的，产品的质量明显优于南海同类产品。相比较之下，南海公司已经明显地落后了。总之，对于南海公司来说，一切都是那么不利。在这种境况之下，一年过去了，南海公司除了不断地在市场上滑坡，没采取任何对策，最后的结局可想而知。

南海公司对市场的变化反应迟钝，拿不出切实可行的解决方案，以致陷入困境，以失败告终。

很多企业在自身发展的同时，忽略了对市场的关注，反应迟钝，等火烧到家门口了才想起救火，为时已晚，损失是必然的。这样的管理者往往都缺乏应变的能力。“变”是事物发展的规律，“应变”则是领导者能力的表现。领导者顺应市场的变化，发挥企业优势，由此调整工作计划、目标和办法，这对应对形势是必要的。面对不断变化的环境，企业要以灵活的方式进行决策，以变应变。

对于领导者来说，这可是事业成败的关键。唐纳德·索尔在《如何提升公司核心竞争力》一书中就指出：“很多优秀公司的领导人往往容易沉醉于过去创造成功业绩的思维与工作模式中，他们仅仅采用已被证明为正确的策略与行动，当商业环境变化时，他们往往无力采取有利的行动，这样公司的衰败就不可避免了。”

具有应变力的领导者，不因循守旧，不墨守成规，不按老一套做事，能够从内、外部环境的表面“平静”中及时发现新情况、新问题，从中探索新路子，总结新经验。

韩兆善有“中国门王”之称，他曾一手打造了“盼盼”这一知名商标。但你恐怕不知道，韩兆善最初经营的是铁皮卷柜，而且卖得很火。

就在此时，韩兆善却突然决定放弃生产铁皮卷柜而生产防盗门。结果招来许多非议。有人不解地问："卷柜卖得好好的，你搞什么防盗门啊？"韩兆善反问："一个档案柜能'吃'一辈子吗？不说外省，只是省内光沈阳就有十几家生产档案柜的，还能有多大的市场没开发呢？不知什么时候就会被挤垮了。档案柜的销量太有限了，而防盗门却适用于千家万户，市场可谓广阔无限啊。"

经过两年的调研和攻关，韩兆善的企业终于生产出了新型防盗门，产品一上市，即大受欢迎。由于产品的转型成功，使"盼盼"防盗门不仅在国内市场站稳了脚跟，而且还远销海外。假如韩兆善当初没放弃生产铁皮卷柜，那么也许今天的市场上就没有"盼盼"了。

领导者要想做出有效的决策，需要具体情况具体分析，随着情况的发展变化灵活地采取措施，因事制宜地作出处理。

1. 临危不乱，顺势决策

面对突如其来的形势，领导者不应惊慌失措、失去理智，而应沉着冷静地面对问题，顶住各种压力，慎重而果断地决策。

决策调整应因势而行，使企业的自身条件与环境相适应，这样企业才能获得生存及发展。在非常时期，如果企业的领导者缺乏对环境变化和自身优劣的清晰判断，一味地盲目扩张，就会把企业带向绝路。在变化的形势下，需要领导者们认真地进行理性思考，并着手进行新决策，从而规避企业风险，将企业做强做大。

2. 控制形势，迅速决策

遇到突发情况，领导者应理智对待，纵览事件的全局，迅速查清因由；对各种原因进行分析，准确地弄清事件的性质、趋势及发展后果。然后据此提出解决问题的最佳策略，果断地作出决策，不能犹豫不决，贻误时机；要在周密分析的基础上雷厉风行。

3. 审时度势，灵活决策

决策可分确定性和非确定性决策，常规性和非常规性决策。现代决策许多是在非确定性和非常规性的情况下进行的，需要领导者具有很强的应变能力。非常决策对领导者提出了特殊的要求，必须善于审时度势。意思是要善于分析研究事物发生的时机和发展变化的趋势，在认清形势的基础上，要善于根据客观条件的变化而迅速地改变决策，要因时、因势、因地、因条件而变通，这样才可能作出正确的决策，最终实现既定目标。

总之，领导者在做决策时，应充分考虑到意外情况，及时反应，早做改变，以免使自己陷入被动境地，这样才能在激烈的竞争中立于不败之地。

决策失误，应有策略地补救

决策是领导者的重要职责，是领导活动的中心环节。然而由于主客观条件的限制，必然会导致决策失误的发生。决策失误后如何解决及应对，则关系到企业的生存及发展。因此，决策失误后及时补救很关键。

“小天鹅”秉持“以洗为主”的发展战略，自 1996 年以来曾连续 13 年获得洗衣机市场的销售冠军。然而从 2001 年开始，小天鹅实施了多元化的经营策略，由原来单一生产洗衣机，先后进军空调、冰箱、干洗机等多个领域，在家电行业中全面铺开，齐头并进。

可是，看似美好的多元化经营，却让小天鹅付出了沉重代价。他们重点推出的空调，因为价格不占优势，结果销售不出去；其他各项目也都因为各种原因步入了瓶颈，导致业绩每况愈下，小天鹅陷入了危险的处境。

尝尽了“多元化发展”的苦头后，面对企业发展的不利状况，小天鹅决定改变战略，放弃了其他经营项目，仍旧生产洗衣机。小天鹅明确了发展重点，研制出滚筒洗衣机，凭借自身的品牌优势，在洗衣机行业中获得了重生。

“小天鹅”为什么会经历失败？正是由于盲目多元化。盲目多元化直接导致的就是企业的核心竞争力丧失。面对非常时期的非常形势，企业全面铺开、多头并进就会分散核心竞争力。所以，企业领导者要转变思想，在铺开的战略领域中实行收缩，以退为进，实现重点突破。

领导者决策在执行过程中显示出不足或错误，必然会不同程度地损害企业发展。不足或错误如果发现得早，损害也许不会太大，如果发现得太迟，后果必定十分严重。因此，在此情况下，亟须解决的问题不是争论对错，追究责任，而是立即停止执行决策，迅速采取补救措施稳定局势，消除后患，将损失降到最低。

1. 反思决策失误的原因

一般来说，造成决策失误的原因包括主观原因和客观原因两方面。

属于领导者主观方面的原因包括：能力或经验不足，又不愿意广泛征求及听取各方面的意见，一意孤行，作出了错误决策；对决策目标缺乏应有的重视，违背决策程序，决策之前缺少调查研究，或者调查研究肤浅、不到位。

没经过调研就做出的决策注定是无效的。没有调查就没有发言权。这里面包含了一个很深刻的道理，那就是只有真正做过调查的人才能掌握实际情况，才能因地制宜，有效地解决问题。通过调查，管理者可以发现存在的问题，找出问题产生的原因，从而有针对性地解决问题。调查对领导者做决策至关重要。没有详细的调查，领导者就容易做出一些错误的决策，最终导致企业陷入困境。

从古到今，凡明智的领导者做决策时都重视调查研究。调查的常用方法主要包括观察法、实验法、抽样法等。每一种方法都各有优、缺点。究竟选用哪一种调查方法，要根据调查问题或调查对象的需要来确定。选择最佳调查方法的基本标准有三条：第一，尽可能选择调查时间快的方法；第二，尽可能选择调查费用低的方法；第三，尽可能选择调查结果准的方法。

要想从调查中获取有利信息，必须首先认真分析你所要解决的目标问题。根据这个目标问题，你才能提出一系列的相关问题，然后再根据这些问题有针对性地进行调查，最后根据调查做出决策。这样才能提高决策的有效性。

客观方面的原因主要表现在：决策滞后于社会实际；决策不能适应瞬息变化的市场环境等。不管属于哪方面的原因，决策者都应深刻反思，引以为戒。要特别注重在端正决策态度、改进决策方式上下功夫。

2. 修正和完善原决策

决策失误后，领导者要在深入分析原因，广泛听取意见的基础上，认真吸取教训，根据新情况、新要求修正或重新制定决策方案。

新决策的作出，要视原决策的失误程度而定。原决策完全不对的，则应弃置不用，重新制定。原决策存在缺陷，但有一定利用价值的，可改正错的，保留对的，在此基础上进行局部修正和完善。要彻底排除原决策的干扰，精心研究，细心斟酌，使之既符合客观实际，又符合组织目标。在此基础上，还必须将新决策放到实践中去检验，随时改善及提高。这样形成的决策方案，才是最科学、最可行的。

3. 督促新决策全面迅速执行

为了保证新的决策执行得迅速而有效率，领导者必须加强督查，一旦发现不足之处，是决策的问题，要主动承担责任，及时作出调整；如果是员工执行的问题，要耐心细致地加以指导和帮助，使其执行和决策一致，这样才能保证工作效率。领导者不必对执行决策的过程管得太细太死，但是在执行决策的过程中，关键的环节必须抓住，基本的原则必须坚持，重要的问题必须审慎。只有这样，领导者才能切实把工作做好。

其实，决策失败了也并非意味着永远的失败，只要善于总结经验和吸取教训，就可以避免失败，凭借新的决策赢得新的成功。

第十章

不断汲取新知识，提升核心领导力

学习是提高领导能力的必要条件。随着形势的飞速发展，新情况、新问题层出不穷，要想适应不断变化的职场情况、有效解决问题，就必须努力做到终身学习。终身学习，是不断完善和发展自我的必由之路。只有不断学习，懂得理论联系实际的领导，才能具备超强领导力，赢得未来。

学习力是在职场发展的基本条件

俗话说：“三天不学习，说话没底气。”学习不是为了做领导，但做领导必须学习，不学习的时候就是你落后的时候、被淘汰的时候。

人的核心竞争力源于创新能力，而创新能力则来自不断地学习。因而，学习力是一个人必备的素质，也是让自己成为优秀领导者的有效途径。

学习力是把知识转化为价值的能力。它由三个要素组成，即学习的动力、学习的毅力和学习的能力。学习的动力体现了学习的目标，当你有了努力的目标，就具备了“应学”的动力；学习的毅力反映了学习者的意志，当你学习的意志很坚定的时候，就有了“能学”的可能性；学习的能力则来源于学习者掌握的知识及其在实践中的应用。只有将三者合而为一，才能真正地拥有学习力。

学会了学习，一切都会随之而来。要想在工作中有所发展、建树，并且争取到更高的职位、更丰厚的薪酬，最重要的是通过学习不断提高内力，打造出自身的核心竞争力。要想保持在职场的竞争力，唯一的途径就是保持旺盛的学习力，不断地充实与自己职业相关的知识，培养自己的能力，提升自己的不可替代性。

美国管理大师彼得·圣吉认为：“比他人学得快的能力，是人在未来唯一能保持的竞争优势”。弗雷德里克·史密斯的超强学习力，使得联邦快递公司迅速从竞争激烈的行业中脱颖而出；路易斯·郭士纳是酷爱学习的领导者，他的学识使得 IBM（公司名）沿着正确决策迅猛发展；微软公司的稳健发展，很大程度上是因为比尔·盖茨是快速学习方面的高手，他能够及时学习新东西。在工业经济时代，企业领导者在获得成功的同时也就取得了一定优势，这种优势至少可以令他们保持相当长时间的领先地位。但在知识经济时代，这种优势能够保持的时间已大大缩短，说不好什么时候就会突然杀出一匹“黑马”，超过你，取代你。在这样的环境下，没有谁可以不学习。

在知识经济时代，学习是在职场发展的基本条件。没有知识，就没有能力。能力的培养是和不断学习密不可分的，不论是在职业生涯的哪个阶段，学习的脚步都不能稍有停歇，要不断地学习与工作相关的知识技能，提高自身的工作能力。

日本的“经营之神”松下幸之助年轻时曾在一家电器店当学徒。松下懂得珍惜一切学习机会。为了早日掌握各种电器的使用方法及要领，他每天都比别人晚下班，利用这些时间阅读各种电子产品的说明书。他还利用空闲时间参加了电器维修培训班。他想通过努力学习让自己成为这方面的行家。

通过不懈的努力，松下从一个学徒变成了一个能够给顾客讲解各种电器知识的专家，并且还可以自己动手修理与设计电器。店主很欣赏松下的这种学习精神，非常器重他。不久店主便将他由学徒转为正式员工，并且将店里的很多事情都交给他处理。这大大地锻炼了松下的能力，为他以后的创业打下了良好的基础。

优秀者无一不受益于学习，在外部条件相同的环境下，爱学习的人思想更成熟，考虑问题更全面，面对困难时能够用知识去解决。要想在激烈竞争的职场中胜出，就必须在工作中不断学习，不断地吸取，以新的技能来支持你的成功。

肖雄进入一家服装公司后，清楚地认识到，只有真正掌握技术，才能让自己取得新的发展。为此，他积极地工作，认真地学习。他白天跟着生产部的师傅们苦学技术，晚上和节假日，他就用休息的时间学习文化知识。只有高中学历的他，不仅把打工时带来的高中课本重新翻出来学了一遍，又到新华书店买来了大学化学教材。渐渐地，原来只能干些体力活的他竟成了公司的技术骨干，他提出的合理化建议大都被公司采纳。

两年后，公司凭着过硬的产品质量迅速壮大起来。员工人数也从过去的几十人发展到上千人。此时的肖雄通过自学，已经熟悉了各种操作，他全程参与了公司的生产线扩建工作。生产线扩建后，肖雄被提升为销售经理，负责工厂的对外销售。面对肩头的重任，肖雄再次明显地感觉到自己掌握的知识太少，于是他又开始拼命地学习，仅一年时间，他已经会说一口流利的英语，还通过网络联系到了不少国外的订单。

如今，肖雄已是公司的一名高管。他的侃侃而谈、博学多才使很多人钦佩不已。谈到今天的一切时，他很平静地说："我从来没有感觉自己现在与别人有什么不同，对我来说，任何经历都将是一个新的学习过程。我想告诉所有的年轻人，只要不断努力、不断学习，就能取得成功。"

只有学习掌握了足够的知识、技能，才会拥有工作发展的基础。要把学习和工作融为一体，使学习成为自身发展的必然需要，在学习中不断发展，进而从一个台阶迈向另一个台阶，成为优秀的领导者。

对于领导者来说，知识素养能决定你的思想观念、才干和能力，从而决定员工对你的信服程度。唯有努力学习，不断地吸取新知识，才能具备用人能力、决策能力、创新能力、应变能力等。这样才能为下属所佩服、所信赖，从而自觉地服从你的领导。

有些领导者可谓"草莽英雄"，往往凭的就是一身蛮力，本能的东西极多，深厚的知识底蕴较少，终是难以成事。即使勉强当领导，钱赚了不少，但素质不高，就凭肚子里的"那点货"，在知识经济时代，很难走得更远。

在科技飞速发展的今天，知识更新速度加快，需要学习或重新学习的东西越来越多。为适应企业的发展，领导者应树立正确的学习观：珍惜各种学习机会，主动提高工作能力。为了使自己在明天依然是一名优秀领导者，一定要有学习力作为后盾。如果不能与时俱进，不断地通过学习提高能力，那很可能会很快"过气"。

向乔布斯学习：求知若饥，虚心若愚

苹果公司的创始人乔布斯有这样一句话：“求知若饥，虚心若愚”。每一位领导都应该保持这种学习心态。这是发展和进步的根本动力。

没有哪个人可以永远保持第一，在瞬息万变的职场里，唯有虚心学习的人才能够掌握主动权。在快速发展变化的职场，每位领导者每天都应问问自己：今天，我又学到了什么？有没有进步和提高？不仅新领导者应如此，老领导者也需要保持学习心态。

大川原来在一家广告公司做经理。由于经营不善，公司在一年前倒闭了。之后，大川不断地去找新的工作，但由于他提出的条件太苛刻，因此屡屡碰壁，直到几个月前，他才找到了一份业务员的工作。

以往找工作，他总希望应聘的公司能给他安排一个不错的职位，毕竟他是一个曾当过经理的人。但是，没有一家公司愿意给一个求职者提供领导职位，他们更愿意新人能够好好工作一段时间，看看表现后再考虑是否对其进行提升。

屡次受挫之后，大川改变了想法，他决定再从业务员做起。在终于找到一份新工作后，他彻底把自己当作一个新人，在工作中不断学习，不仅处处向人请教，而且不断地进行自我训练。由于他的努力，几个月后，他的业绩已名列前茅。三个月试用期一过，公司马上给他升了职，他成了部门主管。

大川由一个经理变成一名普通员工，再由普通员工迅速成长为主管，是因为他能放下架子，一切从头做起，在新的岗位上虚心学习。大川用自己的亲身经历证明了虚心学习的重要性。初入职场，应本着谦虚好学的精神，学习有用的技能和工作的方法，一点一点地充实和完善自己，最终成为行业里的优秀者。

无论是初入职场，还是跳槽到新公司，总要懂得摆正自己的位置，保持谦虚的态度。遇事多向他人请教，多向那些有经验的人学习，这样不仅可以学到工作技能，还能快速让他人认识你、接纳你。以谦虚的态度面对工作，不断学习进取，这样才会让自己时刻保持着激情和活力，拥有无懈可击的工作能力。

2008 年，韫敏晋升为百度技术部副总监，这得益于她的虚心好学。

韫敏大学学的是计算机，进入百度的 3~4 年中，她每天都工作在技术研发的第一线。当时，百度对新产品的研发速度明显加快，这就需要一批技术管理人才。一天，高级总监郭眈找韫敏谈话，问她愿不愿意转型走管理路线。韫敏当时没有任何管理经验。抱着尝试的心态，她开始担任项目经理。但是很快她就发现自己的知识太不够用了，想当好项目经理还有很多东西要学。

于是，韫敏在工作上经常虚心地向其他组的同事请教，不断琢磨怎么把控项目进度，怎么才能保质保量。她留心观察自己的上司郭眈是怎么开会、怎么找人谈话的。当时技术部组织的所有管理培训她全报名参加。不仅听课时认真，培训结束后，韫敏还要再问自己一遍：以前相关情况的处理方法是否妥当？用新的管理方法是否能处理得更好？每次，都会有新的感悟和收获。

渐渐地，学习和工作成为了一种良性循环。不断遭遇新问题，处理成功后，她就又向前走了一步，于是又能接触到新事物和新要求，于是就继续学习新东西。这种学习心态，使韫敏的能力不断提升，最终完全可以胜任技术部副总监一职。

要想提高自己的能力，必须善于学习。唯有虚心学习，才能够成功掌握未来。

保持学习心态对领导者的长远发展是非常重要的。身份位置越高，就越是需要刻意地保持学习心态。在此以前，你可能有过很好的业绩，很高的地位，也可能具有渊博的知识，但是当你决定要攻克下一个目标的时候，就一定要保持谦卑心态。不能因为你曾经是一个企业的老板，就不听从一个普通员工的指导；也不能因为你曾是他人的上级，就不去听取一个下属的真诚规劝……

每个人都有值得你学习的地方，关键在于你愿不愿意承认，并主动去发掘。无论怎样，都要找到值得自己学习的对象，并以开放的心和受教的态度向这些人学习。西典有一句很经典的话就是“上司即是老师”。在西点，胸怀大志的年轻军官多半是由学长们培养出来的。正是这些学长，在几个月的时间里指挥新学员，把他们培养成合格的西点军官。学长对待新学员是极其严厉的，新学员害怕他们、尊敬他们、服从他们、钦佩他们，从他们那里学会了怎样在战场上生存的本领。

西点新学员都能够把学长看成自己的老师，因为他们明白学长必然在某一方面存在着过人之处，不管承认与否，这都是客观存在的。要想提高自己的能力，必须善于向他人学习。一个善于向他人学习的人，才真正是一个力量无边的人。只有心态谦卑地学习，才能快速成长，才能学到这个行业的技巧与方法。

当我们用一种谦虚心态去面对变化日益加快的职场时，就会抱着一种学习的态度去适应新环境，接受新挑战。当虚心好学成为一种平常精神，成为一种时刻要做的事情时，就能不断地向前超越。

广泛地学习，全面提升领导力

一个领导者就应该是学识渊博的人，需要掌握大量的理论知识和社会知识。没有充足的理论知识，就不可能开展好工作，社会知识不够丰富，对民俗、语言、礼仪等不够了解，就无法进行正常的人际交往，难以赢得支持者。

在竞争激烈的职场，领导者仅仅拥有专业知识远远不够，要学的东西涉及方方面面。学习是一种综合能力，就好像工作是一种综合能力一样。所学的知识越全面，越有利于提升工作能力。

销售大师汤姆•霍普金斯说：“我永远也不会忘记当初我参加的那个推销培训班，我的所有收获都源于那次学到的东西，后来，我又潜心学习了心理学、公关学、市场学等知识，结合现代观念推销技巧，终于大获成功。”

随着新技术的不断发展和深入，工作面临的新技术、新问题将会越来越多，领导工作也将会越来越重。所以，我们要锻炼自己综合分析问题解决问题的能力，既要努力做好自己的工作，还应了解与专业相关领域的知识。领导者可以多学学心理学等，这样才能在工作中更好地与人打交道，应付自如。

邵华是某监狱的一名女警官。这份工作需要经常和犯罪分子打交道，所以刚参加工作时她感到很吃力。随着工作的深入，她不断学习管理教育犯人的方法，工作起来轻松了许多，但她的工作方法有些陈旧，有些犯人表面上服从管教了，实际上在心理上还有抵触情绪。

为了更好地捕捉罪犯的心理，提高管教水平，让其由原来的抵触式服从到心悦诚服式服从，邵华开始自学心理学的相关知识。后来，她被选派到某大学专门学习心理学，考取了相关职业资格的证书，成为一名持证上岗的心理咨询师。如今，她在该监狱的服刑指导中心专门从事罪犯的网络咨询工作，工作上得心应手，非常有效果。

“随着时代的发展，狱警也需要学习心理学。我们不一定都从事心理咨询工作，但通过后来的学习掌握这项技能，却能更好地开展工作。”邵华深有感触地说。

要想把本职工作做得更好，就需要个人不断调整知识结构，不断充电，这样才能更加胜任新的工作需要。全面而充足的知识储备，理论的知识与实际经验的密切结合，使得人在职场上能够得心应手，迅速开展工作。

想成为优秀的领导者，必须掌握广博的知识，要多读书，多学习，多思考。在职场中学习的目的是为了提升自己解决实际问题的能力，通常工作中一个问题的处理，可能要运用到多个领域的知识，所以最好是全面地学习。如果能跨领域学习，就能极快地增强自己的实力。

曾获得过诺贝尔奖的杨振宁教授认为：知识是互相渗透和扩展的，掌握知识的方法也应该与此相适应。当我们专心学习一门课程或潜心钻研一个课题时，如果能有意识地把思维的触角伸向邻近的知识领域，必然会有意想不到的新发现。

他认为，对于那些相关专业的书籍，如果时间允许，不妨拿来读一读，暂时弄不懂也没关系，一些有价值的启示，也许正产生于半通之中。采用渗透性学习方法，会使我们的视野开阔，思路活跃，大力提高学习的效率。

具有丰富知识和经验的人，比知识单一的人更容易产生新的联想和独到的见解。自身的知识越充足，成功的机会就越大。我们应根据职业的需要，加强与职业有关的知识学习。在学习中掌握多方面的知识，是造就领导综合素质的根本保证。如果想改变自己的职业前途，就要抓紧时间广泛吸取知识的营养，从而使自己变得不同凡响。

徐新军是个全能的人，他拥有一连串令人惊叹的头衔：北京大学公共经济管理研究所所长、诗婷美容连锁集团董事、中视润景（北京）传媒有限公司董事长、卓锦万代（澳大利亚）健康产业科技控股有限公司总裁。徐新军能取得如此多的成就全依赖于他多技在身，不仅懂美容，而且会管理，懂得人际沟通。徐新军真可谓是“一专多能”型人才。

徐新军曾在华西医科大学药学院学习了五年，大学期间，他全身心地投入学习，于 1990 年考上了本校的研究生继续深造。三年后，为了更好地工作和学习，他在湖南医科大学卫生部出国留学人员外语培训中心进行了专门的英语培训，这为他以后的成功奠定了基础。六年后，他又进入中国医科大学攻读药物分析学的博士学位。至此，徐新军对本专业的学习已经达到很高的水准。

徐新军深知，要想管理好自己手下的众多企业，仅仅懂得本专业知识是远远不够的。于是，他又出国攻读了美国大西洋国际大学工商管理硕士，认真学习管理知识。他尽最大努力让自己成为一个懂美容，懂管理，懂沟通的全面人才。

徐新军的成功印证了“通才教育”的重要性，他正是因为既在自己本专业美容上有很大的造诣，又懂得管理和沟通才获得了巨大的成功。

当今社会要求复合型人才，每个人都必须掌握广博的知识。无论掌握哪一种知识，对智力都是有用的，知识能够扩大人的视野，通过潜移默化的作用，提升你的思维能力，增强你的分析能力，强化你的决断能力。

作为领导者，要努力由“专家”变为“杂家”，只有这样，工作起来才能得心应手，创造佳绩。

读书讲方法，才能真正受益

读书，是提升自我的一条有效途径。读书可以明辨是非，可以开阔视野，可以启迪思维，也可以指导工作。从长期看，多读书有助于提高一个人的综合素质。“人，若是能养成每天读 10 分钟书的习惯，20 年后，必判若两人。”耶鲁大学的校长海德雷说。我们要想提升领导能力，就要保持阅读的习惯。

宋太宗在休闲时读书不辍，有人问他为何这样做，他的回答是：“开卷有益。”

三国时期，吴国将军吕蒙被都督鲁肃视为一员没什么头脑的武将，后来吕蒙在孙权劝说下，刻苦读书。鲁肃到后来再与吕蒙交谈，发觉吕蒙大有不同，不禁赞叹道：“卿非昔日之吴下阿蒙矣。”

古今中外伟大的杰出人士，无一不是酷爱读书、博览群书的。读书可带给人智慧，让人才思敏捷，让人具备一定的知识素养，这样在与人交谈相处时自然也就有了出色的表现。

一个人要提升领导能力，就要保持终生性的阅读习惯。有些书籍看似与你的工作关联不大，但其中蕴含的智慧和思想会潜移默化地影响你的发展。培根说，“读书足以怡情，足以博采，足以长才。读史使人明智，读诗使人灵秀，数学使人周密，科学使人深刻，伦理使人庄重，逻辑修辞使人善辩”。

可见，无论读哪一方面的书都是有益的，阅读是领导者的知识之源。这也正是像张瑞敏这样的一流领导者们之所以在飞机上都坚持读书的根源。

然而，爱读书并不一定善读书，不善读书者是因为不得其法。读书得其法，会获得精神营养和愉悦；不得其法，两者皆不可得，还容易损害身心。说到底，读书应该讲求方法。

当今许多人不会阅读主要表现在：自己选书没主见，完全凭着个人兴趣或完全听从他人的指点。如今，各种书籍可谓应有尽有，如果不加选择地阅读，除了浪费时间与消磨精力，不会给人带来多少好处。在知识爆炸的时代中，面对如海书林，最重要的是选择。

选择书目可根据自己的职业要求与兴趣爱好。对于可提升专业水平的书，要多读，并尽量精读；对于可扩充知识面，与自己的工作需要关系不大的书，可略读，不宜花费太多的时间。

明确读书的重点。一旦选择好了要读的书籍，接下来就是从中找出重点。读书如果没有重点，要么走马观花，看过后马上就忘记了，要么过于精读，任何情况下都逐字逐句地读，这导致阅读速度过慢，并且阅读之后收获不大。宜精读的则精读，宜粗读的则粗读，不宜读的则不读，才是明智之选。

可以先泛读，以期从中找出重点，这是一个筛选的过程。对于重点内容中的重点句子以及重点句、重点词汇都要作出标记，而把那些多余的语言和词汇过滤出去。对于你所确认的重点内容，可以边读边记笔记。我认为读书要三到，即“心到，眼到，手到”。如果读书不用心，则眼看不仔细，心和眼既然都不专一，却只漫无边际地诵读，绝对不可能记得长久。所以，读到有感触、有启发的地方，要勤动手，摘录原句或做上记号，进而写些笔记心得，这样才能将知识吸收、消化，与自己的思想融会贯通，成为自己的知识。

进行归纳总结。要对笔记进行归纳、分类、整理，使之网络化或条理化。这本书到底介绍了些什么？可以按不同的关键词进行分类归纳。整理出来的内容要进行外储，或者抄录在本子上，或者加注眉批。一本书读到这个时候甚至只用几个“关键词”就可以把全书的重点内容归纳起来了。掌握了全书的精神实质后，就会感到书本变薄了。越是懂得透彻，就越有薄的感觉。这并不是学的知识变少了，而是把知识消化了。但这只是把书中的内容“消化”了，还没有达到“吸收”的阶段。只有吸收了才会变为真正的“营养”。

充分吸收。读书的最后一个步骤，就是充分吸收。怎样才算是吸收了呢？你要把书中提炼出来的精华用于自己的实践。比如读过一篇文章，你要自己写一篇文章，用到那篇文章的精华，但可能没有引用其中的任何一个字。除了你自己，就算是那篇文章的作者也不知道你的灵感来源于那篇文章。这样才算是“吸收”了。要想真正消化吸收，主要靠自己，需要天赋，更需要勤奋和努力。

当厚厚的一本书“变薄”了，那就证明你掌握了书中的知识。这个时候最需要的就是对知识的巩固和提高，由“薄到厚”的读书过程也就开始了。由薄到厚的过程是知识的不断丰富、积累的过程，最终使知识产生质的飞跃。

读厚的过程，应该表现成一种循序渐进的态势，从点到面，不断地扩展。“读厚”要求对相关联的人、事、理、知识点作横向沟通，并力求在越界而读上下足功夫，以架构立体式的知识网络，优化视野结构。读多了，读通了，读精了，必定会延伸到其他有关的知识。

对于读书来讲，就是要做到“博中有精”，博是精的基础，精是博的前提。既博览群书、扩大知识面，又精读一门、深入研究，这样读书，必定会大有收获。

拥有“空杯精神”，进行自我更新

在知识经济时代，每个人都不能仅停留在已有的知识层面上，而要不断地自我更新。自我更新不仅是指对新知识的学习，还包括了对新经验、新观念的接受。自我更新的前提是保持“空杯精神”。这是每一个职场人士必备的精神，也是最需要的精神。

拒绝学习、拒绝自我更新，这是领导者们最可能犯下的错误。必须承认，能当上领导的大都是禀赋不错、学识渊博的人，他们的业绩就是明证。但这也给领导者们带来了一种潜在的危险，那就是拒绝自我更新。拒绝自我更新，那就是选择失败。

成功的领导者都格外重视“空杯精神”。如平安保险公司董事长马明哲就特别喜欢向每个员工倡导“空杯精神”。他说，每一次工作都应从零开始，每一天都是一个新起点，都应以一种崭新的精神去学习新东西。

每天都要把自己想象成一个“空杯”，然后以谦卑的心态去学习新知识、新技能，不断充实自己。如果一味骄傲自满，总认为自己能力非凡，那将永远停留在原地无法前进。当原有的知识和想法已经无法适应新的潮流的时候，自然就会被时代所淘汰。

要想不断进步，就要拥有“空杯精神”。如果想有更快更好的发展，就一定要主动淘汰自己，主动进行知识更新。领导者要“清空”自己，不要把过去的光环背在身上。无论是名校、高学历还是过去辉煌的业绩，在进入新环境、转换新角色后，都应将它们忽略。要迅速适应现在的角色和环境，将过去的能力转化为现在的能力。要想提升工作能力，最重要的一点就是彻底放下“我曾经怎样”，而时时想着“我现在应如何”。有了这样的心态，就能最快地在新环境中找到自己的位置，取得新的业绩。

卫哲从上海外国语学院毕业后，应聘到了一家证券公司做总经理秘书。卫哲时时告诫自己：“以前的一切全都过去了，现在我要重新开始。”

秘书工作虽烦琐，但卫哲要求自己尽力做到最好，包括像端茶送水这样的小事儿。老板看到了这一切，于是提拔了他。经过不懈努力，卫哲 24 岁时就出任了上海万国证券公司资产管理总部的副总经理。

当上高层领导后，卫哲为了提高自己的财务管理能力，主动去了一家会计师事务所，谋了个较低的“财务专员”的职位。卫哲丝毫没有感到委屈，他反而很高兴，因为他学到了许多新东西。很快，他就脱颖而出，从一般的财务顾问到经理，再到总部高级经理。之后，年已不惑的卫哲又成为阿里巴巴网络有限公司执行董事兼首席执行官。

卫哲之所以用短短十多年时间就完成了职务升迁，跟他在职场中能持有“空杯心态”有很大关系。

不论你是职场中的新人还是老人，不管你从前在多么著名的企业取得了多么大的成绩，也不论你是从什么名牌学校毕业、取得过什么荣誉证书，来到新岗位以后，都要从零开始，放空过去，从头开始学习。这样才能让自己不断进步，有新收获。

百度总裁李彦宏曾在一次公司全体中层管理者参加的战略沟通会上，宣布了百度提拔干部的三个重要标准，“保持学习的心态”赫然列于其中。

其实李彦宏本人就是一个非常热衷于学习的人。在过去的十几年当中，他从来没有离开网络超过 24 小时，每天早上起来的头一件事，就是上网看看业界新闻和产业动态，看看有什么新的知识和现象需要学习和研究。一直到今天，他这种持续学习的习惯都没有改变。

工作每天都有新情况、新挑战，我们每天都要面对新事物，所以每天都要学习。学习是职业发展的基础，只有不断地学习，掌握新知识、新技能，视野才会更开阔，思路才会更清晰，才能充实和提高自己的能力和水平，进而适应实际工作的需要，促进个人和企业的发展。

新知识、新技能是开启未来的钥匙。作为一名领导者，你已经掌握了工作所需的一切知识和技能了吗？你是不是该学习了呢？你可以经常自检一下，看自己是不是该学习了？

1. 快速升职后要学习

当你被提升到更高职位后，这个时候要问问自己：我的能力、学识与岗位匹配吗？职位升级后，如果不提升学习力，能力就不会升级，最终你会因不能胜任而被淘汰出局。

2. 不懂的东西增多时要学习

工作中的一些现象和问题，你看不懂了；行业中的一些情况无法理解了。这时，你需要学习了。

3. 没有新东西时要学习

也许你在某一行业中已经具备了良好的技能与丰富的经验，但是，在新环境中和新对手面前，有时你会变得毫无优势可言。和同事一起工作，或在给员工培训时，如果翻来覆去都是过去的经验，没有新东西。这个时候你就需要学习了。此时，唯有心态归零，看到差距，主动学习，才能真正取得成功与进步。

4. 职业发展受阻时要学习

怎么干都没有业绩，无法得到员工的满意。此时不要埋怨环境，不要埋怨他人。唯一能让你走出困境的就是不断学习。不必担心有没有更高的职位，而是要担心你有没有任职的能力。

学习、更新，这是今天的竞争形势对领导者们提出的残酷要求。只有真正做到心态归零，不断自我更新，才能成功掌握未来。

具备非凡的学识，展现出众的领导力

作为领导者，要想建立自身的非职权影响力，就要加强学习，通过不断提高自己的知识水平来增强领导能力，从而赢得员工的信赖和尊敬。

优秀的领导者懂得以识树威。以识树威中的“识”主要指学识和经验。渊博的学识和丰富的经验，是形成领导者影响力的基本条件。追求知识是所有人的需要，人们对有知识的人有一种自然而然的敬重感。因此，博学的领导者更能获得员工的认同，也更能发挥其影响力，而且，这种影响力是超越职权范围之外的，作用往往更加深远。

拥有广泛的行业知识和优秀的从业经验，会对影响力产生正面影响。这便于领导者准确把握本行业的市场、产品、技术等状况，对于领导目标决策有着重要的作用；同时，知识和经验还可使一个领导者拥有良好的人际关系和声望，从而提升影响力。知识和经验是一种力量，是一种丰富的权力资源。开发这种资源可以帮助领导者树立威信，得到其他额外的益处。

知识、经验有两种，一种是专业技术方面的知识和经验，另一种是管理方面的知识和经验。领导者要树威最好是把知识和经验结合起来，集于一身。知识和经验是领导力的基础。作为领导者，不仅要有领导团队的才能，对手下的专业工作，也同样要精通，这就是所谓的“内行”领导。现在，有许多企业倾向于从基层员工中培养中层管理者，从中层管理者中挑选高层领导者。这些企业所看重的就是这些人有着适合于本企业的工作经验，也就是说，在专业知识方面，他是一个内行。

专业技术出身的领导者，要多多积累管理方面的经验，而工农出身、政工干部出身的领导者则要多多学习和积累专业技术方面的知识和经验。“汽车大王”福特在少年时代，曾在一家机械商店当店员，虽然薪水微薄，但他却舍得花钱买机械方面的书，从未间断。当他结婚时，除了一堆堆的机械杂志和书籍，没有任何其他值钱的东西。然而就是这些书籍，使福特的专业技能不断增强，最终开创出了一番事业。

领导者只有不断提高自身素质，加强修养与锻炼，掌握工作的相关技能，才能使下属对你既有敬佩感，又有亲密的信赖感，从而产生一种非凡的影响力，提高领导效能。

领导者要想在激烈的竞争中谋求生存和发展，就必须苦练“内功”，也就是通过学习获取一定的知识技能。有些领导者自信不足，通常与“内功”不深有关，也就是说，其知识储备、行业经验还有欠缺，因此常常会表现得底气不足。想改变这种状况，就要不断学习，充实自己，使自己成为业界的专家，你自然就会变得自信。

有位记者曾问华人商业领袖李嘉诚：“您成功靠什么？”李嘉诚毫不犹豫地回答：“靠学习，不断地学习。”不断地学习知识，是李嘉诚成功的奥秘！

李嘉诚勤于自学，在任何情况下都不忘记读书。青年打工期间，他就开始学习，创业期间坚持“抢学”，事业有成后仍孜孜不倦地学习。李嘉诚一天工作十多个小时，仍然坚持学英语，每天早晨七点半，上完课再去上班，天天如此。懂得英文，为李嘉诚赢得了诸多国际商业机遇。后来，李嘉诚年逾古稀后，仍爱书如命，坚持不断地读书学习。

不断地学习知识，正是李嘉诚成功的奥秘。随着岁月的流逝，我们赖以生存的知识、技能也一样会折旧。只有持续学习，才能不断获得新知，增长才干，扩大影响力。

以才干能力树威比以知识经验树威更重要。以识树威使人信服，以才树威使人佩服。这里的才干主要指领导者的认知才能、决策才能、协调才能、组织才能等。

在领导者应该具备的许多才能中，综合分析能力是一种高级智能，是领导力的基础。一般情况下，人们常把综合分析能力作为判断领导者能力高低的主要标志。例如一位领导者刚上任，其下属往往会在私下议论、评价他的“水平”如何。当看到这位领导者在很短的时间内便熟悉了情况，抓住主要矛盾，准确有效地解决了一个个难题时，下属会赞扬领导者有“能力”。这个“能力”主要指这位领导者的观察、思考和决策等方面的能力。从本质上说，也就是指他有较强的综合分析能力。

领导者只有具备了较强的综合分析能力，才能适应工作要求。否则即使工作热情很高，责任心也很强，整天忙忙碌碌，工作也理不出头绪来，拿不出行之有效的计划和方案。这会导致下属的积极性不高，只因领导者的综合分析能力不高。

提高综合分析能力的一个重要途径，就是领导者必须勤动脑，善思考，有效地促使知识转化为能力。可以说，不爱思考、动脑者，永远也不可能具有高超的综合分析能力。

提高综合分析能力，离不开思考力和洞察力，同时与知识面、信息量、资料多少有关。这些是综合分析的物质基础，可以给你新颖的事物发展动态，是领导者进行综合分析时必不可少的“武器”。对于各种各样的资料、信息，领导者在进行综合分析时要去粗取精、去伪存真，由此及彼、由表及里。切不可作出主观、片面和表面化的综合分析。

尽力修炼以上各种才能，员工会认为你是个不错的领导者，跟着你干准没错，于是你就有了感染力、影响力，就有了不一般的威信力。

第十一章

绝不安于现状，以创新精神引领潮流

一个领导者能否在职场长久立足，取决于有无创新意识和创新能力。只有创新才有出路，才能给事业带来生机，才能在激烈的市场竞争中谋得一席之地。创新是必需的，但不可盲目。任何领导者都要找准自己的创新方式，别墨守成规或一味照搬经验。成为与众不同的创新者，才能不断向前超越。

没有创新力，就没有领导力

今天一个领导者要想立足职场，将以有无创新意识和创新能力来论成败。创新是一个人知识和能力结构中最有价值的部分。不创新就意味着衰败，衰败的后果必将是死亡。“不创新，即死亡”已经成为很多领导者的座右铭。

阿里巴巴的创立者马云虽然不太懂互联网技术，却成为电子商务的领军人物，这归因于他有着强烈的创新意识。他曾说自己是一个“三天没有新的想法就难受”的人。人生需要不断创新，领导者更加需要创新。要成为一个领导潮流的人，你就必须成为一个创新者。要想开创工作的新局面，就必须具备创新能力，要根据本行业发展的动向及单位的具体情况，及时提出自己的设想，不断创新工作方法。

在处处充满竞争的时代，对于每位领导者来说，如果想在事业上有所成就，就必须努力培养和展现自己的创新素质。如果缺乏创新能力，说话做事墨守成规，因循守旧，就不能成为好的领导者。一个人如果没有了创新意识，就不可能花心思研究新事物，只是遵循前人的步伐原地踏步而已，永远不可能有什么惊人的成就。假如你的思维或产品一成不变，一点都没有新鲜之处，那么它们就会苍白无力，很快就会被淘汰。

2003 年，一家巨额亏损的传统企业向法院申请了破产！这颇令人震撼，因为这家企业的产品品牌是“王麻子”。像“王麻子”这样曾深入人心、受国家重点保护的品牌怎么会倒闭呢？经过深入分析，我们发现：“王麻子”因为保守而遭到淘汰。300 年前最先进的技术，在现今也绝对称得上是最落后的技术了；几十年前最流行的样式，在现今也只能被称作老古董了。而可悲的是，这一品牌真的没有做过任何革新，直到死亡。

如今，随着科技的日新月异，没有任何产品能永远畅销，没有任何人能永远成功，在“快鱼吃慢鱼”的时代，要求个人必须是创新型个人，团队必须是创新型团队，企业必须是创新型企业。企业只有不断创新，总是走在时代的前列，才不会被淘汰。

美国著名企业家亨利·福特，率先设计出了汽车装配流水线，它使用标准化零部件和高架供应线，使得大批量生产统一规格的黑色“T”型车成为可能。这一在福特脑中酝酿了整整一年的创新思维，使福特成为一度占有68％世界汽车市场的“汽车大王”。

但当福特陶醉于他创新思维所取得的巨大成就的同时，不幸地因安逸而在大脑中埋下了“思维定式”的种子。他公开宣称“福特公司自此以后只生产黑色的‘T’型车”。因而当美国汽车市场渐趋饱和，早期购车人需要更新车辆，对汽车的档次、性能、外观有了更高要求时，福特产品死于他的“老面孔”。

而美国另一著名企业家、通用汽车公司总裁斯隆，看到了福特公司产品单一、款式陈旧等这些设计上的致命弱点后，根据市场需求，设计制造出了不同颜色不同档次的汽车，并且首创了“分期付款、旧车折旧、年年换代”等汽车销售措施，一举击败了福特汽车公司，登上了世界第一汽车制造企业的宝座。

没有创新就没有突破，没有突破就没有生命力，迟早被淘汰这是很正常的事。作为一个领导者，要想使自己的事业成功，财源广进，创新是开启财富之门的钥匙。在多变的世界里，刚刚制造出的产品有可能在一夜之间就过时了。许多在过去很见效的商业模式将不再适用。为了赢得未来，你必须对企业的方方面面进行经常性的创新。市场经济规律告诉我们：成功的喜悦从来都是属于那些思路常新、勇于创新的人。

曾有记者问过皮尔·卡丹：“您是如何越过那些事业发展中的阻碍，一步步走向成功的？”他毫无保留地说：“思维创新！然后为之付出实践，再不断地进行自我怀疑，这就是我成功的秘诀。”

在设计女性时装上的成功并没有让皮尔·卡丹就此停止创新的步伐。酷爱钻研、敢于创新的他决心要打破女装一统天下的格局。但在当时的法国时装界，有一种沿袭多年的传统看法：真正的服装设计师只能问鼎女装，而设计男装则会被人们指责为离经叛道。但是皮尔·卡丹没有被此羁绊，强烈的创新欲望促使他更加大胆地向男装领域进发，立志要设计出优秀的系列男装。

1959 年，皮尔·卡丹在巴黎举办他的时装展示会。展示的服装既有女装，也有男装。他的这一举动使他成为了众矢之的，业界人士纷纷将矛头对准了他，一时之间，皮尔·卡丹在名誉和经济上遭受了双重打击。然而，皮尔·卡丹并没有因此而退缩，他认为，如果女装可以做到极致，那么男装又有何不可呢？在强烈信念的驱使下，他继续设计男装，并不惜重金聘请模特，扩大规模。几年后，皮尔·卡丹终于迎来了男装市场的春天，由他设计的系列男装迅速占领了法国男装市场，并且很快风靡全球。

皮尔·卡丹正是凭借着一种强烈的创新意识，在一个限制严苛、顾客有限的特殊行业中闯出了一条新的道路。

只有创新才能让你有机会超越常人。对于领导者来说，要想在职场中获得成功，就必须敢于标新立异，推陈出新。要时刻想着：“我怎样做才能与别人不一样，并且比他更好”，而不是“我怎样做才能与别人一样好”。只有具备这种意识的人，才能赢得竞争的主动权。

毫无疑问，富有主动性的领导更有创造力，这样的领导者必将能够带领组织不断发展，不断前进。

发现问题是创新的第一步

在一个企业中，上至领导，下至最基层的员工，不论他从事哪个类别的工作，问题总是避免不了的。也就是说，世上没有任何没有问题的工作，或者说，只要你在工作，就永远会碰上问题。

工作的过程，其实就是一个不断发现问题、不断解决问题的过程。而只有对问题进行深入思考、研究，才能解决得更透彻。但在开展领导工作的时候，有很多人不愿思索，凡事多问几个为什么。他们习惯于指望下属，下属怎么说他就怎么引导，平时怎么做现在还怎么做。他们从不主动提问、思考，因此，他们很容易犯错误，或是原地踏步。这样的人，不管工作年限有多长，也不管跳过多少次槽，学不会主动提问，也就永远发展不了。

发现问题是创新的第一步。首先需要从自己不满意的地方找出存在的问题。这里所说的问题是指实际状态与期望状态之间的差距。与期望状态相比，实际状态表现为落后、保守或差距等，因而，导致人的不满足感。人的这种发现问题的意识就是创新的力量源泉。

在工作中多问几个为什么，能让我们发现问题，少走弯路。这需要特别注意独立思考。只有在独立思考的过程中，思维能力才能得到锻炼及提高。诺贝尔物理学奖获得者韦尔特曼说："成功由很多因素造就，关键在于你必须是一个独立思考的人。"而独立思考表现在不轻信、不盲从、不依赖，凡事都要问个为什么，经过自己头脑思考明白之后，再接受。

不少成功人士都懂得提问之道。爱因斯坦曾说："我没有别的天赋，我只有强烈的好奇心；我没有什么别的才能，不过喜欢寻根究底地追究问题罢了。"台湾著名企业家王永庆就深谙发问的奥妙，他的"打破砂锅问到底法"，为他的有效决策做出了非常大的贡献。工作中一旦出了问题，我们也应多问几个为什么，这样才能真正解决问题，而不是暂时糊弄过去。

大野耐一是丰田公司的领导者，他创造了著名的"丰田生产方式"。其实他既没上过MBA（工商管理硕士），也没有读过多少经济学著作，那为什么还能在管理上取得这么大的成就呢？也许他有特殊的管理天赋和能力，且抛开这些不说，我们或许可以从他处理问题的方式中找到一些答案。

大野喜欢打破砂锅问到底，遇到问题他要连问好多个为什么，然后找出解决问题的办法。

有一次，机器突然停止了转动，大野问："为什么机器不转了？"

员工回答："工作负荷太大，保险丝烧断了。"

大野再问："为什么负荷太大？"

员工回答："因为轴承部分不够润滑。"

大野又问："为什么不够润滑呢？"

员工回答："润滑油泵吸不了油。"

大野还问："为什么吸不了油？"

员工回答："因为油泵磨损，松动了。"

大野追问："为什么会磨损？"

员工回答："没有安装过滤器，从而使铁屑混入。"

事故的真正原因找到了，于是，大野马上在油泵上装上了过滤器，之后机器也就能够正常工作了。

大野就是凭着强烈的问题意识，用简单的"几个为什么"找到了问题的根本原因，然后彻底解决了问题。

换作我们，能问几个为什么啊？是不是以为负荷太大了就是根本原因了？或者以为轴承不够润滑是根本原因？把这些当成根本原因的结果是，可能可以应付眼前的故障，但过不了多久，同样的故障一定会再次出现，长此以往，生产效率必定会降低。

成功的领导者都喜欢问自己："问题的原因是什么？"他们遇到问题时，不会因循守旧，不会被动去接受他人的观点，而会多问一些"是什么""为什么""怎么样"等，有了这样的习惯，他就能主动思考、观察，寻求新的思路，有了这样的习惯，他就不会只做一个机械的操作工、搬运工，这样的人最容易成功。

我们应养成这样一个习惯：在生活、工作中遇事要问个为什么。我们应培养以下一些问题意识。

1. 有疑问就发问

不要害怕问问题，即便是别人都没问过的问题。意识到问题的存在是思维的起点，当你感到自己需要问“为什么”“是什么”“怎么办”时，才算是真正发动了思维，否则，思维就容易处在肤浅的层面上，难以展开和深入。强烈的问题意识是思维的动力，思考是由一连串的问题组成的。如果能大胆发问，不犹豫退缩，就会不断地提高知识储备，拓展观察视野，直至作出创新。

2. 从工作中的中心问题入手

任何一项工作必定会有一个重要因素，对全局起着决定性作用，直接控制着全局的态势，决定着其他相关问题的性质和解决。富有创造性的领导者的高明之处，就在于敢于正视纷乱而复杂的工作，经过冷静分析后，善于抓住中心问题，从而找出切实可行的解决方法，使工作朝着既定目标前进。

平时多读些充满睿智的思维故事，并进行认真理解及体会，有助于培养我们的问题意识。具有问题意识，让自己多思多问，才能逐渐培养分析推理能力、创新能力。这样自然能够改进工作，提高领导效率。

以新方法做事，摆脱“老一套”的束缚

只有不断创新才能让事业变得强大。但在现实当中，有不少领导者都爱因循守旧，做事和思考问题总是爱用过去的经验衡量，“过去我是怎么做的？”然后再据此作出自己的判断。而在客观环境发生变化时，依然固执己见。

按照老经验做事的主要原因是由于思想保守，惧怕失败，“以前没做过，万一失败了怎么办！”因此总是因循守旧，而忽视了因客观条件的变化需要采用新方法。领导者大都具有丰富的工作经验，对很多事情容易一味地按照老经验去办。相信并依赖经验会使领导者产生行为惯性，这是惯性思维的结果，其害处表现在它阻碍了领导者的创新意识，降低了工作效率。

事实上，随着岁月的更迭，任何新事物终究要转变为旧事物。世界上没有永恒不变的方法、规则、战略，正因为变化是永恒的，所以只有根据市场的变化去决定企业的战略、做事的方法和行为方式，才能跳出“行为惯性”“思维惯性”的怪圈。

领导者应摆脱“老一套”的束缚。对各种方法不断尝试，随机应变地不断研究和发明行之有效的解决问题的新方法和手段。这样才能真正做到突破。所谓突破就是打破旧的传统、习惯、经验等思维定式，使创新产生质的飞跃。

2006 年年初，海尔集团推进本部亚非中心的张庆福成了最耀眼的明星，因为他业绩突出：使海尔冰箱和冷柜在尼日利亚份额排名第一。他能够在尼日利亚打开冷柜销售市场，是开动脑筋，充分发挥创新意识的结果。

2004 年，海尔集团派张庆福去尼日利亚拜访海尔驻当地的营销经理。见面后，这位外籍的营销经理向他抱怨说，尽管海尔的产品质量不错，但在那里却很难卖。

张庆福忙问为什么。经理告诉他说：“尼日利亚电网不严密，电压不稳定，经常会停电。由于天气炎热，前几天他特别想喝冰镇饮料，就去附近的商店买冰块，结果商店老板说冷柜已经停电十几个小时了，冰块早就化成了水。”

张庆福听了之后，一琢磨，觉得让冷柜好卖只有两个办法，要么等着当地电力建设的改善，要么海尔改善自己的产品，让众人在停电的时候也能吃上冰块。

冰柜要用电才能维持正常的运转，停电也能吃上冰块，这乍一听似乎根本不可能。但是，张庆福并没有对客户的问题置之不理，反而动员大家夜以继日地想方法，最后，他们研制出了一款新型的、制冷后保温时间超过100小时的冰柜。

海尔的这款冰柜上市后，立即在当地引起了轰动，市面上几乎所有卖冰块的小商店全都换用了海尔冰柜，不仅如此，还带动了海尔其他产品的销量。

如果换成是你，遇到同样的问题，你能做到停电也能吃上冰块吗？大多数人肯定以为这简直是荒谬，不可能的事，但张庆福做到了。他为什么能够做到？就因为他没有在有限的条件面前退缩，而是运用智慧将不可能变成了完全可能。张庆福的事例告诉我们，工作中遇到问题没什么大不了的，创新就是解决问题的真正方法和钥匙。

既有的知识和经验有时会成为进步和创新的羁绊。所以，一个人要想在事业上有所突破，就必须学会突破已有的知识和经验，只有不被原来的知识和经验钳制住，才能转换自己的思维和想法，实现事业的新发展。

要摆脱和突破一种思维定式的束缚，常常需要付出极大的努力。无论是在思考问题的开始，还是在创新思考的某个环节上，当我们的思考活动遇到了障碍，难以再继续下去的时候，往往都有必要认真思考一下：我们是否被某种思维定式捆住了手脚？在常规方法之外，是否还存在更好的解决问题的途径？只有这样，才能抛弃旧的思维框框，让思维变得更加灵活多样，从而增强自己的创新能力。

掌握并运用下面几种方法，有助于你跳出惯性思维，培养创新能力。

1. 远离习惯性思维

如果你遇到了一个新问题，不要忙着打开电脑去搜寻答案，也不要钻进图书馆乱翻资料。暂时把自己隔离起来，不要让习惯思维扰乱了你

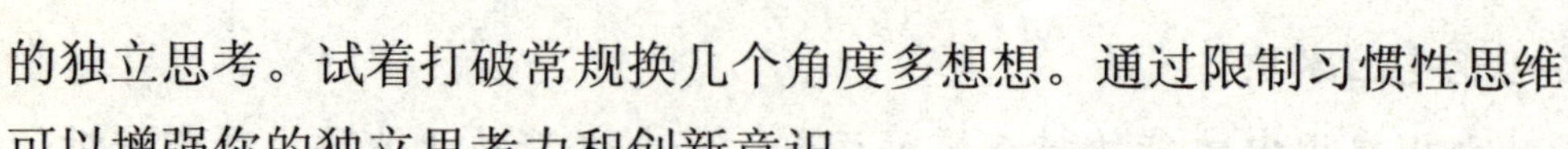

的独立思考。试着打破常规换几个角度多想想。通过限制习惯性思维，可以增强你的独立思考力和创新意识。

2. 主动去寻找不一样的观点

与其沿用一个旧想法做事，不如有意找寻、创造一种新观念、新方法。独立思考者都不会循规蹈矩，他们总是尝试以新的眼光看问题，而不是沿用一成不变的思维模式。过去有用的，不等于现在也有用，摈弃老一套，也许你会发现一条新路。

3. 培养思维的独创性

特立独行的思想不仅是唯一，并且是无价的。我们在生活中读到、看到的往往都不是什么独特的东西，无论我们从中学到了什么，都容易是生搬硬套的常规知识。当我们像常人那样思考时，就会得到最常规的结果。假如我们想超越他人，就要拒绝惯性思维，让自己特立独行。

4. 培养思维变通能力

在思维过程中，需要创造性思维。而创造性思维的一个表现，就是敢于打破常规，进行变通思维。思维的变通性又称灵活性，是指思路开阔，善于根据时间、地点、条件等的变化，迅速灵活地从一个思路跳到另一个思路，从一种意境进入另一种意境，从多角度、多方位地探索、解决问题。

真正有智慧的领导者重视经验，但不受经验限制。他懂得运用惯性思维处理一些小问题，同时更能随时、主动地突破传统，用创新思维赢得先机。打破常规进行思维，是创新型领导不可缺少的特质。一旦学会了打破常规进行思维，就会迎来一片崭新的天地。

找到创新突破口，创造机遇

人生需要不断创新，只有创新才能让你有机会超越常人。诺贝尔物理学奖获得者朱棣文认为：“要想取得成就，最重要的一点就是要学会用与别人不同的思维方式来思考问题，也就是说要有一定的创造性。”

在信息时代，创造性思维是各行业人才所必须具备的基本素质，也是想有所成就者最应该具备的一种能力。在当今竞争激烈的职场中，可以说，创造力决定成败。

在创造过程中，领导者应该不断学习借鉴，这是无可非议的，但学习主要是学习他人的方法技巧，并由此开展自我创新，而不是刻板地学习他人的一招一式。任何企业都要找准自己的生存方式，机械刻板地模仿别人或者跟风都不是长久的生存之道。有的管理者看见别人生产什么，还没弄清楚市场，就开始跟风生产，结果因质量跟不上或者市场饱和造成了不小的损失。

在我国众多的企业家中，做鹦鹉的人还有很多，不开发自己的产品，只是一味地模仿，最后企业都是以失败而告终。

领导者在学习借鉴他人方法的同时，要有所突破，从而形成自己的特色。

1986 年，邱继宝的“飞跃”集团经过 15 年的积累及发展，一跃成为拥有 10 多亿元资产的大型企业集团，跻入世界缝纫机优秀行列。

这样的佳绩，源于邱继宝非凡的创新能力。最初，飞跃集团所生产的缝纫机性能一般，已面临淘汰的危险。在此情形下，邱继宝用重金礼聘意大利、德国专家成立研究所，下了一番工夫后，一口气生产出 20 多种新机型，投入市场大受欢迎。

之后，邱继宝经过一番分析，认为许多人在穿厌了工厂生产的统一款式的服装后，会逐渐开始追求个性化，这就需要大量的独特的制衣商店，因此缝纫机还会有巨大的潜在市场。于是，他又确立了一个新目标：生产应用电脑技术的“傻瓜”缝纫机。

邱继宝的预料果然没错，在短短几年内，“傻瓜”缝纫机的销量就猛增了许多。

我们应该具有这样的观念：没有夕阳产业，只有夕阳企业。敢于创新，夕阳也能变朝阳。创新不一定是创造出一种商品，在原有商品的基础上，加以“模仿”和“改良”，都是独特的创新方式。

在世界上，瑞士手表曾称霸天下。但随着科学技术的发展，激烈的市场竞争使瑞士的手表厂有50%被迫关闭，欠了银行一大笔钱。这时，几家大银行的代理人一块儿向咨询专家尼古拉斯·海克发出请求，请他帮忙想办法，以挽救面临绝境的瑞士制表业。

尼古拉斯·海克以创造力卓越而著称。当他得知制表业的情况后，首先经过精心筹划，通过银行买下了两家濒临倒闭的制表集团。随后，开始在手表的“异”字上做文章。海克通过对手表公司产品的调查，发现有一个工程师设计的手表与众不同。海克立刻请那位意大利著名设计师精心设计手表的外形款式。此后，一种名叫“斯瓦奇”的手表问世了，这种表的表身均由五颜六色的塑料制成，其款式怪异。有的表的表底出人意料地浮现出一条彩绘小蛇，有的则是一幅毕加索的抽象画，有的整块表是一只小巧玲珑的红辣椒形象……这些表在怪异中表现了现代人十足的个性，给人以一种全新的感受。有时，为了纪念某个历史事件或商业促销活动，公司还生产数量不多的特制表，深受人们的青睐，斯瓦奇表被人们称为“戴在手腕上的艺术珍品”。

斯瓦奇表自上市后，立即成了世界最畅销的手表。海克公司借其东风，使其他牌子的手表也销路大开，从而使瑞士的制表业起死回生。

从这件事上，我们可以得知，成功与失败，有时只在一个小小的条件上。瑞士手表业能够东山再起，只是多了一个条件——“新”，由于海克的标新立异，“斯瓦奇”手表不仅具有实用性，而且具有艺术性，从而重登世界霸主宝座。

创新其实并不像想的那么复杂。一提到创新，人们就会总想着是创造一种新事物出来，其实这是对创新的一种误解，有时候并不一定非要发明什么东西，有时“模仿”与“改良”也是创新的方法。所谓“盖新祠不如修旧庙”，完全创新还要重新打造知名度，重新找客源，费时又费力；而改良式创新成本较低，还能借用原产品的知名度继续赚钱。相比而言，改良创新更划算，风险也要少很多。

创新求变不是生搬硬套，更不是不切实际地闭门造车，而是在模仿中改进，在改良中创新，以创新攻占市场，赢得机遇。

在确立创新目标的基础上，就需要选择创新的突破口。创新的突破口即突破常规，找到新招、新点子、好创意。领导者必须牢记一条真理，找到创新的突破口，就能创造机遇。

创新不能天马行空，要切实可行

领导者的创造力受限于他所接受的知识系统、道德系统和价值系统。由于这些系统的纷繁复杂，很多领导者的创造力被隐藏了，从而甚至认为自己没有创意。殊不知，任何一种系统都是人创造的，只要你敢采取全面的创新方式，必能拓宽自己的发展之路。

只有打破自我设限，不断进行创新，才能使企业始终适应环境的变化，跟上时代的步伐，获得持续的发展。因此，基业常青的企业领导者往往都是在不断地大胆尝试，不断地进行创新实践。经得住实践检验的创意，才是切实可行的创新。

有这样一个寓言故事是讲创新的。

猫是老鼠的天敌，有猫的存在老鼠就会胆战心惊。很多老鼠在偷食物的时候，总是被那走路悄无声息的猫袭击。

有一天，一群老鼠开会，讨论如何避免猫的袭击。一只自认为很聪明的老鼠说：“给猫的脖子上戴上一个铃铛。这样，猫行走的时候，铃铛就会有声响，我们听到铃声就能及时逃跑。”大家都认为这是个好主意。可是，老鼠们你看我，我看你地想：由谁去给猫戴铃铛最合适呢？

怎样才能戴上呢？这些问题无从解决。

于是，“老鼠给猫戴铃铛”就成了空话，人们的笑谈。

老鼠要生存，需要采取新对策防止猫的迫害，“给猫戴上铃铛”的创新思想是好的，却没有联系自身实际，没有一只老鼠可以完成这个任务。因此，盲目地制订一些创新计划就会成为空谈。

我们需懂得，创新其实不是一件简单的事，千万别盲目创新。在现实生活中，经常会见到一些创新项目只进行了一半就被迫下马，原因是做了一段时间才发现，这个项目并不合适，或者并不可行。此时，管理者才发现，实际情况和想象有很大的差距，不得不半路停止。不但前期投入资金无法收回，而且各项资源的耗费也是巨大的。

有这样一家企业，主要是生产儿童饮料。这家企业的儿童饮料在当地卖得相当不错，因为价格合适，质量过硬，颇受消费者欢迎，每年都能赚上几百万元人民币。

后来，这家企业换了一位新厂长叫侨杰。侨杰上任后，觉得企业资金充足，就准备再开发一个儿童项目。有一天，他发现儿童保健饮料有很大的市场，就开始招兵买马，准备生产儿童保健饮料。

经过两年的努力，儿童保健饮料生产出来了，推销员在推销儿童饮料的同时也卖儿童保健饮料。经过半年的努力，保健饮料没有卖出去多少，儿童饮料也开始滞销了。为什么呢？侨杰怎么也想不明白，自己为企业开发的创新项目，为什么就没有赚到钱，反而把前面做得好的儿童饮料也变成了滞销品呢？

原来，儿童饮料是一种对儿童发育起到一定辅助作用的儿童食品，消费者购买是因为这家企业生产的儿童饮料不仅便宜，而且质量也很好，儿童都喜欢。儿童保健饮料，毕竟含药，药的功效是治病，不属于食品，消费者认为，这家企业生产的饮料可能有问题，要不然为什么搭着保健饮料一起卖。所以儿童保健饮料没有打开销路，反而儿童饮料也开始滞销了。

侨杰由于没有经过市场调研，使得企业发展目标不明确，一味盲目创新求变，结果白白浪费了资源，招致失败。

创新要想切实可行，就需要充分了解自身优势和劣势，把握住关键问题，进而采取有针对性的策略，并且要通过创新实践来检验其可行性。创新不能天马行空，而是要建立在科学分析的基础上。

提高综合分析能力的一个途径，就是要坚持多实践，要做到理论与实践相结合。实践是决策的依据，要善于抓住每一次实践的机会，将其视为培养、锻炼、提高综合分析能力的良机，倍加珍惜，这是非常重要的。管理者应当认真对待职责范围内的工作，诸如各种管理工作、各项工作的计划和部署、各类信息的收集和整理、重要会议的组织和控制、年度工作总结等。这些都是提高综合分析能力的必要环节和途径，需认真对待，仔细完成。并在实践中学以致用，将知识尽快转化为能力，增强创新力。

领导活动的过程就是一部创新的历史。谁也别指望通过一次创新，就可以一劳永逸地享受创新的成果。当运用过去成功的经验来经营今天的事业而遭到失败时，我们只有凭借创新实践起死回生，在激烈的市场竞争中谋得一席之地。

根据众多企业领导者的经验，要想使创新切实可行，就应通过创新实践对原有的创新规划进行不断的完善、修正，吸收建设性的批评、建议，并与有各种特长的下属开展协作，以此弥补领导个人能力的不足，以惊人之举创造非凡业绩。

巧施措施，激发员工的创新能力

领导的真谛就是如何激发出员工的最大潜力为企业的目标服务。员工潜力的最佳表现就是他的创造力。领导者要鼓励员工培养创造意识，保护及激发员工的创造力。

吴凯是一家公司研究开发部的经理，他的公司专门为高噪声下工作的工人开发和生产耳朵保护产品。他是一个称职的管理者，总是尽量使用各种技巧，鼓励员工创新。

一个新的订单要求耳朵保护产品既可以防高频率的噪声，也可以防低频率的噪声。尽管公司做了大量的研究开发实验，却都生产不出这种类型的耳朵保护产品。

当该项目的工程师李治将几种原材料的最新实验结果拿到吴凯的办公室时，吴凯发现所有原材料的测试再次失败。一种材料通过了所有低频率噪声，而另外一种材料则通过了所有较高频率噪声。结论再明显不过，李治没能将两者结合起来。

吴凯把李治叫进了他的办公室，他说："我已经检查了实验结果，你的实验周详、彻底，给我留下了非常深刻的印象。"

他看了一眼实验结果，继续说："李治，你知道，这正是爱迪生解决问题的办法。他总是保留实验材料，分析实验结果，直到发现了解决办法为止。我相信，你最终也会按照这种途径发现解决的办法。"于是，李治带着数据离开了。

李治是一名优秀的员工。为了这个项目，他工作了几个月，一直都很卖力。他后来又仔细研究了这些数据，终于找到了解决办法！

不久后，李治非常兴奋地向吴凯汇报，说他发现了解决办法。而且，他还想到了更改原材料，以便在混合中的效果更好。为此他和吴凯都得到了提拔。

李治的成功，是和领导者吴凯的培养与激励密不可分的。有意识地培养员工们的创造力，是领导者低成本、见效高的选择，值得一再采用。

任何公司里最重要的资本，不是金钱、设备，而是具有创造能力的员工。作为领导者，为了更有效地激发员工的创造力，你应该做到以下几个方面。

1.鼓励员工提出自己的看法

领导者要随时注意倾听员工表达的新观念。无论这些观念如何荒唐可笑，也不可匆忙否定："这行不通！"要审慎地与当事人作进一步讨论、分析，并尽快做出决定。在员工向你提出意见的时候，要先称赞该员工提出意见的积极性。如果有需要批评的地方，也应采用肯定的态度。这样才容易激发员工的创造积极性。

对于那些对某项工作存在偏好的员工，要充分使用。因为他们对这项工作的改进通常有好主意。你可以主动询问一下员工：哪些步骤、哪些程序不是太有效，然后召集大家一起来认真讨论研究，找出解决办法，然后，认真地去尝试，并不断地从尝试中总结经验。

对于满脑子都是"怪念头"的员工，要表示鼓励和欣赏，促使他们做更多的实际工作来完善他们的构想。同时，你还要在公司会议上感谢这些员工，是他们带动周围的人也爱幻想。你要肯定这种精神，说明有价值的幻想并不是做白日梦，大有实现的可能。

2.鼓励小组间进行竞争

研究表明：竞争能激活脑细胞，激发创新意识。鼓励企业内部各小组间进行竞争，是鼓励创新的好做法。例如，一家知名企业曾让若干小组同时进行课题攻关，看哪一组能够拿出最佳方案。结果，竞争意识及挑战使小组成员情绪高昂，由此促进了新创意的诞生。

3.给予员工创造空间

一个员工即使再有能力，如果被一些客观的条件束缚了手脚，那么也只能是无能为力了。这就需要领导者为员工们提供创造空间。在合理的情况下要对既成的规矩予以变通，仔细分析来自一线员工们的意见，减少条文的细节，不要墨守成规。另外，不要以领导者的身份时时处处对员工们"光临指导"，而是给他们一些自主权，任由他们创造性地完成任务。

作为领导者，当你派某个人去做某件事时，千万别对他说："就这

么做”或“别那么干”。正确的说法为：“小王，你下去好好想想，看看怎么做最合适。”这样一来，员工的创新能力就会自然地发挥出来。

4.给创新者相应的奖励

为了使员工保持创新的积极性，应该设立奖金额，让创新成果大小与奖金的多少成正比例。虽然不能说“重赏之下必有勇夫”，但适当的奖励能更有效地挖掘员工的创新潜能。世界知名企业西门子公司就很尊重与欣赏员工的创意，并且设置了价值丰厚的奖励。西门子的 3 位普通工人曾提出了改进电路板质量的新方法，为公司降低了 12 万欧元的成本。这 3 位员工也因此分别获得了两万欧元的奖金。其实，只要创意可以赚钱或省钱，就要把赚来的钱适当奖励给有贡献的员工。

领导者要敢于提拔、奖励和支持敢于冒险创新的人，并且给他们从错误中学习的机会。显然，最高的奖励和表扬应该给予那些承担了高风险并取得成功的人。但是，“胜败乃兵家常事”。如果员工全身心地投入某项工作，最后却一败涂地，此时要给他们支持和激励，期待他们“东山再起”。

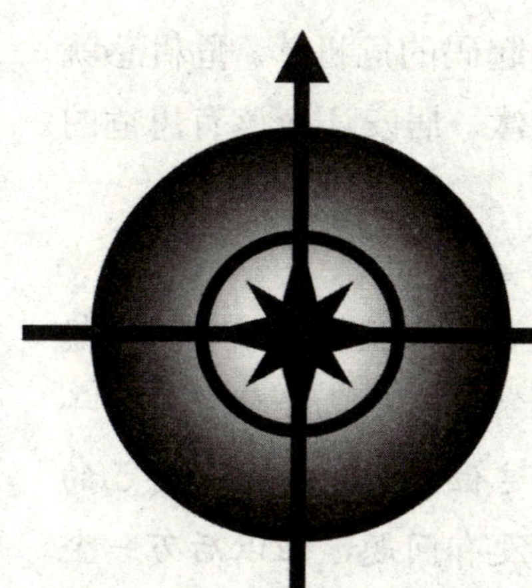

第十二章 理智应对危机，危机掌控力决定领导力

领导者应具有危机意识。领导者处于危机四伏的职场之中，随时随地都会碰到各种各样的意外、挫折甚至失败。应对危机的能力如何，直接决定着成败。领导者要这样应对危机：坦然接受，设法解决，绝不消极逃避。用智慧、用勇往直前的精神应对危机，必能把危机变成契机。

居安思危，做好应对危机的准备

在竞争如此激烈的今天，我们都应该具备起码的危机感。危机感就是觉得自己可能会随时被赶超、被代替、被淘汰。居安还应该有思危的意识和准备。

在著名的白沙集团，曾发生过这样一件事。

在一次领导者与员工的座谈会上，一位退休员工提出要换房，他想要从原来的24层换到第3层。有人不解地问："你既然已经住了好多年了，现在何必还要换？你不嫌搬家麻烦啊！"这位老员工道出了自己的苦衷："现在企业效益好，有电梯，我上下都没有问题，但以后万一企业垮了，电梯没法运行了，这24层让我怎么爬啊！"

老员工的一席话，让在座的管理者陷入了深思……他们都明白，这并不是杞人忧天，而是非常现实的事：如果白沙经营不善，不能稳健地发展，迟早会令所有白沙人陷入困境！

面对不期而至的危机，如果领导者毫无心理和措施上的准备，必然会陷入手足无措的被动与难堪境地。可以断言：没有危机意识是最大的危机。一个人缺失危机意识，必会惨遭失败；一个企业缺失危机意识，垮掉只是迟早的事。

危机也可以说是生存的代名词，一个人或是一个企业，如果没有危机意识，就会导致衰落或失败。英特尔公司原总裁安德鲁•葛洛夫将其在位时取得的辉煌业绩归结于"惧者生存"四个字。"惧者生存"指的就是危机意识。领导者应有危机意识。王永庆当董事长时讲过一句话："做老板有两个关键，一个是归属感，另一个是危机感，没有这'两感'就不够资格当领导"。

没有危机感的后果是可怕的。微软的比尔·盖茨的危机感是："微软离破产永远只有18个月！”正是这种危机感促使微软积极进取，不断创新，不断在软件行业中取得竞争的胜利，在短短20年内发展成为世界最大的软件企业。

早在2000年，任正非就提出了“冬天来了”的警告。当时，华为的收入正稳步增长，在国际市场上也有所突破，这不能不让人感到惊讶。但正是任正非强烈的居安思危意识推动着华为不断向前。百度的李彦宏也经常强调：“别看我们现在是第一，如果你30天停止工作，这个企业就彻底完了。”这就是一种危机意识，所以百度从来没有遭受过真正的危机。

一个企业的领导者是否具有危机意识，关系着应对环境变化的行动力，也决定着团队的成长与创新。一家企业如果满足于过去的成就，就容易忽略竞争环境的变化，而丧失危机意识。缺乏危机意识的企业，其变革的意愿就小、创新的动力就弱，也就越容易在竞争中遭受挫败。

如果企业的每位领导者都能保持危机意识，针对市场上的任何一个小的变化，尽早采取应变措施，自然会避免无路可退的难堪局面的出现。应对危机的最好办法，就是未雨绸缪，早做准备，这样才能在危机中寻找到转机，在变化中获取新利益。

明智的领导者总是能够居安思危、建立预警机制，防患于未然。具有危机意识，设想种种危机的可能性，制定相应的危机处理措施，当危机出现时就能从容不迫，应付自如。

世界著名的波音公司，为了增强员工的危机意识，曾别出心裁地摄制了一部模拟公司倒闭的电视片。该电视片的主要内容如下：

在天空灰暗、阴沉的一天，波音公司高挂着“厂房出售”的招牌，扩音器里传来“今天是波音公司倒闭的日子，波音公司已关闭了最后一个车间”的通知，一声声振聋发聩，员工们一个个垂头丧气地离开了……该电视片播出后，在员工中产生了巨大震撼，强烈的危机感使他们以主人翁的姿态努力工作，不断创新，使波音公司始终保持了强大的发展后劲。

波音公司的这种做法对所有企业员工都具有深刻的启示，那就是：一个企业要想在激烈的市场竞争中立于不败之地，企业上下必须要有危机意识。

领导者在居安思危的同时，应加强员工危机意识的培养。如果领导者不塑造紧迫的危机意识，员工就不会感受到竞争的压力。危机意识，能够提高人的警觉性，激发人的创造力，逼迫人摆脱危机，是一个人成长发展的重要动力。对于企业来说，危机意识不可或缺，甚至可以说，只有牢固树立危机意识才能真正避免危机。所以，领导者越用危机意识激励大家，企业员工越具有危机意识，这样就越能使企业转危为安，增强团队的凝聚力和战斗力。

海尔之所以能日益强大，其中的一个重要原因就是具有强烈的危机意识。海尔总裁张瑞敏总是感觉："每天都如履薄冰，如临深渊。"早在1984年，张瑞敏就曾当着全体员工的面，将带有质量问题的近百台电冰箱当众砸毁，使员工产生了一种危机感与责任感。就是这种强烈的危机意识，时刻激励着每一名员工不断进取、不断创新，这也是海尔取得成功的根源之一。

对于任何领导者来说，危机意识不可或缺。昨天的成绩不应是今天的资本，今天的赢家也不一定就是明天的胜利者。没有危机意识就会面临"杀机"，时刻保持危机意识就会迎来"生机"。一个领导者是否具有危机意识，关系着事业的成败。所以赶紧在竞争中树立危机意识吧！

经得起波折，才能成为优秀领导者

身为企业领导者，处于危机四伏的职场环境中，随时随地都会碰到各种各样的困难、问题、困惑、压力、失落、焦虑、挫折甚至失败，此时面对逆境是应心灰意懒，放弃逃避？还是知难而进，坚忍奋争？

心理素质差的领导，在工作中可能稍遇困境便产生不满情绪，轻则抱怨，重则会消极应对，甚至会放弃生命。而心理素质好的领导，当他们处于逆境中时，可能会感觉到疼，但却能坦然承受，让意志在逆境中越炼越强。在绝望的废墟中，他们具有创业必备的精神——坚忍。

什么是“坚忍”？坚忍就是不受外界眼光及言论的影响，不被它们干扰自己的情绪，即使在最危难的时刻，也不寄望于他人、不满足于平庸、不放弃诚信、不改变目标，能咬紧牙关承担责任，纵使体能耗尽，纵使身心受损，也要战斗到最后，这就是坚忍。坚忍既是一种“熬”的过程，也是历练自己的过程。

作为企业的领航人就要拥有积极奋发、乐观进取的坚忍心态，正确处理遇到的一切负面的东西，而积极主动地面对逆境的过程也就是改写事业进程的过程。

海尔总裁张瑞敏曾深有体会地说：“如果没有来自方方面面的对海尔的质疑甚至个别的恶意中伤，就没有今天承受能力更强、产品质量更好、更有能力驾驭复杂局面的海尔。我认为这是好事，这些质疑不管对错，对海尔都是一种提醒，我们会更好地改进自己。”可见逆境并非是坏事，因为每一次逆境，都孕育着成功的萌芽，每一次失败都将使你更靠近成功。

越是在最艰难的时候，越能磨炼领导者的意志，检验领导者的领导能力。你看，历史上那么多伟人都是从“逆境”中诞生的；那么多伟大的事业都是在大多数人想要“倒下”的时候所成就的。失败并不可怕，可怕的是失败之后再也爬不起来，失去了继续前进的信心和勇气。不管经历多少不幸和挫折，内心依然要热情如火，以屡败屡战和永不放弃的精神去对付挫折和困境。

几十年前，李嘉诚开始着手创业。取得几次成功之后，在资金不足、设备简陋的情况下，他就急切地去扩大塑胶企业，于是资金开始周转不灵，工厂亏损越来越严重。仓库里堆满了因质量问题和交货延误而退回来的产品，塑胶原料商开始上门催讨原料费，客户纷纷上门寻找一切借口要求索赔。

李嘉诚在付出了如此惨重的代价后，到了几乎濒临破产的境地。像任何身处逆境的强者一样，他没有倒下，经过一连串痛定思痛后，他开始冷静分析国际经济形势变化，分析市场走向。

几年后，咬紧牙关走出绝境的李嘉诚，开始生产既便宜又逼真的“冷门”产品——塑胶花。经过他的种种努力，如做好促销和宣传活动等，塑胶花开始引人注目起来，逐渐被香港市民普遍接受。

重新开辟出一条路的李嘉诚，在度过逆境之后，渐渐地走上了稳定发展的辉煌之旅。

任何逆境中都蕴藏着极其丰富的经验教训，都是不可多得的教材。从逆境中学到的东西，往往比从成功中学到的还要深刻。用智慧、用勇往直前的精神必能战胜逆境，赢得成功。

人要能经得起逆境。不管你多优秀，准备得多充分，仍然有可能遇到失败。这时你更要沉着冷静，坦然应对困境。一个领导者要这样教育自己和整个团队：坦然接受失败，决不怨天尤人。当人遇到困境时，采取的态度往往就决定了是否能反败为胜。迎着困境前进，通常困境就能被突破。如果一直往后退，困境可能就会把你压倒。

“新东方”总裁俞敏洪曾说：“人遇到困难、挫折和失败并不可怕，重要的是此时要拥有好的心态。世上有两种人，一种人遇到困难和失败以后就会害怕，就会充满绝望地倒下去，这种人就是所谓的失败者；另外一种人在遇到困难和挫折后，会用勇敢的心和坚韧不拔的意志去对待它，这样的人在未来是容易做成事情的。所以，我觉得无论你是否愿意往前走，总会遇到困境，但结果却可能大不相同，如果你不敢往前走，就会成为第一种人；但是当你敢于前行的话，你就会翻越过去。”

马云告诉我们：“在 2002 年面临互联网泡沫危机时，我的口号就是‘成为最后一个倒下的人，即使跪着，我也得最后倒下’。而且，我那时坚信一点，我困难有人比我更困难，我难过对手比我更难过，谁能熬到最后谁就能赢在终点。”

在困境面前千万不能输了斗志。对于暂时不能摆脱的困境，所应采取的最明智态度就是耐心等待。一个目光远大的领导者，应时刻抱有创业时期的坚忍精神，要坚韧不拔、坚定不移、坚持不懈，这能让人在困境中顽强地生存下来，赢得发展。今天赢了，不等于永远赢了；今天输了，只是暂时还没赢。任何时候，耐心都是最重要的品质，坚持到底就是胜利！

领导者不是天生的，是在逆境中造就的。在逆境中磨炼才能成长，只要走出逆境，再向前迈进，就会走得更稳健、更长远。

遭遇瓶颈时，更换跑道是最佳选择

毫无疑问，无论你是能力多么强的领导者，在发展过程中总会碰到瓶颈，面对走不通的路，“头碰南墙不转弯”是不行的。此时，你应当换个角度考虑，重新选择新的路。

先前的路之所以走不通，很有可能是因为方向原本就是错误的，所以注定不顺畅。如此“南辕北辙、背道而驰”当然不行，因为方向稍有偏差，就会“差之毫厘，谬以千里”。

另外，还有一种情况，就是当初选择的方向是正确的，但后来环境、形势等发生了变化，由于不懂得适时地调整方向，结果也只能失败了。前面已经没有路了，而你却还要硬往前走，那很有可能会走上悬崖或者掉进泥潭。

所以，富有远见的领导者都有一个非常好的习惯：如果此路不通，就另寻彼路，并且力争把它走好。

英特尔是存储芯片的开发者。在20世纪70年代，英特尔曾独霸存储芯片的世界市场，无人可敌。但是，日本公司的突然崛起，迅速地吞噬着英特尔存储芯片的市场份额。在此危急情形下，英特尔总裁格罗夫将如何与日本公司抗衡?

有三种选择摆在了格罗夫面前：与日本公司正面交锋？达成某种程度上的协商？或者退出市场，另寻新的商机？格罗夫以“偏执狂”闻名，人们都认为他极可能选择第一种方案。然而经过一番认真思索、分析后，格罗夫作出的决策让英特尔所有的员工都大吃一惊：放弃抗衡，战略转移。

对于当惯了“老大”的英特尔人来说，这样的决策是令人难以接受的。于是，整个公司陷入了无休止的会议和争吵中。经过数月的争辩，人们大都同意了格罗夫的意见。英特尔决定放弃曾经让公司辉煌的存储器产品，转而进军全新的微处理器市场。这个战略转折，关系到企业的生死存亡。

格罗夫开始寻找新产品，一种将所有电路置于一块单独芯片上的结构，可以像计算机那样通过程序来控制的产品引起了格罗夫的极大兴趣。经过将近一年的产业转型，英特尔推出了跨世纪的386微处理器，投入市场后，大受欢迎。正是这项技术造就了今天英特尔在微处理器方面的霸主地位。

调整是为了更好地发展。企业扩张，并非速度越快越好，因为市场扩大对企业发展是机遇，同时也是失去优势的危险所在。欲速则不达，尤其是在非常时期，更需要注重稳妥发展。在当今商界，要想领先市场，就必须学会放弃，不断创新转型。事实上，放弃是另一种方式的前进。暂时放弃，养精蓄锐，以待时机，这样的退后之后再进则会更快、更有效、更有力。暂时的退让是为了更好地前进，忍住一时的欲望，暂时放弃某些有碍大局的目标是为了最后实现更大的成功。这退中本身已包含了进，这种退实际上是一种进取的策略，能够掌握竞争的主动权，从而最后取得全局性的胜利。

大企业需要学会放弃，中小企业更应学会放弃。“船小”虽难抵大风大浪，但“好调头”却是自身优势。但有些企业却不懂这经营之道，明知无路可走，却仍苦苦挣扎，不甘心放弃。纵观现今的知名企业，又有几个是靠过去的一种产品或单一的经营发展起来的呢？真正的放弃，不是消极躲避，而是以退为进，养精蓄锐，再觅机遇。

我们发现，很多时候，在同行竞争中，为了赢得生存和发展的机会，往往依靠提升自身的技术来强行攻占市场。但是，当大家的技术都提升到了同一个层面，或者说在企业的赛跑速度受到阻碍时，应该怎么办？强攻不如智取，此时更换你的跑道是最佳的选择。

近年来，许多家电制造商发现行业竞争越来越强，获取的利润越来越薄。面对如此状况，海尔集团作出了“由制造业向服务业转型”的计划。

海尔集团董事局主席张瑞敏认为，与其他的产品不同，在家电行业的竞争中，技术革命已不再是主要的推动因素。因此，海尔决定实行生产业务外包，与生产商进行业务上的合作。例如，海尔电脑作为海尔集团的新型支柱产业之一，近年来，其品牌机的增长速度是比较快的。但是，由于海尔电脑的总部位于青岛，而运营中心位于北京，所以在电脑生产业务上，海尔集团本身很少涉足，而是让代工厂家进行生产。

海尔集团将主要精力从制造业中撤出，将未来的发展重点放在对用户的服务上，尽力满足用户需求，紧跟市场发展的脚步。“服务至上”，这可以说是海尔集团实施全球化品牌战略的一个手段，也是海尔集团面对非常时期所做的大胆转变。

其实，世界上有很多制造业企业在激烈的市场竞争中，不是完全靠速度去争夺市场，而是巧妙地将跑道更换到服务业上，从而轻松赢取市场。

在当前激烈的市场竞争中，靠提升速度赢取竞争的生存模式已经成为过去式。企业要想在竞争中取得胜利，关键还在于更换自己的经营思维，在竞争中不断去尝试新的生存发展之路。这就需要领导者有一个清醒的认识，根据企业所面临的形势，不断调整工作方法和思路；选准明确的方向后，根据企业所具有的优势，更换跑道，转型发展。这样才能真正先人一步，胜人一筹。

把危机当契机，增强企业凝聚力

危机，有时是危，但有时也是机。危机里往往潜藏着机会。明智的领导者懂得利用危机，在危机中做好凝聚人心的工作。

综观那些取得了巨大成功的企业，尽管其开始时的规模有大有小，但无一不是将“善待员工”的思想贯彻于企业经营管理活动的始终。企业的兴旺发达，归根结底要维系在广大员工身上。只有通过对员工的尊重、理解、信任等才能充分挖掘员工身上蕴藏的巨大潜能，调动员工的积极性，为企业创造更多的财富。在危难时刻，对员工的关怀和帮助显得尤为重要。

日本著名的松下公司非常尊重员工，能处处考虑员工利益，在危难时刻能与之同甘共苦。

第二次世界大战期间，世界经济不景气，绝大多数厂家都裁员自保，松下公司有管理者也提出要裁员，缩小企业规模。此时，总裁松下幸之助并没有同意这样做，而是毅然决定采取与其他厂家完全不同的做法：工人一个不减，生产实行半日制，工资按全天支付。与此同时，他要求全体员工利用闲暇时间去推销库存商品。松下公司的这一做法获得了全体员工的一致拥护，大家只用了两三个月的时间就把积压商品推销一空，使松下公司顺利渡过了难关。

松下“以员工为本”的做法，获得了员工们的大力支持，也为松下公司培养起了一个无坚不摧的团队。第二次世界大战结束后，松下公司难以为继，又因为曾为战争出过力，受到了占领军的打击，眼看就要垮掉了，这时，意想不到的局面出现了：松下电器公司的工会以及全国各地的代理商联合组织起来，举行了请愿活动，参加人数多达几万。面对游行队伍，占领军当局解除了对松下财阀的制裁，从而使松下公司转危为安。正是因为松下幸之助始终贯彻“以人为本，尊重职工，爱护职工”的经营理念，才使自己绝处逢生，也赢得了员工们的一致称颂。

领导者若想要员工创造出令客户满意的产品，那首先应该做的就是把员工照顾好，让他们觉得在企业里得到的是认可、重视、信任。企业遭遇危机时，摈弃员工不是明智选择，与其摈弃，不如和员工同甘共苦，共渡难关。员工在得到这些的同时，会报以无限的忠诚和全身心的投入。员工会心甘情愿地奉献自己的热情和汗水，为企业的振兴、发展做出尽可能多的贡献。

危机就是凝聚人心的契机。领导者要认清形势，在危机中设法将人们紧紧团结在一起，形成巨大的凝聚力。这必将会成为今后事业发展的巨大助力。

2009 年，全球刮起了金融风暴，很多企业面对眼前的危机都惶恐不安，纷纷裁员，规避风险；不少老板只保个人的利益，外部赖账，内部欠薪，有的索性卷铺盖走人，将员工遣散、债务等烂摊子让别人去收拾。这样做无疑给企业带来了不负责任和没有道德的影响，而且使企业人心涣散。

但并不是所有的企业家都这样做，有些企业家面对能够迅速收到成效的方法——裁员减薪，他们却选择了放弃。长虹集团董事长赵勇就曾宣布：“一不裁员，二不降薪，并继续广纳贤才。”他强调，员工是企业创造价值的主体，企业业绩不是靠“裁减人”裁出来的，而是靠“凝聚人”做出来的。

长虹的这种做法，体现了有担当、重责任的企业家精神，赢得了众人的一致赞赏。这是一种无形的财富，也将帮助企业“东山再起”。

《孙子兵法》提出:“上下同欲者胜。”意思是说，官与兵只要齐心协力，就可以夺取战争的胜利。其实，管理企业也是这样，尤其是企业处于非常时期时，只要领导者能与员工站在同一战线，时刻同心同力，必能战胜困难，走向坦途。

杰出的领导者都拥有足够的勇气来面对各式各样的危机，并且能够妥善、公正的处理它。危机时刻，与员工建立良好的沟通机制，及时让员工了解公司面临的困境，这能增加员工对领导者的信任，减少员工对企业困境的忧虑，从而带领员工走出低谷，重回正轨。

20世纪60年代末，美国加农公司苦心经营，打入计算机市场，研究出的键盘式计算器试销后获得成功。

但让人意想不到的是，没过多久，加农在与“卡西欧”推出的小型计算器的竞争中连连失利。于是公司又仓促地研制出新型计算器，很快上市了，但由于研制时间过短，产品缺乏合理性，结果打不开销路。加农开始严重亏损，濒临倒闭。

为了挽救败局，董事会最终决定：把危机告诉全体员工，让他们知道企业正处于危境，以唤起他们的危机感，促使他们背水一战。于是，公司领导向全体员工发出危机警告。听到警告，公司上下开始紧张起来，他们积极行动、想办法，一时间新建议、新方案层出不穷，最终同心协力地走出了困境。

领导者要学会利用危机意识激励人。在危机意识下，人们更容易紧紧团结在一起，推动企业化危解难，从而变危机为有利，增强企业的凝聚力。

危机是挑战也是机遇，掌握主动权是最重要的。领导者如果能够抢占先机，就能够控制局面，使事态向有利于自己的方向发展。在发生危机的时刻，领导者要能够充分自控，并在理智、冷静的基础上，通过自己的一言一行影响企业。

危机中既隐藏着机会，也蕴含着危险。遭遇各种危机时，如何把握好每个机会，如何最大限度地降低风险，体现着领导力的强弱，也决定着企业的发展与进步。

打破安逸，有竞争才有活力

“生于危机，死于安逸”，这是经过实践反复检验的真理。如果企业内部缺乏适当的压力和合理的竞争，管理层就会安闲舒适，员工就会充满惰性。

人是有惰性的。一成不变的安逸环境，最容易消磨员工的斗志，消减员工的创造激情。当一个员工的工作激情衰减到对企业的事情无动于衷时，这个企业也就同步衰败了。这也是许多优秀企业短命的根由。此种情况下，只有引进竞争机制，才能挽救企业。

在竞争环境中，人能够充分发挥自己的聪明才智，极大地发扬自己的创新精神。因此，竞争可以成为催人上进，促人前进的有效动力。有竞争才有压力，有压力才会有动力，有动力才会有活力。企业引进竞争机制，培养员工的竞争意识，能有效地激发员工的紧迫感和工作动力，激励员工追求进步，创造业绩，而公司上下也将因此生机勃勃。这是领导者做好工作的艺术，也是企业取得成功的关键。

在西方流行着这样一种观念：业绩是比出来的，没有竞争永远出不了一流的成果。那里的企业管理者注重培养员工的竞争意识和竞争能力。他们努力让所有的员工都意识到：成绩再辉煌也都成为了过去，停滞不进取，个人和企业的竞争实力就会一泻千里。通过竞争管理机制，员工强烈意识到竞争的存在和无情，能最大限度地激发他们的工作动力和潜力，促使他们不断拼搏、进取，为企业的竞争奠定胜局。

所以说，在竞争日趋激烈的今天，竞争是激励员工向上的武器，是企业生存的绝对因素。在员工之间注入竞争，可最大化地激发他们的好胜心理，促使他们个个成为“千里马”。

海尔的选才标准是“赛马不相马”。在海尔，人的命运绝对操控在自己的手中，任何员工都有可能凭借自己的出色业绩脱颖而出，成为“千里马”。

海尔集团公司总裁张瑞敏在谈到海尔集团的企业管理经验时，曾这样说：“这么多年，海尔一直得到发展，应该说与引进竞争机制有关。海尔人才的培养，不是靠‘相马’而是靠‘赛马’，海尔就是职工的赛场，而赛场上是最容易使人产生激情的地方。我们这里不管什么样的人，每个月都可以申报提升。申报后竞争胜了，就可以上任，竞争不上是你自己的问题，如果你认为不公平，尽可提出来，还可以再探讨。总之，千里马要通过赛场比赛选择，否则好马也退化了。你竞争上岗了，后面还有人追你，跑慢了就会被淘汰。我们现在这个集团，干部平均年龄只有 26 岁，充满了朝气，给每个人向上发展的空间。”

公开竞聘这种方式能够更好地激发员工参与企业管理的热情，从而在内部形成一种积极的工作态势和良好的竞争氛围，有利于各项工作的开展。这样可以充分体现公司公开、公正、公平的竞争原则。给“想干事，能干事”的员工提供更广阔的发展平台。

海尔有个著名的“8 号会”，就是在每月的 8 号这天，海尔都会召开干部考核例会。考评结果全部用分数体现。一年内，所有的分数加减相抵，如果达到 -6 分，该干部将被淘汰。海尔正是通过这种竞争方式促使员工提升素质，同时也起到了加强海尔企业的凝聚力和竞争力的作用。

这很容易让人想到张瑞敏的一句名言：“能者上，平者让，庸者下，劣者汰。”海尔不看学历和资历，只看业绩，以绩效论英雄，真正做到了这点。事实上，世界上所有成功的企业，都会把这句话作为自己的第一选才标准。每一位在职场中取得成就的领导者，必定对此深有体会。

美国通用电气公司前 CEO 杰克·韦尔奇一直这样强调：不断地裁掉

最差的10%的员工，对公司的发展至关重要。各层管理者每年都要将自己管理的员工进行严格的评估和分类，从而产生20%的“A”类员工（明星员工），70%的“B”类员工（活力员工）以及10%的“C”类员工（落后员工）。

可以说，没有竞争就没有危机感，没有公平的竞争就没有优劣区分。在实施竞争激励手段时，领导者必须使竞争公平化、合理化。竞争是非常残酷的，但竞争却并不是恶性的。任何事都有规则，良好的竞争也要讲求原则。通用公司是率先提出用良性的内部竞争来激励员工的企业。杰克·韦尔奇说：我们奉行“效率优先、兼顾公平”的竞争原则。鼓励员工在工作中相互竞争，但不要有个人恩怨。我们的做法是将奖赏分为两个部分，一半奖励他们在自己的业务部门的表现，另一半奖励他们对整个公司发展的贡献。如果自己部门业绩好，但对公司发展不利，则资金为零。

的确，领导者都应该建立一种公正的竞争机制，从而把员工的潜能无限地激发出来，促使其不断进取，使企业向着最终目标不断地推进。

且记：别在应该经受考验的时候选择安逸！没有危机，就是最大的危机！自己不竞争，危机随时可能吞噬你。

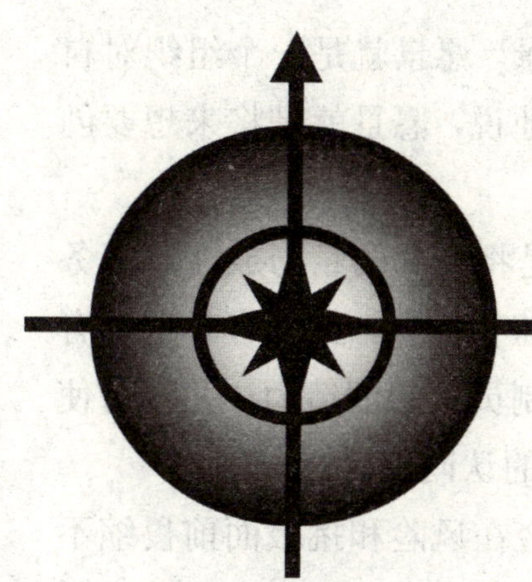

第十三章

构建企业愿景，鼓舞团队乘着梦想之翼飞行

确立目标是领导者的重要工作。有目标愿景，才有工作动力；目标不明确，积极性就无法发挥。所以，领导者要善于构建企业目标，用美好的愿景鼓舞人心，点燃团队成员激情的火花，激发他们的工作潜力。要找机会向员工畅谈自己对未来的设想，让其看到光明的前景，这会极大地提升团队效率，同时也会吸引更多的人才为组织目标贡献心力。

清晰的愿景能引领人前行

企业不应单单追求利润，还应该建构愿景。愿景就是一个组织对自身长远发展和终极目标的规划和描述。简单地说，愿景就是将来想要创造什么。

有种错误认识为，企业领导者的工作就是将全部的精力放在对事务和人员的管控上。这种依赖职权自上而下的监管模式，虽然有时也颇有效果，但它也有一定的副作用，会极大地限制员工的创造力，并容易使企业迷失前进的目标，降低员工对企业未来的认同感。

企业如果没有明确而远大的目标，团队会在风险和挑战面前畏缩不前，也不可能在复杂的情况下，从大局出发，果断应对。员工也就成了没头的苍蝇，容易乱撞一气，很可能浪费了许多时间、精力，结果却一直没有迈出原点。没有清晰的目标和愿景，员工容易故步自封，只要拥有一点儿成就，便觉得心满意足了。这样他们势必无法发挥潜能，无法取得更大的成功。在此情形下，为企业制定一个明确的、振奋人心的、可实现的愿景，对于企业的长远发展来说，尤其重要。

提供愿景是领导者的一项重要职责。为企业制定一个明确的、鼓舞人心的发展愿景，就如同茫茫夜空中明亮的星，可以指引员工在认同企业目标的基础上，心甘情愿地为这个共同的目标而奋斗，而不会产生任何退缩的想法。

世界知名企业大都有一个共同点：有明确清晰的愿景，能促使员工奋勇向前，尽力工作。

日本著名企业家松下幸之助是个非常善于建构愿景的人，他能不断提出适合企业发展的目标，让员工对未来充满梦想。松下常找机会向员工畅谈自己对未来的设想，他于1955年宣布了他的“五年计划”，计划用五年的时间，使松下电器公司的效益增长3倍。到那时，将采用每周五天工作制，并把工资提高到国际水平。松下这么做，主要是为了让员工有坚定的目标与期待，另外，是由于他确信这是领导者必备的素质和应有的策略。这种愿景让员工看到了光明的前景，工作起来更加积极努力。

5年后，松下在员工面前提出的“五年计划”以及实现与西方国家同薪酬的承诺，都一一得到实现，从此员工士气大振，对松下倍加信任，和他一起，构筑起松下电器王国。

有些人可能会这么认为，松下电器之所以能够把梦想变为现实，完全是因为其经营一直都很顺利的缘故，如果经营得不好，松下的愿景只是空谈。其实不然。企业经营顺利时，需要愿景目标的指引，把企业做大做强；企业的经营发展遇到阻碍时，更需要制定及改进目标，团结众人，走出困境。即使是在经营惨淡的阶段，松下也从不曾放弃为公司制定的目标愿景。由于目标明确、清晰，松下电器得以突破阻碍，重建业绩。

拥有共同的愿景，不是领导者为员工们搭建的“海市蜃楼”，而是为组织发展指明了方向，并用这个愿景达到一种“人企合一”的效果，让员工把自己跟企业的命运紧紧地联系在一起。因此，当人们真正共有这个愿景时，针对此目标，有知识的人贡献知识，有技能的人贡献技能，大家心往一处想，劲往一处使，就容易成就大业。

领导者要十分清楚团队的愿景应该是什么，然后将愿景告知下属员工。一个吸引人的愿景是成功的一半，它能够充分激发组织成员的热情，形成一股势不可当的力量。珀拉罗伊德公司的创始人艾德恩·蓝迪就此说过：“领导的首要任务就是使人们感受到远景的重要性及不可或缺性，这将把每个人内心的无穷动力激发出来。”

大多数员工也许并不清楚自己的期待是什么。在此情形下，企业领导者必须能确切地把握员工的期待，并且把期待变成一个具体的目标。

在构建团队愿景时，不能随心所欲，这只会让员工更加盲目而已。如何建构团队愿景，并无一定之规。一般来说，须遵循以下原则：

1. 使用明确的语言描述愿景

这要求领导者应十分清楚团队的愿景应该是什么，然后将愿景目标告知下属。在此过程中，传达信息的方式要直接、清晰和一致。要用具体的语言清楚地说明要达到的行为标准。目标必须是明确的，要干什么，达到什么程度，都要清清楚楚；目标必须是具体的，要用什么办法去达到，什么时候达到，要明明白白；目标必须是实在的，看得见，摸得着，经得起实践的检验。可以描述细节，但不要描述太多的细节。因为愿景只是一幅想象出来的图景，有些细节需要员工根据各自的偏好进行想象。

2. 检测下属对愿景的真实反应

即在愿景的实施过程中，了解员工对愿景中的各个部分的想法。此时须注意的是：领导者应让员工尽量多地了解公司的相关情况；在使用问卷进行调查时，不要对答案进行诱导，要倾听下属的真实想法；采用面对面交谈的方法，测试出下属对于组织效益的看法与希望；保护下属的隐私。

优秀的领导者懂得与员工分享企业愿景，必要的时候，还会让员工参与愿景的规划。所有组织成员拥有共同的努力目标，那么，企业就会拥有无穷的动力源。

愿景的感染力决定影响力

如果你是企业领导者，你给员工什么，他们才会追随你呢？优秀的领导者就是好的“梦想制造者”，他会生动形象地为团队成员描绘一幅美好的愿景，并把这个愿景灌输到每个团队成员的心中。愿景是一种无声的命令，对员工的行动具有极大的促进作用。能够这样做的人，就是对团体最具有影响力的人。

浙江华立集团董事会主席汪力成曾这样形容愿景，他说："我的愿景叫画饼战略，会告诉员工在未来的某个时间，我们的企业将会是什么样子。"比尔·盖茨在向员工描述未来的时候说："我的愿景是让地球上的每个家庭都拥有自己的电脑，并且能够方便地使用。"这个愿景很容易让员工产生联想，产生创业共赢的欲望。苹果公司创始人乔布斯在推出新产品时也说："我的愿景就是让互联网装到你的口袋里，随时拿出来就能用。"这更激发了员工们无穷的创造力。

一个高明的领导者，深知员工们最需要的是什么，懂得如何才能调动起他们的积极性。为此不妨建构愿景。愿景是人在愿望中渴求看到的景色，是人所向往的前景。所以，这个前景一定要吸引人，要有感染力。

比如，你向员工们描述了半天你们公司将要成为全省最大的公司，你们要盖国内最高的楼，但这可能对员工产生不了什么感染力。他们之所以听了这样的说辞不动心，是因为这似乎没关系到他们的切身利益，因此就不容易听到心里去。

但是，假如你能换一种说法，告诉员工，他们将在省内最大的公司上班，将在国内环境最好、设备最完善的办公大楼里工作，那么他们肯定会情绪激昂，奋发向上的。

所以，描述愿景的关键是，一定要与听者有关系，这样才具有感染力。当年在进攻意大利之前，拿破仑这样鼓舞全军的士气："我将带领大家到世界上最宽阔肥美的平原去，那儿有名誉、光荣、富贵在等着大家。"拿破仑很准确地抓住了士兵们的期待，并将之具体地展现在他们的面前，以美好的梦想吸引他们前进。

抓住人的期待并让它更具感染性，人们便会为了实现这个期待而努力，这就是赋予行为以动机。要想通过愿景促使员工自动自发地行动，其动机不外乎利益、责任、使命感等，这些都是促进员工工作积极性的重要驱动力。

蒙牛集团最初选址呼和浩特刚准备兴建厂房的时候，拥有的只是那一大片荒地，牛根生就站在荒地上，对身边的蒙牛成员说：“兄弟们，好好干吧，几年之后，这里就是一片现代化的牛奶生产车间，里面是一流的先进设备，而你们将在里面工作！”

当时，身处一片荒地上的人们，情绪原本有些低落，可是牛根生的一番话却在他们内心燃起了一团火，身上立时充满了干劲儿和动力。在众人齐心协力的努力下，牛根生勾勒的“愿景”果然变成了现实。

要使愿景发挥最大的激励作用，必须使愿景本身有重要的意义和实现的可能性。否则，如果某一愿景看起来虽宏大，但却犹如“空中楼阁”，根本没有实现的可能，那就无异于纸上谈兵了。领导必须确保愿景的可信度，使组织成员肯相信这个愿景是可行的，因而能自愿承担起应有的责任，保证组织目标的实现。

领导者不仅要较具体地勾画出企业愿景，而且要把重心放在愿景所能够为组织成员带来的好处上。愿景一定要和团队成员的利益密切相关，这样他们才能真正感兴趣，才能对其发挥作用。这就要求领导者，在提出愿景时一定要站在员工的角度，而不能自以为是。领导者要不断告诉下属，这个愿景符合我们大家的利益，这样才能使大家朝着目标努力。

为了让人们接受愿景，领导者一定要了解员工，了解众人的梦想、期望、抱负等，然后学会用他们的语言说话，这样的话语更具形象性、感染性，也更容易引起共鸣。

在向员工描述愿景时，领导者不能仅强调我们未来要成为最优秀的公司，一流的企业等。具体来说，“最优秀”和所谓的一流企业又是什么样子的？这些都需要用形象的描述来展现。比如，我们未来的厂房是什么样的，办公室是什么样的，我们每个人薪水怎样，等等。只有生动而清晰的愿景，才容易被大家记住并接受。

描述愿景不仅需要生动的语言，有时还得借助形象的故事来完成。说到故事，可以把非常枯燥乏味的企业讯息，转化成令人印象深刻的影像，激发员工立刻行动，解决问题。可以说，用故事阐明愿景，可让愿景变得活灵活现，迅速点燃众人的激情。

企业设定的每一个愿景都应该是美好的，符合团队成员的核心价值观，能触发人们的梦想，满足人们的物质需要。这就是它具有巨大吸引力的原因。

设立高期望值，会让员工“升值”

愿景越宏伟，就越具有强大的吸引力，人们会不由自主地被它吸引；愿景越具有挑战性，就越能激发参与者的潜能，能使人全力以赴地为之奋斗。

所以，企业没有理由不为员工设立高远的目标。许多知名企业都是在创业的开始就制定了一个明确而远大的目标，并且积极引导员工朝着目标前进。

在海尔集团创建之初，张瑞敏就提出了“追求卓越，做行业第一”的口号，这个口号使得所有的海尔人都为之热血奔涌，都在这句充满魔力的话语的感召下，上下同心，奋力前进。

为了这个宏伟的美好愿景，海尔技术中心部的张汉奇博士曾谢绝了许多外企的高薪聘请，并坚定地留在了海尔，他说：“海尔给了我一种信仰，我为自己是一个海尔人而自豪！”这就是宏伟愿景的力量，它能让人的内心充满憧憬，进而迸发出无穷的动力。

所以，一个领导者是否能够制定出企业的大愿景是最重要的。所有团队都有目标。但是只有目标还不够，卓越团队与普通团队的区别就在于它敢于树立巨大的、令人望而生畏的目标。斗志激昂的员工爱迎接挑战，如果企业能不断提出高目标，他们就会留下。留住人才的关键是不断提高要求，为他们提供新的成功机会。目光远大的团队经常把宏伟的、大胆的目标作为促进团队进步的一种有力手段。这样才可以充分地激发出员工对愿景的参与感和积极性，才可以让整个团队保持激昂的斗志和坚定的方向。

蒙牛就是站在“百年老店”的角度对企业进行规划的。牛根生说：“我们要建的是‘百年老店’；建‘百年老店’的大规律，不能看国内，而要看国际。既然国际巨头有这个‘奶车桑拿’，那我们蒙牛就不能没有，否则，我们怎么能走到别人的前面？”所谓奶车桑拿，简单地说，就是为了保证奶源清洁而采取的一项举措。奶罐车从奶源基地每向工厂送完一次奶，都要在高压喷淋设备下进行严格的清洗。“奶车桑拿浴车间”在保障蒙牛牛奶原汁原味、胜出竞争对手方面立下了大功。

在市场开拓方面，牛根生采用了“先难后易”的指导思想。他从一开始就盯住了全国的三个成熟的市场：北京，上海，珠江三角洲。在蒙牛到这些市场之前，这些市场已经被一些乳品行业所占领。但蒙牛人知难而进，毫不退缩，通过不断努力，顺利攻下这三块市场，使得其产品迅速在全国推广开来。

蒙牛之所以能快速发展，离不开牛根生“百年老店”的愿景所起的作用。以做成“百年老店”来要求企业，而不是只贪图眼前利益，能够为企业积蓄更多的实力，激发更多的干劲，企业因此获得了更快更好的发展。

一个具有崇高事业目标的领导者，毫无疑问会比一个根本没有目标的领导者更有作为。很重要的一点是，目标越大，成就就可能越大。美国潜能成功学大师安东尼·罗宾说：“如果你是个业务员，赚 1 万美元容易，还是 10 万美元容易？告诉你，是 10 万美元！为什么呢？如果你的目标是赚 1 万美元，那么你一旦赚到了这么多钱就容易停滞不前。如果这就是你的目标与工作动力，请问你工作时能提起精神来吗？你会热情满怀吗？”

当你的工作只是为了眼前利益时，你的动力强烈不起来，一旦遭遇困境就容易放弃。当你的工作是为了长远的打算时，你的动力是强烈的，即使遭遇困境，你会为了心中的使命感而奋勇向前。成功者之所以有强大动力和不断的努力，在于他们内心深处都有一种使命感，促使他们不达目的誓不罢休。

为什么许多企业发展缓慢，就是因为他们没有雄心，缺少壮志，不敢为自己确立一个高远的企业愿景。不管一个企业有多么超群的实力，如果缺少宏伟的愿景，注定不会有什么大的发展。

阿里巴巴创始人马云在谈及最初的创业时说："我们当初也很迷茫，不知道该往哪里去，一次次爬上去，一次次摔下来，受到了无数的讥讽，但我坚定地告诉员工：'我们要做中国最大的互联网公司。'""中国最大"是什么概念，也许当初的马云也不是太了解，但正是凭着一缕豪情、一腔热血，一个大的愿景，促使他无畏地向上攀登，从不曾后退，才成就了阿里巴巴的传奇。大的愿景，是一种梦想，是一种力量，终会使人飞翔，使企业向上。

宏伟的愿景不但能使领导者逐渐形成一种好的工作方法，养成一种理性行动的习惯，而且还能鼓舞员工的斗志，开发员工的潜能。所以，宏伟的愿景可以直接拉动领导力的提升。

如果一开始就确立了宏伟愿景，就会呈现出与众不同的眼界。有了一个高远的奋斗目标，你就正在接近成功。

洛克菲勒说："构建伟大的梦想不一定比构建渺小的梦想花费你更多的时间和精力，而它却会带给你更多的回报。"所以，让我们都敢于做梦吧！

制定阶段目标，激发人才的积极性

如何才能让员工长久保持高昂的工作士气呢？对于此问题，恐怕经验丰富的领导也难以给出十分确切的答案。因为激情本身就是一种短暂的情绪现象，要想永久保持是有一定难度的。人毕竟不是机器，不可能指望给员工鼓一次劲儿，他们就像“永动机”一样运转不停。

但是，这并不意味着此问题就解决不了，关键是要找对方法。既然员工不能长久地保持高昂的士气，那么就可以采取分阶段激励的方法。领导者为此可以为员工制定一些短期目标，然后激励他们不断地实现这些“目标”，这样员工在一次次赢得胜利的果实后，他们的干劲也会不断地增强。

过于宏大的目标往往使人感到疲惫，甚至在无法到达时就有可能放弃。但如果你将终极目标分解成若干个具体的小目标，并逐一实现，那么员工在一次次地品尝到成功的喜悦后，就会变得斗志高昂，就更容易达成大目标了。

大多数企业目标的实现，都需三年或五年，甚至更长的时间，也许是 10 年、20 年、30 年……这些大目标虽然让人想起来很舒畅，但是由于过大，无法在短期内达成，人往往就容易产生挫折感。

比如，有的领导者提出：我们 10 年后要进入世界 500 强。可是，如果你问他怎么进入？他就哑口无言了。所以，这样的目标也只会令人觉得非常疲惫，产生懈怠心理，甚至有可能会认为没有成功的希望而放弃继续追求。正确的做法应是：领导者应将这个目标进行年度分解，比如第一年我们完成盈利多少，大家收入多少；第二年我们完成盈利多少，大家收入涨多少；然后是第三年、第四年、第五年。

在分解的同时，还要找出同行业的对手来做比较，让员工看到对方同时出现的新产品，要让自己的企业在实现年度目标的同时，也要在产品上总超过对手一个级别，这样每一年的产品都超过对手，最终大目标实现时自然也永踞行业榜首。这样经过努力在某一目标内打败了对手，员工的情绪也必定十分高昂，非常有成就感。

这样，在阶段性目标持续实现时，人们就会对你这位领导越发信任，干活也就更加卖力了，那么终极目标的实现也就指日可待了。

因此，领导者要善于分解目标，首先树立一个符合实际的总目标，同时，也应该为员工设置恰当的若干阶段性目标，用以激发人才的积极性。即要建立起一个目标体系，包括发展过程中的各个远、中、近期目标，大目标之下要有各类中小目标，各目标之间还应有很强的逻辑性和张力，这样可使员工感到工作有方向。如果仅仅只有总目标，就会使人感到目标遥远和渺茫，可望而不可即，从而影响工作积极性的充分发挥。因此，还要把总目标分解为若干经过努力都可实现的阶段性目标，这才有利于激发人们的积极性。

日本幕府时代的丰臣秀吉，最善于运用将目标缩小的技巧鼓励人。

当年，他所居住的青州城的城墙，经历了一百多年的风吹雨打，已破旧不堪，急需修补。该城的织田信长负责此项工程，他组织人修补了半个月，还有一半未完成。于是他急着找秀吉来帮忙，秀吉告诉他："此事不难，我只需三天就可以完工了。"秀吉是怎么干的呢？

他首先将100个间隔的城墙分成50个部分，然后给每个负责人分两个间隔，并命令他们要在三天之内，将所负责的两个城墙修补好。

从干活人的角度讲，如果一听是要修100个间隔的城墙，就会觉得很烦，现在突然减少到每个人负责两个，当然会使他们干劲倍增。因此，在他们夜以继日的努力工作下，青州城墙终于在三天内修补好了。

领导者不但要做好企业的总体目标规划，还要为员工确立阶段目标，而且要学会把这个目标恰当分解，把它和实实在在的工作结合起来，让人才一步一个脚印地前进，踏踏实实地去实现。

台湾裕隆汽车集团董事长吴舜文创立的"吴氏目标管理法"，就成功取得了目标激励的效果。她的具体做法是：每年的年度计划由员工自己提出，经过可行性论证后，再分解为每月的小目标。这样一来，员工达标就不是自上而下的强硬规定，员工的积极性被最大限度地调动起来，上级的督促检查也就会有的放矢、赏罚得当，从而很好地起到了激励的作用。

给员工设立目标不能太高。过高，往往会使员工失去自信，未经尝试就败下阵来。而目标如订得过低，又缺乏挑战性，员工不用花费太多的心力就达成了目标，激发不出自身应有的动力，会使人失去干工作的兴趣。因此，目标的确定，应恰到好处。既让员工感到有些难度，但只要付出些努力就能达到。这样员工每完成一个目标时，就会有一种成就感。

因此，领导者在制定目标时既不能太高，又不可过低，只有“跳一跳，够得着”的目标才是最好的。这样的目标既能让员工对工作永远充满了热情，又不会让员工铤而走险，最后损害公司的整体利益。

帮员工做规划，让业绩犹如“芝麻开花”

领导者要善于运用制定明确目标的策略，激发员工的潜力。在确立企业目标的同时，要为每个员工指明方向，让他们都清楚自己现在的位置，并找到前行的路。

如果员工不知道自己的工作是为了什么，我们就不能期望他能做出好结果。只有当每个人都意识到企业的整体目标及个人目标，懂得自己从事的工作是公司整体目标中的不可缺少的一部分时，才能增强员工的自豪感和责任感，进而更有效地工作。

对于众多的员工来说，他们追随的，不仅仅是一个企业，或一个领导，也不仅仅是一个职位、一份薪酬，他们也在追随自己的梦想，并因每天都在向目标迈进而充满了喜悦和自豪。正因如此，帮助员工找到个人发展目标尤其重要。

台湾悦智顾问公司董事长黄河明向我们传授经验：“领导者的主要任务是构建愿景，带领团队追求共同的目标，并协助员工发展其能力。”

黄河明刚到惠普台湾公司任职时，惠普的市场占有率明显低于IBM，一向保持在第三或第四名，黄河明的目标是要取得第二名。他意识到，要达到目标就必须调动员工的积极性。为此，他制定了各种奖励措施。但他很快发现，仅有奖励措施而没有更具挑战性的目标，还是无法留住员工。有些员工明明升了职却仍然选择离开，正是因为对工作缺乏热情。

于是，黄河明得出了自己的结论：目标愿景不应只与报酬有关，还要结合员工的个性与梦想。“员工也有自己的梦想，有些企业过分强调利润，没有关注到员工的成长发展，这可谓一种失误。”

所以在1994年，他为公司提出新的愿景：超越IBM，企业形象在中国台湾地区进入前十名，成为本地优秀学生的最佳选择和最令人推崇的科技公司。

为此，他开始设法提升公司形象，关注惠普在新闻媒体中出现的频率。他还提倡员工选择自己喜欢的工作，支持、协助员工发展其多方面的能力，等等。

上述措施的结果是，员工满意度从50%提升到72%，而且培养了一大批人才。截至2000年，惠普台湾公司的业绩不仅超过了IBM，还有20多位员工被派往惠普亚太区任职。

企业要想留住人才，不但需要满足他们的物质需要，还要让他们拥有明确的奋斗目标。这就要求领导者了解员工的能力、愿望、任务完成情况等，设身处地帮助员工分析现状，设定未来发展方向，制定职业生涯规划，使其树立对职业发展的信心，找到合适的职业定位，在工作中获得成长和自我实现，让事业来留住人才。

当新员工上岗工作一段时间，真正认同并融入到企业后，就该引导他们树立职业规划，唤起他们自我实现的愿望。为此，可首先向他们阐述企业愿景，同时也说明员工个人发展空间，帮助员工做出详细的职业生涯规划，从而加强员工的工作积极性，不断创造业绩或取得成就。

员工求职，在看重工资、福利的同时，也许更注意个人发展与个人价值的实现。为此，一些公司建立了完善的员工发展计划与培训计划。每年度，公司都会根据员工的具体情况制订个性化的培训计划，如沟通技巧培训、交往技巧培训等。同时通过内部轮岗帮助员工充分发掘自身潜力，寻求职业生涯发展的更多可能性。

要鼓励员工努力工作，领导者首先要帮助员工制订个人发展计划。你可把员工们召集起来，要求他们设计出自己的发展方案，然后你可以帮助他们完善这些方案，尽量做到切实可行。然后让员工拿着具体的方案去认真实施，就一定会每天都对工作感兴趣，每天都有使不完的劲儿。

企业领导者在为员工的职业生涯做规划时，须遵循以下原则。

1. 个人成长目标与企业目标要同步

在制定个人发展目标时，必须注意使其与企业目标同步。要让员工彻底了解企业的经营方针、信念和目标，据此设定自己的成长目标。要不断提出企业新目标，不断提出与之相适应的人才成长新目标，让员工对未来充满梦想，是企业发展过程中非常重要的经营谋略。领导者应找机会向员工畅谈自己对未来的设想，让员工看到光明的前景，这样会让许多人才脱颖而出，同时也会吸引更多的优秀人才。

2. 员工发展计划要有一个完成期限

帮助员工制订发展计划时，一定要标明完成期限。没有时间限制的计划是没有办法考核的，或者会带来考核的不公平。上下级之间对于目标轻重缓急的认识程度完全不同。如上司非常重视，希望尽快实现目标，但下属并不知情，在一定的时限内目标未能实现，上级可能会动气发火，而下属也会觉得十分委屈。这种没有明确时间限定的方式也会带来考核的不公正，破坏工作关系，降低下属的工作热情。

第十四章

领导者要有大格局，这是成就卓越的推动力

领导者要以前瞻的、发展的、全局的眼光去看待问题，也就是说要有大格局。格局就是指人的眼光、胸襟、胆识等心理要素的内在布局。人的发展往往受局限，其实就是格局太小，为其所限。领导者必要布大局。大格局，即以大视角切入，力求站得更高、看得更远、做得更大。大格局决定着领导者的事业走向，建造起大格局，也就掌控了未来局面。

格局大了，未来的路才能宽

是什么在引导领导者的发展？是什么在决定领导者的成败？有人说是背景，有人说是金钱，有人说是机遇。

李嘉诚、戴尔在创业的时候，比他们有背景的人多得是，他们的钱也不是最多的，李嘉诚根本就是一无所有，戴尔在当时只是个穷学生。很显然，钱不是决定成功的原因。同样，一代同龄人的历史机遇都是差不多的，所以机遇也决定不了成败。

其实，左右人生局面的并非身外之物，而是我们自身建造的东西——格局！格局就是指一个人的眼光、胸襟、胆识等心理要素的内在布局。有自己格局的人才会有属于自己的世界，格局有多大，世界就有多大！未来的成败，决定于格局；格局的大小决定着未来成就的大小。

有这样一句谚语：再大的烙饼也大不过烙它的锅。这句话的寓意是：你可以烙出大饼来，但是你烙出的饼再大，也得受烙它的那口锅的限制。我们所希望的未来就好像这张大饼一样，是否能烙出满意的“大饼”，完全取决于烙它的那口“锅”——即“格局”的大小。

一个人的发展往往受局限，其实就是因为格局太小，为其所限。格局小的人，往往会稍不如意就怨天尤人，稍遇挫折就举步不前，看问题时常常是一叶蔽目不见泰山，从而无法掌控局面。

看看市场中，一些企业之所以达不到自己不懈追求的目标，不是因为其目标太大了，而是因为其目标太小，甚至太模糊不清，这就导致他们失去了前行的动力。如果你的主要目标不能激发你的行动力，目标的实现就会遥遥无期。

格局不够大，事业成就再高也有限！就拿石榴种子来说吧，它可能会有三种结局：假如你放在花盆中栽种，最多只能长到半米多高；假如你放到缸里栽种，就能够长到一米多高；假如你放到庭院里栽种，就能够长到三四米高！一个人之所以伟大，是因为他有大格局。大格局可以产生强大的动力，进而导致伟大的行动，成就伟大的事业。

谋大事者必要布大局。大格局，即以大视角切入人生，力求站得更高、看得更远、做得更大。要想赢得市场这盘棋局，就应当站在市场全局的高度来统筹，这样才会有运筹帷幄之中而决胜千里之外的方略和气势。俞敏洪曾说："气度决定格局，梦想决定未来。"大格局决定着事情发展的方向，掌控了大格局，也就掌控了局势。

韦尔奇之所以能在多元化经营中取得非凡的业绩，主要是因为他具有只做第一或第二的志向、胸襟和眼界，韦尔奇的格局，成就了他自己的同时，也成就了"通用电气"这块世界品牌。在国内比较早具有国际经营格局和品牌观的人当属海尔集团总裁张瑞敏。海尔之所以能在不足20 年的时间内，跻身国际品牌，在激烈的市场竞争中占有一席之地，应归结于张瑞敏的大局观。

1984 年，张瑞敏出任青岛电冰箱总厂（海尔的前身）厂长。当时的青岛电冰箱总厂管理落后，严重亏损，员工已经很久没有发工资了。这样的"惨状"并没有打垮张瑞敏把海尔做大的雄心，反而激发出了他的斗志。他先是四处筹钱给员工发了工资，随后开始整顿厂里的不良风气，端正员工的工作态度，制定新的经营策略，狠抓产品质量。

张瑞敏为海尔确立了"名牌战略"，21 世纪初进入世界 500 强，创出中国的世界名牌。因此，他带领员工狠抓机遇，加快发展，创造了从无到有、从小到大、从弱到强的发展奇迹。20 多年之后，海尔集团已由一个亏损严重的小厂，发展成为全球营业额一千多亿元的中国家电第一品牌，并在全世界获得越来越高的美誉度。

海尔的事例说明，国际品牌建设不单是一个时间快慢和早晚的问题，主要是由企业领导者的经营格局决定的。

在决定一个领导者成就的因素中，学历、智力、背景都是其次，最重要的是一个人的格局大小。成功者运气的背后隐藏着大格局。古今中外，大凡成就伟业者，无一不是一开始就从大处着眼，一步步构筑他们辉煌的事业大厦的。拥有大格局者，有开阔的心胸，不会因环境的不利而妄自菲薄，更不会因能力的不足而自暴自弃。拥有大格局者，可以容纳远大的理想，可以设立长远的目标，以发展的、战略的、全局的眼光看待问题。拥有怎样的格局，就拥有怎样的未来！

一个格局大的人，即使最终没有达到期望的目标，可他实际达到的目标都可能比格局小的人的最终目标还大。所以，格局不妨大一点，格局可以激发出一个人的所有激情和全部潜能，只有拥有大格局，才能够高瞻远瞩，取得大的成就。

对领导者来说，格局有多大，成就就有多大。如果我们想寻求更好的发展，就应该先为自己策划出一个大的人生格局来。有了大格局之后，就能够对未来的事业有一个总体的把握，从而协调好全局与局部的关系，从而一步一个脚印地走好成功之路，达到事业的顶端。

但大格局不是想拥有就能拥有的，它的建立需要具备一定的条件。那么，该怎样建立大格局呢？需要高瞻远瞩的视野，需要不计小嫌的胸怀，还需要“活到老、学到老”的精神，尤其需要心怀大的梦想。

人之所以有强大动力去不断地努力，在于有远大的理想。开始时心中就怀有一个高远的梦想，会让人逐渐养成一种理性分析的习惯，摸索出好的工作方法，这有助于目标的实现。当你实现了所追求的目标后，视野就会变得更开阔，开阔的视野会带给你更多的机遇、更多的财富，引领你一步步走向美好的明天。

大格局来自于长远的眼光

领导者不仅要有领导才能，更需要有预见能力。正如美国杜邦公司总裁皮埃尔所说：“如果你看不到脚尖之前的东西，下一步就该摔跤了。”的确，在日趋激烈的竞争中，如果没有发展眼光，不能作出比较切合实际的预见，那企业是很危险的。所以，领导人必须有远见，领导人必须向前看，对于自己想把企业引向何方有一种明确的认识。

史蒂夫·乔布斯在访问施乐公司时，敏锐地看到了施乐公司的一项电脑技术对于普及个人电脑的价值和广泛应用的前景；有线电视大亨特德·特纳很早就预见到卫星电视转播是电视的未来发展趋势，并看到潜藏在电影和电视节目中被人们忽视的价值。价值可能存在人们司空见惯或无法看到的地方，这需要领导人具有独特的眼光。

要想做大企业，就绝不能鼠目寸光，要用发展的眼光，关注未来的趋向，掌握竞争的主动权。如果一个企业领导者目光短浅，那么他的动作很可能都是短期行为，而如果领导者见识过人，眼光长远，就能使企业获得长远的利益。没有远见的领导者，从本质上就缺乏领导他人的资本。没有远见就没有领导力，站得高才能看得远，具有远见卓识，才具有领导他人的资本。

《领导者》一书的作者贝尼斯认为“领导人的界定标准之一就是他能否创造并实现远景”。因此，看一个人的眼光是否长远，就能判断此人有没有领导力。有长远眼光的人，能够不拘于现有的条件，能对事物的发展做出大胆的预测，具有冒险精神，并且有着睿智的头脑，并非凭空去放远眼光，他们懂得如何一步步去实现目标。

香港船王包玉刚进入船运业后，用 20 多万元买了一条已使用了 20 多年的旧船。这一惊人之举遭到了几乎所有亲友的强烈反对，因为船运业不仅需要庞大的资金，而且风险极大。但是，包玉刚力排众议，毅然投身船运业。因为，他看到了船运业的巨大潜力。“船运是最廉价的一种运输方式，必将大有作为。”包玉刚坚定地这样认为。

香港有天然的深水泊位和充足的码头，有平静的海面，为国际贸易往来提供了足够的条件。第二次世界大战后，世界经济复苏，各地之间的贸易往来增多。包玉刚的高瞻远瞩，让他有了巨大的收获。

包玉刚经过20多年的苦心经营，已拥有50多条船，被誉为“世界船王”。但就在此登峰造极之时，包玉刚又做出了令世人惊讶的决定：减船登陆！因为他又以极其敏锐的眼光，预见到世界性的船运衰退即将到来。于是，他当机立断，及时卖掉了相当部分的船只，这使他顺利地逃过了后来船运大萧条时期的灾难。

包玉刚的超人远见，被华人商界广为传颂，奉为圭臬。

行动来自于理念的导向，未来有赖于眼光的指引。一个领导者最重要的素质就是要有远见卓识。领导者的眼光要远，也就是具有敏锐的洞察力和先见之明，能够审时度势，超前地对市场变化的趋势、进程和结果作出正确的判断，从而趋利避害，抢抓商机。在商云变幻之际，只有敏锐地透视未来，准确地预测走势，才能先人一步取得成功。

在瞬息万变的市场竞争中，成功的企业领导者总是能够胸怀大局，目光长远，能够从全局上长远地考虑问题，能够在变动中把握局势发展的大方向，争取战略上的主动和优势，因而可以从小到大，从弱到强，做成一番轰轰烈烈的事业。

盛大创始人、董事长陈天桥在31岁时已坐拥90亿元人民币，这巨大财富源于他的长远眼光。

1993年，陈天桥以优异成绩从上海复旦大学经济系毕业。面对着出国留学、到外企工作等选择，陈天桥最后选择了留在上海浦东新区陆家嘴集团公司公关部。

后来，陈天桥离开了陆家嘴集团来到了一家证券公司。1999年，证券业对他的吸引力也消失了，他毅然离开。这一次，陈天桥选择了网络游戏。

1999年秋天，26岁的陈天桥和几个朋友在一个10平方米左右的小屋里，用东挪西借弄来的50万元，开始经营互动娱乐项目。他们选择以社区游戏为主业进入，并为此建立了一个虚拟社区，由此，上海盛大网络发展有限公司诞生了。

陈天桥成功了。盛大网络公司在纳斯达克上市后，迅速成为全球最大的网络游戏公司。陈天桥成功的原因与才华、勇气、机遇等都有关系，但最重要的是眼光。是网络游戏成就了他，但是就算他当初没有迷上游戏，也一定也能找到其他创业的好项目，因为他具有穿透性的眼光。

一个领导者要想做出一番事业，取得成功，首先要有大的格局，而大格局来自于长远的眼光。领导者应该经常将眼光放远，产生一些新的想法。不要让时间或空间成为发展的界限或者是障碍，必须要超越这些做出对自我的要求。曾有记者提问美国在线时代华纳董事长凯斯，请问："你认为管理公司的关键是什么？"对此，他回答说："我不是经营而是引领，这需要有长远眼光，也就是关于未来的构想，成功的关键是：花很多时间设计 5 年到 10 年后的状况，而不是把时间浪费在近期的工作计划上。"

如果把自己封闭在已经熟悉的环境和空间中，就会安于现状，不思进取。而那些心怀大局的人，总是能够大胆地从禁锢中走出来，敢于俯瞰一切。因而他们的视野比较宽阔，他们的看法高人一等，所以他们成功的可能性就比较大。

每一个领导人都应记住，面对事业，要让自己拥有最长远的眼光、最超前的行动力。这样才能运筹帷幄，统控好全局，从而有机会拓展更大的发展格局，让事业不断迈向更高的阶梯。

职场的棋局更要懂得"舍车保帅"

不谋全局者不足以谋一隅。而对于领导者来说，本身的任务就是谋全局，这是解决各种问题的最终决定力量。

职场就像是一局棋，对于棋局来讲，精巧的布局和得体的战术固然重要，但大局才是最重要的，有时候为了整个局势，弃子是必要的。如果不懂得取舍，不懂得放弃，很难走出困境，还可能会全盘皆输。

中信集团总经理常振明曾做过职业棋手，是聂卫平的队友，所以他的企业管理理念，融入了围棋艺术。常振明这样阐释围棋：“有时候赢了一个战役，却输掉了整场战争；有时输了好几个战役，但却赢得了最后的胜利。时刻注意调整局部与全局的关系，这就是围棋。”

围棋的精妙之处在于弃子。棋手落在棋盘上的每一个棋子都是经过考虑的，之所以弃掉，是因为局面的变化使这些棋子失去了原定策略中的作用，放弃之后可以换得更多的位置，更大的价值。

在现实中，一个拥有大格局的人，能保持以大局为重的清醒，作出明智的选择。当鱼翅和熊掌不可兼得时，就得机智取舍，果断放弃。有人说，当年的比尔•盖茨即使看见地上有一张百元大钞，也不会弯腰捡起，因为捡起这张钞票的同时他将损失上百万美元。这种说法似乎颇有道理，比尔•盖茨是懂得取舍的智者，他明白，放弃前眼的一百美元，他将得到更多的收益。

当最好的“得兼”已注定了不可能时，理智取舍是最明智的选择。有得就有失，得失之间的取舍不可能两全，不舍弃的后果只会使情况变得更糟。在得到的时候，我们必须思量一下，“得”的背后会失去什么。假如小小的“得”，会导致很大的“失”，我们又何必得呢？

青年阿萨非常仰慕一位富豪，于是他跑到富豪家中询问他成功的诀窍。富豪弄清楚了阿萨的来意后，什么也没有说，而是转身从厨房拿来了一个大西瓜。只见他把西瓜切成了大小不等的三块，之后把西瓜放在阿萨的面前：“如果每块西瓜代表一定的利益，你会如何选择呢？”

“当然选择最大的那块！”阿萨毫不犹豫地回答。富豪笑了笑说：“那好，请用吧！”于是他把最大的那块西瓜递给了阿萨，自己却吃起了最小的那块。当阿萨还在津津有味地享用最大的那一块的时候，富豪已经吃完了最小的那一块。接着，他很得意拿起了剩下的一块，还故意在阿萨眼前晃了晃，然后又大口吃了起来。

其实，那块最小的和最后那一块加起来要比最大的那一块分量大得多。阿萨马上就明白了富豪的意思：他开始吃的那块西瓜虽然没有自己吃的那块大，可是最后却比自己吃得多。如果每块代表一定程度的利益，那么富豪赢得的利益自然要比自己的多。

吃完西瓜，富豪语重心长地对阿萨说："要想成功就要学会放弃，只有放弃眼前的小利益，才能获得长远的大利益，这就是我的成功之道。"

在面临取舍的危急时刻，人往往容易目光短浅，成为井底之蛙。很多时候，舍不得眼前的一些小利益，很可能就会使自己损失大利益，甚至招致灾祸。有一些事情，表面上看来是获得，但是从整体、长远看来却是损失，智者不会被此迷惑。

在日常生活之中，要懂得取舍，在职业生涯的紧要关头，更要敢于"舍车保帅"。关于洛克菲勒有这样一段故事。

第二次世界大战后，美英法等战胜国决定在美国纽约成立一个机构，即协调处理世界事务的联合国。但是建联合国需要买地皮，得花费巨额资金。可是，第二次世界大战刚结束，他们又怎么能有如此巨大的一笔钱呢？于是，各国首脑深深困扰于此。

得知这一消息后，美国著名的洛克菲勒家族财团果断出资 870 万美元，在纽约买下了一块地皮，随后将其无条件地赠送给了"联合国"。同时，洛克菲勒家族亦将这块地皮周围的大面积地皮全部买下。

这条消息传出后，对洛克菲勒家族的这一惊人之举，许多美国大财团和地产商都惊诧不已！870 万美元，实在不是小数目呀，而洛克菲勒家族却将它无偿赠送，这是为什么啊？！他们都纷纷嘲笑说："这真是愚蠢至极。"并纷纷断言："照这样经营下去，洛克菲勒家族财团最后非破产不可。"

但让人意想不到的是，联合国大楼刚刚完工，它四周的地价便立刻飙升起来，洛克菲勒家族借机狠赚了一大笔。这种结局令那些曾经讥讽和嘲笑过洛克菲勒家族的人目瞪口呆。

有时，为了得到更大的利益，需要顾全大局，学会适当舍弃。舍弃不意味着满盘皆输，一无所获，而是舍车保帅的大智慧，舍弃也许会让你暂时失去，但最终会带给你更多。善于舍弃，是一种当断则断的勇气，是一种审时度势的智慧，两利相权取其重，从此种意义上说，“舍”本身其实就是“得”。善于舍弃，主动向后退一步，反而会获得更多的利益，拥有更加广阔的发展空间。

事实证明，一个领导者只有顾全大局，深谋远虑，从整体上分析和进行判断，不吝舍弃，才做出正确的选择和决策，赢在职场。

思维的深度决定发展的高度

思维能力是领导者必备的能力之一。思维力是一种洞察力，它包括整体认知自己的企业以及各个企业部分之间关系的一种能力，这种思维能力还包括对行业发展前景的一种认识。思维能力的高低，与领导的层级成正比。领导者尤其需要有足够强的思维能力。

一个领导者比一个职员的高明之处在于，他总会比别人多想几步。在处理现实问题时，多想几步，将给我们带来极大的价值。管理大师前岩一经常强调说:“思想力就是竞争力。”现在很多人都非常认同此观点，可以说，思想有多远，你的事业就能走多远！

诸多事实证明，成功者往往既不是最勤奋的人，也不是最有知识的人，而是最善于思考的人。从此种意义上说，人的成就是正确思考后，并采取行动干出来的。如依靠网络暴富的丁磊、张朝阳、陈天桥等。他们正是通过思考抓住了商机，最终也成就了自己。

网易公司首席架构设计师丁磊于 1995 年第一次上网后，就迷恋上了网络，他决定创办一家网络公司。1997年，他在中国的互联网上打出了网易公司的招牌。网易步入了信息高速公路后，第一大举措就是免费。

网易最先提供的免费项目是免费个人主页。丁磊出钱买下北京热线、中网等5个站点的3个月广告时间，并在网上宣布：网易为所有中国网民提供免费个人主页存放空间服务。丁磊的这一举动立刻招来了嘲笑。自己出钱免费为别人服务，这简直就是愚蠢的行为。一年后，丁磊免费服务的效果显示出来了。中国最好的两万个主页当中，有 80%都存放在网易的网站上，这无异于是一笔不可估量的财富。

在个人免费主页一再升温的同时，网易又推出了更为成功的项目——免费电子邮箱。丁磊为了让他的电子邮件系统便于记忆、容易操作，曾经冥思夜想，寝食不安。一天凌晨两点，丁磊突然来了灵感，想到了用数字注册域名。他立即跳下床打开电脑一看，还没有人捷足先登，就一口气注册了163.net、263.net、188.net等一系列数字域名。

丁磊1993年刚刚从大学毕业时，还是一个穷学生，但经过十年的艰苦创业，到2003年，他一跃成为中国首富。他坦言自己的成功经验：“因为我在大学里学会了思考。”

丁磊的巨额财富，让我们产生深深思考。一切成功的企业家，每天必定用 80%的时间思考，20%的时间做事儿。在复杂多变的职场，要想获得成功，最大化地体现自己的价值，就要多思考，无论看到什么，都要多问为什么，把思考变成自己的习惯。不论你现在是何种境况，只要你能养成比别人多想几个问题、多动几次手、多走几步路的习惯，那你就能比别人多一些成功的可能，也会比别人收获更多。

要改变前途，先改变思维方式。其实人不是没有好的机会，而是没有好的思维方式。很多人终身都在受苦受累，究其原因，很重要的一点便是缺少思考，没有发挥大脑的巨大潜能，让头脑在庸庸碌碌中日益迟钝。因为缺少思考，难以解决问题，导致事业上没有发展；因为缺少思考，心态容易消极，自我设限。思考在很大程度上决定着一个人的行为，决定着一个人的业绩。可以说，思考决定着一个人的前途和命运。

“QQ 之父”马化腾发明的 QQ，不仅改变了几亿中国人的沟通习惯，而且赢得了 3.55 亿总注册用户和 1.19 亿活跃用户，以及几十万固定 QQ 游戏用户，可谓成就非凡。他认为“谁认真挖掘客户的潜在需要，认真研究相应操作方案，并认真贯彻执行，谁就能最大限度地实现利润可持续增长”。

QQ 问世后，马化腾并没有满足，他又开始从网上四处寻找新商机。

一个偶然的机会，马化腾发现韩国网络公司一种给虚拟形象穿衣服的服务很受网民欢迎，他就想，假如每个用户愿意花一两元为自己的 QQ 增添服饰的话，这个项目带来的收入是非常可观的。经过深入考虑，他联合相关的服装服饰公司共同开发了风靡世界的 QQ 秀，其给腾讯所带来的利润是惊人的。

马化腾靠网络成就了自己的财富，正是因为他通过思考，认清了人们的需要。善于思考的人，思路长远，在别人说一的时候，他们会想到二，甚至是三。成功的领导者就是靠这样多想几个问题成功的。

曾有人问爱因斯坦：“你的思维特点是什么？”爱因斯坦回答说：“如果让你在干草堆里寻找一根绣花针，也许你在找到一根之后就不会再找了，而我则要翻遍整个草堆，把散落在里面的所有绣花针都找出来。”其实，很多工作并不是你做不好，问题在于，你有没有好好思考过怎样去做。多看、多想、多换几个角度观察和思考问题，比他人多走几步，比之前的自己多走几步，你会发现，自己也能取得不一般的成就。

成功者总是拥有超前思维。有时，你比他人多想一点，就能得到他人没有得到的机会，成就别人做不成的事业。如果想要使自己与众不同，就要比别人更懂得多思考，懂得从普通事物中挖掘出不寻常，懂得想他人所未想。只有这样，才能迈出众人行列，成为领导他人的人。

领导者的视角，决定自身的位置

职场中的位置，取决于人的视角。视角不同了，位置也就迥异了。

有些人总是喜欢向上看，看到的尽是一些优于他的人，于是自愧不如，进而压力重重，体会不到成功的快乐。另一些人则总是喜欢往下看，看到的尽是比自己差的人，于是他们沾沾自喜，不肯进取。

志得意满时，看看上面，就会有清醒的头脑和继续前行的动力。

的确，一时的成功会让我们心高气傲，甚至目中无人，会使我们得意自满，停滞不前，难以更进一步。自以为是，不知天高地厚时，不妨向上仰视那些强过自己的人，我们又怎么能不继续奋斗呢？

日本著名企业家稻盛和夫苦心经营 40 多年，一手创造了两家世界 500 强企业。他退休后潜心向佛，力求提升心智。他认为，人生就是不断提升心智的过程。有了这样的精神追求，才使他拥有了俯瞰人生的视野。他认为：“不仅失败是一种考验，成功同样也是一种试炼。有人成功了，就很自大，态度变得傲慢无礼，这就表示其人性堕落了；但也有人成功了，同时领悟到成功其实算不了什么，因而更加执着，也因此进一步提升了自己。也许成功或失败都不是最重要的，真正重要的是从经历的过程中磨炼出纯净高尚的心灵。”

春风得意，风光无限，固然令人向往，但是，得意且不可忘形，如果被一时的得意冲昏了头脑，就会故步自封、停滞不前；如果因一时的得意而自以为是，目中无人、高高在上，那么可能离失败就不远了。

1997 年，海尔家电的总销量在全世界范围内快速增长，超过 GE（通用电气）、西门子等世界名牌名列榜首；1998 年，英国《金融时报》报道，在亚太地区声誉最佳的公司评比中海尔位居第 7，是唯一进入前 10 名的中国企业……海尔集团总裁张瑞敏因此赢得了世人的无比尊敬。1997 年张瑞敏荣获《亚洲周刊》颁发的“年度企业家成就奖”。1999 年，英国《金融附报》公布“全球30位最受尊重的企业家”排名，张瑞敏荣居第26位，这是中国企业家在世界范围内获得的最高美誉。2002年，张瑞敏荣获“全球杰出企业领袖奖”，是国内唯一获此殊荣的企业家。2004年8月美国《财富》杂志选出“亚洲25位最具影响力的商界领袖”，张瑞敏排名第6位，是入选的中国企业家中排名最靠前的……

张瑞敏能取得如此令人瞩目的成就，跟他拥有清醒的心态是分不开的。虽然张端敏取得了一连串可以让他自鸣得意的成就，但他却从不因此沾沾自喜。在取得了卓越业绩之后，他竟然说：“如果有丝毫满足，有丝毫放慢更新步伐的表示，海尔品牌将会在一夜之间被淘汰出局。”

当事业处于巅峰期，这是人生的一个重要分水岭，此时把握好心态，在事业的成功面前，不骄傲，不自满，戒骄戒躁，虚怀若谷，人生会走向更灿烂的辉煌。

人生中，失意也总是难免的，失意时要以内心的定力控制自己，做到失意而不失态，要以乐观的态度笑对逆境，以坚定的意志奋力拼搏。深陷谷底时，伤心绝望时，向下看看那些比我们更无助更失意的人，看看下面处境更加糟糕的人，我们又凭什么怨天尤人？也许就会重燃信心，奋力前行。处在人生最低处其实有一个好处，就是无论从哪个方向努力，都是向上。

毕业于哈佛大学的司里哇，曾经是泰国的亿万富翁之一。

司里哇是华商之子，在哈佛大学学的是财务管理专业。毕业后，他在泰国的一家股票交易所当经理。后来，他辞去了经理的职位，自己创业，转行做起了房地产生意。

但是1997年发生了影响世界经济的金融风暴，司里哇也未能幸免。他以失败结束了自己第一次的创业经历。他一夜之间不仅变成了穷光蛋，还欠下银行6亿多元债务。

然而，48岁的司里哇仍积极乐观地支撑着，几个月后，他终于重新站起来，转行卖起了三明治。那时，他每天早起，背着做好的三明治沿街叫卖。他调整好自己的心态，大步向前地走下去，最终，他走过了人生的低谷，迎来了事业上的又一次辉煌。

一次，司里哇在一次接受采访时，说了这样的话："我的事业和理想的王国在一夜之间瓦解了，这让我感到沮丧和绝望。但是，幸运的是，我很快就明白了这样一个道理：人在面对失败时千万不要沮丧，只要保持积极的心态，在时机来临时，你必定能够东山再起！"

曾经有记者问他："你当时真的没有想到自杀吗？你是凭借什么信念支撑自己走到今天的？"

司里哇回答说："当我的事业崩溃后，我虽然没有想到自杀，但也曾经迷茫过，更重要的是我意识到我必须要生存下去。为了我的妻儿、雇员、产业，以及我所欠下的债务，我告诉自己必须活下去。"

他很感谢妻子鼓励他的一句话："不管哪个国家，人们瞧不起的不是失败者，而是失败了自甘堕落的人。失败并非一件可耻的事。"如今，司里哇的三明治在泰国已经是家喻户晓，它的知名度可以与麦当劳相提并论。司里哇之所以能从失败中站起来，是因为他一直有积极的心态。

人总是一帆风顺，容易忘乎所以、绊倒自己。人处逆境时则容易意志消沉，自暴自弃，失去前进的动力。所以，做人尤其是领导者贵在以超然之心看待得失，要做到得意时不忘形，失意时不失态。

我们可以做出的选择是，学会调整自己的视角来改变自己的心态。这其实是一种能力，且很必须，因为这可让人充满信心地快乐前行。志得意满时向上看看，或许就能找到前行的动力。困顿不前时又不妨向下看看，就会明白奋斗的意义。没有一成不变的视角，也没有一成不变的位置，找一个适合自己的位置，调节适合自己的视角，那时，看到的又是另一番风景了。

终身成长，向顶尖的位置迈进

你应该相信自己能够拥有梦想中的一切。无论你处在哪个行业，都应该向往和争取顶尖的地位，成为你所在行业的不可替代者。这样你才会竭尽全力地争取，才有可能做得更好。

南存辉在事业上兢兢业业，从事低压电器制造业几十年，已经做到了亚洲第一，连续好几年，他曾多次登上福布斯中国富豪榜。面对如此的辉煌业绩，他还是对外界说："我还没有做到最好，只有把这行做到最好了，我才会考虑开拓其他市场。"

对于任何领导者来说，终身成长是最根本的，也是最重要的，应该贯穿于我们职业生涯的始终。你理应懂得，平常人在一生中发挥的能力最多只不过是他全部潜能的10%左右，还有90%的潜能一直在沉睡。因此，人的一生是一个不断成长的过程，需要不断追求进取，发挥潜力。千万不要沉溺于现状，别放弃在职业领域的探索，要相信自己一直可以取得更好的成绩。

日本直销天王中岛薰说过："我的最大敌人就是满足，成功永远只是起点，而不是终点。"其实越是成功的人，对成功的欲望越大。如果你过分满足于已往成功所带来的荣耀，那就等于作茧自缚。自满的人不会继续前进，优秀和卓越也会离他而去。因此，哪怕我们已经有所成就，也有必要始终保持一种紧迫感，不断追求，不断有新的进步。对于每次的成功，我们只能视其为一种新努力的开始。我们要在将来的光荣上生活，而不要在过去的冠冕上睡觉。

一个人或一个企业，一旦满足于已经获得的成就，便失去了继续前进的动力，不再追求更高的目标。而在竞争激烈的职场，不前进便意味着后退，一旦你停止前进，便会被别人所赶超、所淘汰。

与其被动地被淘汰，不如主动淘汰自己。成功领导或企业永远有超出众人之外的、敢于淘汰自我的心态。

懂得淘汰自己的人，决不会满足于目前的成就，也不会因为外界的毁誉而或喜或忧。他们总是不停地向前迈进，他们认为，下一次的努力一定可以创造更高的成就。有了尽最大的努力把事情做好的志向，不断对自己提出严格的高标准，就会做出令人吃惊的成绩。

日本有些企业所生产的产品向来以品质卓越著称，如电子产品、家用电器、汽车等，在世界上质量都是一流的。原因何在呢？原来他们聘请了美国品质大师戴明博士做指导工作。

第二次世界大战后，戴明应邀去了日本，帮助企业振兴经济。他率先对日本企业界提出了“品质第一”的法则。他认为，要想使企业的产品畅销全世界，在产品质量上一定要持续不断地提升，要无止境地每天进步一点点。日本企业界对此理论深信不疑，并坚持去做，这使得他们的产品在世界上取得了辉煌成就。

美国福特汽车公司一年亏损数 10 亿美元时，他们曾请戴明博士回国救助。戴明仍然强调要在品质上每天进步一点点，只要能持续不断地进步，定可起死回生，重建业绩。

结果，福特汽车公司坚持“戴明法则”3 年之后，便转亏为盈，日益兴旺。

没有人可以做到完美无缺，但是，当你不断改进、不断提升自己的时候，你对自己要求的标准会越来越高，这本身就是一种收获。无论你从事什么职业，也无论你做什么事情，都应该为其努力付出，尽心竭力，争取做到最好。

海尔集团总裁张瑞敏曾说过：“所有的产品都应该是精品，有缺陷的产品等于是废品。”海尔的员工深知，1%的差错造成的是 100%的问题，也正是海尔这种高度负责的精神创造了海尔产品的“零缺陷”神话。

在产品和服务越来越同质化的今天，谁能够做得最好谁就能在竞争中胜出。因此，在工作中你应该以最高的标准要求自己。能做到最好，就不能做到次之，能完成 100%，就绝不只做 99%。成功的最好方法，就是在做事的时候，抱着精益求精的态度。精益求精不仅是一种品质，更是一种能力、一种追求。优秀源于对“精”的追求，一个人有了“精”的理念，就会有“精”的行动，就一定会出成果、出精品，最终赢得优秀的业绩。

无论是做服务还是做产品，一定要做到精益求精，好的同时还要要求更好。追求细节的极致并不困难，就像擦鞋一样容易。只要你能试着把鞋擦亮，对于任何工作，同样可以做到尽善尽美。我们应努力培养精益求精的习惯，并把这一习惯变成一种本能。

有了“精益求精”才有——“完美无缺”！尽管，有时你或者团队经过一再努力也仍然会有纰漏和瑕疵，但是，至少当我们追求尽善尽美的时候，我们又向完美迈进了一步。

无论个人或是企业，做事、做产品都一定要精益求精，追求无止境，唯有如此才可赢得机遇的垂青，离成功越来越近。